建築の愉楽

——夢と感動と期待感——

榎本 弘之

株式会社ＫＪ

はじめに

建築は、本当に素晴らしい。

優れた建築の中では、人は豊かな時間をいきいきと過ごすことができる。明るい未来への夢を伸びやかに膨らませ、快く疲れを癒す。和やかに語り合い、わくわくしながら夢中になって作業に打ち込み、生きる喜びをゆったりと噛みしめる。あるいは伸びやかな広がりに心を解き放し、見事な意匠に息を飲み、柔らかく包まれる暖かさに眼を細める——建築は、人をより良い状態へと向かわせることができるのである。その可能性には限りがない。

こうした素晴らしさをなんとか上手く実現しようと考え抜くのが、建築家の愉楽である。どうやったらこの家族がもっと健やかな生活を送れるだろうか、どうすれば客がもっとじっくり喜びや幸せを味わえるか、従業員がどうすればもっと元気に働けるか——そうした明るい未来を目指して奮闘努力するのは、まさに心踊ることである。

果てしない夢を施主と二人三脚で更に膨らませ、建築という現実の形に翻訳し、実現の方策を練る。これだ！というアイデアが浮かんだ時には小躍りするほど嬉しいし、設計が美しくまとまった時に飲む酒は格別だ。そして想い通りに完成して施主と手を取り合って喜べれば、天にも昇るような心地になる。これぞ建築家の醍醐味である。頑張ってよかった、否、生きていてよかったと心底幸せに包まれる。

だがそこに至るまでの道程は、決して生易しいものではない。夢は漠として捉えどころがなく、設計は複雑を極め、コストは合わず法規は厳しい。優秀な職人は減って施工は遅れがち、近隣からのクレームも少なくない。

全く大変な日々の連続である。けれど、夢に向かって突き進む中では、苦労を苦労と思う暇もない。我武者羅に、夢中になって完成を目指してゆく。

こうした世界に身を置いて40年以上が経つ。ああでもないこうでもないと悩み苦しんだ末に、そうか、かくあるべきではないかと考えたことを綴ったのが、建築専門誌『KJ』の巻頭の「建築の愉楽」というコラムである。隔月刊で連載は足掛け12年に及び、延68回となった。本書はそれを加筆・訂正して一冊に纏めたものである。

毎回建築家としての苦悩と愉楽を、つらつらと書かせていただいてきた。しかし「つらつら」とは言え決して漫然とした随筆ではなく、一回一回が明確なテーマと結論を持ったひとつの主張となるよう、常に意図してきたつもりである。私としては、漠然と感じていたことをしっかり考える良い機会であった。

特に読者を想定していたわけではなく、いわば一建築家の独り言のようなものではあるが、これから建築を目指そうという学生諸君、あるいは建築家に向けて助走を始めた若人には、この世界の素晴らしさと奥深さを感じてもらえるかもしれない。第一線の建築関係者なら、そういう考え方もあるかと思っていただければ幸いである。また施主としてこれから建築を創らせようという一般の方には、建築家がどんな状況の中でどんな思考回路の下に、何に悩み 何に喜びを感じて奮闘しているかを知ってもらえれば、建築家との二人三脚も、より実り多いものとなるのではないかと想う。

（なお写真は、撮影者名を明記した数点を除けば、すべて筆者が自ら撮影・レタッチしたものである。また設計者名の明記ない現代の建築は、筆者の設計作品である。）

目次

登山家の幸福 - 1

登山家を見よ。莫大な費用と長い準備期間、低酸素と重いリュックで踏みしめる苦しい一歩一歩、そして文字通り「命を懸ける」というこれ以上ないほどのリスク――なんで彼はそこまでして山に登るのか？　どうしてそんなに大きな代償を、彼は喜んで払えるのか？

一般的には、それは《達成感》という一言で、分かった気になる事が多いだろう。しかし「登頂成功」というほんの一瞬の「結果」のためだけに、本当にあれほどまでの犠牲が払えるのだろうか。それまでの時間は、単なる苦行・我慢の連続なのか。彼は単なるマゾヒストか。

登山家を駆り立てる本当のモチベーション――それは成功の一瞬への期待感である。成功を夢見ればこそ、気持ちは心の底からわくわくしてきて、血湧き肉躍ってしまう。この感覚がずっと心の底にあって、全ての艱難辛苦をもろともしなくなり、苦行は歓びにさえかわるのだ。成功の一瞬に向けた長い長いわくわくわくしたプロセスこそが、人生の充実感であり、生きている手応え・実感なのである。「わくわく」とはいかにも稚拙な言葉だが、全身全霊をゆさぶるあの感覚を表現するのに、これ以上の言葉は見つからない。

賢明な諸兄には、もうお分かりだろう。そう、竣工までの、あの長くて苦しい道のりのことである。仕事を取るにもライバルは多く、上手く受注できても、施主の意向は奥深い。法規は厳しく複雑で、見積は予算を遥かに上回り、近隣は勝手なことばかり言う。構造も設備もなかなか納まらない。首尾よく着工できても、職人は面倒な納まりを嫌がり、なんだかんだと工期は延び、一寸気を緩めると追加工事費が積み重なる――よくまあこんな茨の道を毎回毎回歩んでいるものよと、ふと想う。しかし、である。実は、それが歓びなのである。勿論難しい局面では、一時は胸つぶれることもあるが、時と共にそれを乗り越える勇気が湧いてくる。それもこれも、竣工を夢見るわくわく感があってのことなのだ。

森鴎外は『青年』の中でこう書いている。「一体日本人は生きると言うことを知っているだろうか。小学校の門を潜ってからというものは、一生懸命に此学校時代を駆け抜けようとする。その先きには生活があると思うのである。学校というものを離れて職業にあり附くと、その職業を成し遂げてしまおうとする。その先きには生活があると思うのである。そしてその先きには生活はないのである。現在は過去と未来の間に劃した一線である。此線の上に生活がなくては、生活はどこにもないのである。そこで己は何をしている。」

プロセスの一瞬一瞬こそが、人生そのものなのである。それをわくわくの連続にすることができれば、最高の人生になるだろう。「苦しい」のにわくわくして歓びになるとは何とも逆説的だが、それは自己を客体視し、意識して人生を楽しむことで強化される。《難局に立ち向かう自分の姿》を外から見て《解決したときの至福感》を想像すれば、自ずから鼓舞されるのである。

それはどんな職業にも言えることだ。しかし建築ほど関わる世界が多岐にわたり、複雑に絡まっている世界はない。工学や美学にとどまらず、社会や都市・法規・経済との関わりも必須だし、クライアントや役所・ゼネコン・職人・近隣との交渉も不可欠で、生き方に深く関わるから哲学も重要だ。しかも、それらを基本的には一人の頭の中で形にまとめねばならない。

けれどそうした中から生まれ出る建築は、見事に大きくそびえ立つ。さらに個人の名が冠されて、まさに我が子と呼べる作品となる。この複雑さ・難しさと達成感の大きさが、登山家の一歩一歩を想像させるのである。

ついでに言えば建築とは、基本的にはゼロからプラスを目指す晴れがましい行為である。医者や弁護士といった「病気や争いというマイナスの状況をゼロに持ってくるのが第一義」という職業に比べれば、何と健やかで明るい世界であることか。しかしそれだけにクライアントから縋《すが》られることは少なく、勢い報酬額も見劣りしがちだ。とはいえ、金銭的な報酬が全てではない。不自由なく暮らしていければ、あとは毎日わくわくしながら過ごせるほうが、ずっと贅沢な生き方と言えるだろう。いくら儲かってもストレスで早死にするより、意識してわくわくし、気合いで病など蹴散らして健康な方が良いに決まっている。だから建築家は童顔で血色もよく、長生きが多いのである。

吹雪がいつまでたっても治まらず、登頂を断念することもあろう。建築も常に美しく竣工にまで至るとは限らない。しかし意識して楽天家になり、今回こそはと懲りずに意欲に燃えて挑戦を続けたい――それが建築家の幸福というものだ。

1、**田町日エビル**　完成予想図
（東京、2008年3月 **作図**）
2、**田町日エビル**　竣工写真
（2010年5月 **竣工**）

受注してから竣工まで3年半。思ってもみなかった荒波に幾度も翻弄されながらも、完成予想図を作成し、黙々と茨の道を突き進む。竣工という大円団を夢見てわくわくするプロセス――その瞬間の連続こそが、最高の人生だと想う。

1

2

幸せの極意

設計の醍醐味の一つに、依頼主と深い人間関係を築けるという点がある。建築は一大事業である。出会ってから竣工まで、何の引っ掛かりもなくすんなりと進むことは余りない。最初は敷地や予算に余裕がありそうに思える場合でさえ、すぐに欲は膨らんで、きつい交渉が必要になることも多い。法規や近隣に思わぬ障害が出ることもある。いつしか依頼主とは、重なる山を二人三脚で乗り越える、いわば戦友同士となる。厳しい局面で始めて見せる真摯な眼差に強い魅力を感じることもあれば、一緒に視察旅行をしてその人柄に惚れ混んでしまうこともある。

依頼主には、社会的な成功者が多い。彼らと一緒に山を乗り越える中で、我々は否が応でも非常に多くを学ぶことになる。ある広告代理店社長からは「私は建築の素人です。でも人間関係はプロだ。あなたがどのくらい心血を注いで設計に取り組んでいるかは、あなたの眼を見れば分かります」と言われ、簡素なプレゼンテーションだったにもかかわらず、態度で仕事を依頼してくれた。

ある勤務医の先生からは、私は最高のものを学んだ。それは、幸せの極意とも呼びうるものだった。

その住宅設計は、最初は非常にスムーズに進んだ。アイデアはすんなりと出て依頼主にも大好評、多少の変更はあったものの実施設計も順調に完成した。しかし見積が合わず申請も通らない。工務店や役所との交渉にも随分時間がかかって、ようやく竣工したその姿は、断熱材も仕上材もない内外コンクリート打放し――いくら暖房を炊いても壁は冷たく、夏は夜中でも体温近い。しかしその先生は、打放し壁は凛々しくていい、私はこの空間が欲しかったのだと、お会いするたびに満面の笑みなのである。折にふれては、庭にこんな花が咲きましたとかトップライトから差し込む月の光が綺麗ですと写真を送ってくださる。「私はこの家に住まわせて頂いているのを本当にありがたいと思っています」と何度も言われると、初めはかえってとまどいさえ感じていたのだった。

しかしある時、ハタと気が付いた。そうかこれが幸せの極意なのかと。不満を言えばきりがない。しかし現状の良いところを見てそこに心から感謝し、意識的に楽しむこと――感謝の気持ちこそが幸せをつかむ源なのだと気づいた時に、私は大きな宝物を得た気がしたのである。

想えば、それは子供の頃から聞かされていたことだった。母は学問はないが旧家の出で、愛情に溢れた楽天家だったが、ことあるごとに『上見りゃきりない、下見りゃきりない』と言っていた。確かにどんな優秀な球児でも甲子園に出ればもっと上がいて落ち込むし、よしや最後まで負けずに優勝したとしても、なかなか次の季節までは連覇できないものである。逆に大震災で仕事が上手くいかなくなった人は、俺はまだましだ家も家族も無事だからと言うし、一人生き残った人は、私はまだましだ五体満足だからと思い、大怪我をした人は生きているだけましだと自らを慰める。

ものは考え様である。ずっと上手くいっているとそれが当たり前になってしまい、もっと上を見て不満が募る。ニーチェもこのマイナスの感情をルサンチマンと呼んで、如何にそれを乗り越えるべきかと悩んだのだった。だが全てには両面がある。優柔不断は良く言えば思慮深いとなるし、仕事が少ないのは良い仕事がじっくり出来る好機である。スキャンダルでさえF.L.ライトは次なる飛躍への転機とした。現状の良い面を見て感謝の念で歓びとなせば、自己免疫力が増大して病もふっとびこの世は極楽と、まるで安っぽい新興宗教のようだが、あなたも騙されたと思って無理矢理笑顔を作り、身近な何かに「有難う」と心深くつぶやいてみて欲しい。意外なほどに暖かい気分が湧いてくるはずだ。生理学では、悲しいから泣くだけでなく、涙が出るから悲しくなると言うし、口角を上げて笑顔を作れば、それだけで気が柔らぐ。感謝の気持ちは、心の笑顔なのである。

だが欲望と不満とコンプレックスをバネに、人は文化と文明を推し進めてきたという一面もある。感謝の気持ちだけとなり、『高瀬舟』のように現状に満足しきってしまっては、今度は進歩がなくなってしまう。

感謝の気持ちが静的な幸福だとすれば、前項で書いたように《より良きものを求めてわくわくする》のは、動的な幸せと言えるだろう。進歩のために不満点を残してくれて有難うとまでは、とても思えないが、両者のバランスを上手く保って、現状に感謝しつつも更なる向上を目指したい・・・それが望みうる最高の幸せというものだろう。

スキップハウス　(2002、東京都)

壁は断熱材のない内外コンクリート打放しではあるが、依頼主は感謝の気持ちに溢れ、幸せに満ちた生活を送られている。

——青空を見上げて笑顔を作り、無理矢理、しかし心を込めて有難うと深くつぶやいてみて欲しい。自分でもびっくりするほど、心が和むはずだ。

修行の苦楽

修行というのは、つらくて苦しいものと相場が決まっている。眉間に皺を寄せて小難しい大著を一行ずつ読み進み、先輩は難なくやってしまうのになんで俺には出来ないのかと、自分を責めつつ実技を繰り返す。本書最初の『登山家の幸福1』に書いた趣旨からすれば、いつしか一人前になることを夢見て必死になる中に幸福な充実感がある　ということになろうが、それにしても決して楽しいものではない。

ところが、である。建築設計は違うのだ。勿論建築の評価基準は様々だから、何を目指すかによって修行のありようも変わるだろう。しかし《人をいきいきさせる空間を創る》ことを目指すのであれば、その修行は最高に楽しいものとなる。なぜなら人をいきいきさせるためには、その「いきいき」の状態を自らの体をもって十分に経験しなければならないからである。「いきいき」の最高レベルが《感動》だとすれば、どれだけ感動した経験があるかによって、その人の建築家人生が決まるのだ。友と旅して名建築の懐に身をゆだね、感動で胸をうち震わせ、余韻を酒で増幅しながら熱く語り合う——それはこの上ない幸せである。そして、それが建築家の最高の勉強になるのである。まずは建築の持つ強烈な力と無限の可能性を想い知らされることが、我々を心の底から勇気づけてくれる。また、それを実現せしめている構想力から構成原理・バランス・構造・設備・材料からディテールまで、細かくみていけばいくほど、優れた建築は多くを語りかけてくれるのだ。さらに、確かに素晴らしかったが俺ならもっとこうするな、とアイデアが浮かべばしめたもの、その集積は創作にとって宝物になることだろう。楽しみながら最高の勉強が出来るとは、建築の世界はなんと素晴らしいことだろうか。

だが、こうした「修行」のためには、少しばかりコツが要る。それは「感受性」のスイッチの入れ方である。漫然と見ているだけでは、どんな素晴らしい作品も何も語りかけてはくれない。学生を連れてラトゥーレットの中を歩いても、スイッチの入っていない連中は、友達とだべりながら「へえ、、、」と通り過ぎるだけだ。美しい並木道を歩いていても、ぼーっとしていては何も感じない。しかしひとたび感受性のスイッチをオンにすると、突然、世界は輝いて見えてくる。欅並木も、葉は光を受けてキラキラ輝いているし、葉擦れの音は爽やかさですっぽりと身を包んでしまう。空間は意外なほどに奥行きを見せ、道玄坂って実はこんな綺麗なところだったのかと、心底驚かされる。要は、「意識して」見ることである。何でも良いから無理矢理「美しいな」と思って見てみよう。そうすれば雑草の花の中にも、驚くほど繊細な構造と見事な造形が見て取れて、感動するはずだ。若いうちはまだいいが、歳を取ると色々見てきて大抵のことには驚かなくなってしまうから、よっこいしょと意識して感受性のスイッチを入れる必要が出てくるのである。旨い物をより美味しく食べるには、「意識して」鼻から息を抜きながら噛むといい。建築空間を味わうためには、視線の中心部分ではなく、まっすぐ前を見つつも視界の周辺部分を意識するといい。そうすると、これまでは何気なく通っていた扉でも、その前後で空間が大きく変化していることが見えてくる。

そんなことをしようと想うのは、ひとえに好奇心のなせる技である。「かつて感動した記憶」が多いほど、それをまた味わいたくなってしまうのが好奇心の源泉ではないかと思う。ちょうど万馬券のあの嬉しさが忘れられないギャンブラーのように。思い起こせば、旅行関係だった父のお陰で小さい頃から絶景とリゾートの極楽を味わい、新幹線のかっこよさに痺れ、万博で世界への憧れを駆り立てられた身としては、世界は感動の種に溢れているはずだと思ってしまっているのかもしれない。逆に、真面目に受験戦争を勝ち抜き、一流企業で経理畑一筋に来た同級生と旅行をしたことがあるが、彼は何にも喜ばず、淡々と行程を消化するのみだった。感じる心を退化させることこそが、退屈な作業に適応するための生活の知恵だったのかもしれないと思うと、妙な気分にさせられる。

やはり意識して感受性のスイッチを入れることが、建築家として重要なことなのである。というのも設計とは、自らの図面で出来るはずの空間を頭の中に想い描き、そこで人がどう感じるかを様々に想像する作業だからであり、嘗《かつ》てなかった空間の中でのことを想像するという難しい作業のためには、瑞々しい感受性をオンにし続ける鍛錬が必要なのだ。そしてそれは、じつに楽しい修行なのである。

1、**パンテオン**（AD128、ローマ）
始めてパンテオンを訪れた時の感動は、まさに衝撃的だった。この喜びを再び味わいたいという気持ちは好奇心につながり、また自らの作品に触れる人にも感動を与えたいという意欲へと膨らんでゆく。

2、3、**西表島ニライナリゾート**
（2002、沖縄県）
スキューバダイビングをしに世界中のリゾートを廻り、その素晴らしさに酔いしれる中で、「でも俺ならもっとこうするな」と浮かんだアイデアがいろいろ溜まってきたところに、プチリゾートの設計依頼が来た。ここぞとばかりに遊び心を詰め込んだ空間には、今やむしろ外人客の方が多いくらいになっている。

1

2

建築の再創造

たとえば、よく出来た映画というものは、独自の《世界》を見事に形造っている。そして観るものを強引に引きずり込んで、夢中にさせてしまう。たとえスマホでYouTubeを見たとしても、いつのまにか小さな画面はその枠を超えて、我々をすっぽり包み込んでしまうのだ。これは言い換えれば、我々の心の中にその《世界》がしっかりと結像する、ということに他ならない。

何も映画に限った話ではない。音楽でも絵画でも文学でも、おおよそ人を感動させうるものは、すべて独自の《世界》を鑑賞者の心の中に周到に組み立てる。鑑賞者はその世界の中にどっぷり浸かって、ひととき世俗の憂さを忘れ、作者のメッセージを味わう。いま実際に居る部屋は見えなくなってしまい、いつの間にか、自分が仮想の世界の中で愛し苦悩し活躍する主人公になってしまう。

逆に言えば、こうした作品を味わうときには、鑑賞者は作品の発する一つひとつのディテールを自らの内で組み立て直し、作者の刺激に基づきながら、無意識のうちにも《自分で》その世界を構築しているのである。

だからそれは決して受け身ではなく、自らの内での【再創造】とでも呼びうる行為なのだ。芸術は、アーチストが作品を造っただけでは完成しない。鑑賞者がそれを一度ばらばらに分解し、作品に欠けている部分を自ら補って組み立て直す、すなわち再創造することで完成する。鑑賞者は、実は自分で造った世界に酔いしれているのである。すなわち鑑賞とは、実は非常にクリエイティブな行為なのだ。

このためには《理解の基盤》が作者と共有されていなくてはならない。たった31文字の和歌の中に「秋の夕暮れ」とあるだけで、美しい紅葉と澄んだ空気、そしてもの悲しい静けさをしみじみと感じることが出来るのは、作者にも鑑賞者にもこの日本の素晴らしい秋の体験が、深く刻み込まれているからである。砂漠の民にはどうやっても想像できない事だろう。逆に我々が宗教絵画を見ても、信者が感じるほどの感銘は得られない。宗教絵画のディテールに対する知識もなければ、それらの精神性も背景も分からない下では、再創造どころか、説明されて「へぇー」とため息をつくのが精一杯だ。こうしてみると、この《理解の基盤》の体系こそが、《文化》そのものだということがわかる。

建築もまた、人の想像力に働きかけるために、緻密に構成された部品の集成ということができる。機能や構造・コスト等々という制約は大きいにせよ、建築は人を実際に包み込む空間を造るから、より強く人をそのミクロコスモスの中に置くことができるだろう。アプローチから始まる空間構成のストーリー、個々のスペースにおける光や材料の扱い・拡がりやディテールの演出、隣接する空間相互の関係性——それらは時間軸に沿って、少しずつ訪れる者を刺激する。人は身体が建築の空間に抱かれるだけでなく、心の中にも建築の世界を再創造し、そこにすっぽり包み込まれる。通り過ぎた空間と、今居る空間と、これから行く向こうの空間の関係性の中から、全体の構成が無意識のうちに心の中に組み立てられ、光や材料やディテールの扱いがそれをより明瞭にして、この《世界》が心の中にしっかり結像するのである。

ただ、ここで建築が絵画や文学と決定的に異なるのは、建築が再現芸術ではないという点である。絵画は絵の具の配列にすぎず、文学も文字の羅列にすぎないが、それらを通して愛とか人生とか自然とか《何か他のもの》を表徴する。絵の具や文字は《何か他のもの》を再現するための媒体に過ぎない。ところが建築は、床壁天井は基本的には、そのもの自身とそれが包む空間の特性しか意味しない。

それらを通して心地よさとか伸びやかさ・高揚感・やすらぎ・理知性・新しさ等々の感覚を得るのは、本来は絵画や文学より高度に抽象的な再創造によるものである。芸術評論家ハーバート・リードは、最も高度な芸術は陶芸であると言ったが（※1）、これもまた、明確な意味を持たない部分の集積から再創造することの難しさを述べているのである。しかし逆に言えば、理解の基盤が特定の文化にあまり依存していない分、どんな時代・地域の作品も等しく再創造可能である点は、建築の大きな強みといえよう。

先程鑑賞とは、実は非常にクリエイティブな行為だと書いた。そう、だからこそ優れた建築を見ることが、最高の訓練になるのである。なぜなら設計とは、自ら引いた一本一本の線が、人間にどう働きかけるかを想像し批評し修正しながら進める行為だからであり、実現させようとする床や壁や天井が、どのような《世界》を構成するかを、頭の中で組み立てることだからである。これは鑑賞するときの再創造と全く同じ事だ。違いは部品が目から見た実物か、自分の図面から想像したものかだけである。このようにして建築家は、現象学的に緻密な《世界》を構築してゆくのである。

※1.『芸術の意味』
(ハーバート・リード著
瀧口修造訳
みすず書房　1966)

1、**奥湯河原「結唯」《離れ紫葉》**(2017、神奈川県)
純和風の温泉旅館。渓流に突き出るこの露天風呂は、設計の時からわくわくしていた。是非、ここに浸かった自分を想像してみてほしい。見事な展望と温もり・頬撫でる涼風が想い浮かんでくることだろう。

2、**ロンシャンの教会**
(設計：ル・コルビュジェ 1955、フランス)

写真で建築を味わうというのは、実際に訪れて見るより遙かに難しい。空間の三次元的拡がりからスケール感・テクスチュアから靴音の感じまで、すべてを二次元の中から想像し、頭の中で再構成しなければならないからだ。この再創造は、設計するときの頭の動きときわめて近いといえよう。

建築の評価基準

女子の世界で支配的な評価基準となっているのは、ご存知「カワイイ」である。コスチュームから髪型・化粧・小物はもとより、性格・生き方から人間の存在自体にまで、良いと女子の感じるものは全て「カワイイ」と評される。それは今や世界語となりつつあり、「21世紀に入って世界にもっとも広まった日本語」とさえ表される程である。これは本来の「可愛い」がもつ"cute"の意が「カワイイ」では遙かに拡大・変質し、そのニュアンスにふさわしい形容詞が外国語には見当たらないから日本語がそのまま使われた、ということにもよるのだろう。

それでは、男子における最強の評価基準は何か？　それは「かっこいい」以外ない。かっこいいバイク・かっこいいクルマ・腕時計・ファッション・風貌・生き方、そしてかっこいい建築—なんだかんだとゴタクを並べ立てたところで、実のところ男子の本心は「かっこいい」ものを求めているのである。ところが「カワイイ」と比べて「かっこいい」には、なんとも捉えがたいところがある。

まずは話し言葉では違和感がないのに、文字にするとどうにもしっくりこない。「格好良い・カッコイイ・カッコ好い」と書いても、如何にも「かっこわるい」。俗っぽくて安っぽい。これは何故か。こんなにも男子のなかで強烈なクライテリアなのに、なんとも不思議だ。一言で言えば、書き言葉のなかでまったく使われないため見慣れていない、ということになろうが、口語と文語の溝がここまで埋まってきている現代において、こんなにも頑なに文語化を拒否されている言葉も珍しい。デザイナーでこの言葉を表立って使っているのも、川崎和男くらいしか私は知らない。

それはこの言葉の指示する内容の微妙さによるところも大きいだろう。それが第2の捉え難さだ。まだ「カワイイ」が"cute"と訳されても大きく違和感があるわけではないのに対し、「かっこいい」はせいぜい"cool"とか"groovy"等々で、どれもぴったりこない。「主に子供や若者が、人や物の外見・行動が現代風で自分の好みにぴったりする、という気持ちで使う語。(goo 辞書)」とまで大きく括ってしまえばまあそんなものかとも思えるが、それではあまりに大雑把だ。

だが実は、我々のなかでは「かっこいい」というのは、かなり明確なイメージを伴っている。建築でいえばダイナミックで繊細で鋭角的・シャープ・メタリック・すかっとした・先端的——日本の男子なら誰でも分かる。しかしながら、どうにも論理的な言葉で分析的にきちっと説明できない。その曖昧さゆえに、表立って使うのがはばかられてしまうのだろうか。

話はかわるが、また建築で気をつけなければならないのが「新しい」という形容詞だ。その響きは有無を言わさずとても魅力的である。だが、新しければ何でも良いのか? それは基本的には「これまでなかった」から新しく見えるというだけであって、決して良いと保障されるわけではない。意義があるのは、建築のあり方や作り方や人間・社会への対応を突き詰めて考えた末に、これまでを超える解決策が生まれた場合のみである。目新しいことだけを追ってキテレツなものを作ってはいけない。

とは言っても新奇な作品が注目を浴びやすいのは確かだし、慣れた古いことばかりやっていてはこちらが飽きる。新しい材料や新しい発想への挑戦は刺激的だ。とてもわくわくする。その刺激のなかから素晴らしい世界がひらけてくるかもしれないと思うと、リスクを承知でつい「新しい」ことに手を出してしまうというのは、建築家なら誰でも心当たりのあることだろう。「かっこいい」も「新しい」も、ともに一見シンプルな評価基準に見えながら、実は微妙で一筋縄ではいかないところも多い。ここで明快な結論が出せないのは口惜しいが、その「一筋縄ではいかない」という点を自覚することが、実は重要なのではないだろうか。

コストと法規と要望さえ満たせば良しとする設計士とは違い、建築家はさらにより深い価値を盛り込もうとする。自分は一体どんな評価基準で何を盛り込もうとしているのか――それは、実は曖昧なままにされてしまうことも多い。分析しても、明快でない部分が多すぎるからだ。しかし、時には意識して自らの「評価基準」がどこにあるか、というデザインの根幹を客観視した方がいい。それまでは漫然とデザインしていたものが、より明確でより深い表現に達することができるはずだと思うからである。

1、**ルノーアルピーヌ V6 ターボ**
（『紅葉の森のヴィラ (2007)』
正面ロータリーにて）
そのかっこよさは未だに色褪せず、20 年以上乗って手放してからも心に深く残る。しかしその「かっこよさ」とは何かと考え始めると、「美しい」だけではない微妙なニュアンスが複雑に絡んできて、気持ちのなかでは明快なのに、論理的にはどうにもぴたっとくる説明ができずもどかしい。

2、**田町日エビル** (2010、東京都）
高校の同級生である施主から言われたのは「かっこいいビルを作ってくれ」という一言だけだった。しかし高校という人格形成期を 一緒に過ごした仲間同士として、意とするところはストレートに響いてきて、意欲はこの上なく盛り上がった。（撮影：黒住直臣）

1

2

建築表現の原動力

西洋建築史の全体を見渡すときに最もくっきり見えてくるのは、古典主義とロマン主義の振り子運動であろう。時代と共に建築表現がこの２つの間を、綺麗な振幅で行ったり来たりしているのは、まさにに驚くべき事である。

古典主義とは、端正でシンプルで力強く、理性がデザインの根幹を律している知的な様式群を指す。古くはギリシャに始まり、ロマネスク・ルネサンス・新古典主義、そして２０世紀のモダニズムへと続く。他方ロマン主義とは、ダイナミックで饒舌で華やかな、感性への刺激がメインモチーフであるかのような情緒的な様式群である。ローマからゴシック・バロック・ロココ・ネオゴシック・アールヌーボー、さらには１９８０年代のポストモダンへと至る。

ギリシャ・ローマはさておいたとしても、暗く詩的なロマネスクから明るく華麗なゴシックへ、知的で端正なルネサンスから饒舌で歪んだバロックへ、シャープでクールな新古典主義からゴテゴテのネオゴシックへ、そしてシンプルなモダニズムから装飾的なポストモダニズムへという様式の流れを想い浮かべてみれば、驚くべき程綺麗な振幅で、建築史が古典主義とロマン主義の間を行ったり来りしているのが分かるだろう。

これは何故か?もちろん建築は社会のすべてを反映しているのだから、それを単純な理屈に還元するのは危険なことだ。だがデザインする身としては、かなり分かる気もする。それは《行き詰まってしまう》ということ、そして《新しい可能性に憧れる》ということだ。バロックが最も分かりやすいだろう。古典に帰れと盛上がったルネサンスは、みんなで勢いに乗って突っ走った結果、ついには参照すべき古典の対象も食い尽くし、新しい試みも限界に達して、気分は飽き飽きしてどんよりとしてしまう。新しい空気を吸いたいと誰もが切望し始めていたところで、一斉にマニエリスムを介してバロックへとなだれ込んでいくのである。あるいはゴシックも明快だろう。高い屋根を支えるために致し方なかったロマネスクの重苦しい石造壁の限界は、石を軽やかに扱えるゴシックの新技術のおかげで、工事中にもかかわらず、どんどん教会は明るく華やかに設計変更されていったのである。

こうした古典主義とロマン主義の波は、中世から近世に至までは、ひとつの振幅が百年を超えるゆったりとしたものであった。ところが近代になると徐々にスピードが高まる。そして一人の建築家の中でこの両極が振幅し出す。そう、早い話がコルビュジエである。五原則という知的で明快な原理の元にシャープな作品がうみだされた前半生が古典主義だとすれば、土着的モチーフと曲線の後半生は、かなりロマン主義的な色彩が濃いといえよう。コルビュジエが古典主義に行き詰まったとは決して言えないが、原理にもとずく創作に限界を感じ始めた時、世界を旅して感じた温もりの中に大きな可能性を見出したというのは大いにあり得る話であろう。

20世紀末からは、さらに振幅の周期が縮まり、ついには一人の中で何度も細かく振動するに至る。伊東豊雄は次のように書いている。「僕は１９８０年代はじめくらいから最近まで、一方ではピュアなモダニズムの空間をつくりたいという欲求と、それに対して、もっと有機的で三次元曲面を多用した、ややもすると表現主義的といえるかもしれない建築をつくりたいという欲求がありました。一方を強調すると反作用でもう一方の欲求が高まるという往復運動を繰り返してきたように思います。」（※1）

※１．建築専門誌『A+U 』
2004 年５月号所収
新建築社

表現に磨きをかけ続けられるうちはいいが、限界を感じだすと、それを打破しようと死にもの狂いでもがく中から、まったく逆の表現が生まれてくることがある。それは周囲を驚かせる事も多いが、苦悩の中から生まれ出ただけにパワーに溢れている。その漲る強さが、見るものを圧倒するのである。そしてまわりを引き込んで新しい潮流をつくってゆく。

出来の善し悪しを除けば、今や建築に良いも悪いもない。価値観は多様化しきって、単純に「良い」と評価できる一元的な基準がなくなってしまっているからだ。あるのは表出された意志の強さ・弱さだけである。その強さは、限界を打ち破ろうとする中から生まれた新しい表現の中にこそ、最も強く感じることができるだろう。

1、**バリ・スタイル in 熱海** (2011、静岡県)
2、**Linking-Hole**(2012、東京都)
私の中でも、ウォームでナチュラルな表現への欲求と、シャープでクールな空間への欲求は、振り子のように揺れ動いている。一方を デザインすると、他方への憧れが強まるのである。それがエネルギーとなって、設計への意欲が高まってくるのだ。

3、**シルヴァカンヌ修道院** (フランス、12 世紀)
ロマネスクの知性、その詩的な静けさ

4、**キングスチャペル** (イギリス15 世紀)
ゴシックの感性、その饒舌な華やかさ

1

2

中心の創出

相変わらず東京の開発スピードはすさまじい。1950年代の高度経済成長期からはじまって、次から次へと巨大再開発が出来上がる。延々と開発ラッシュが続く。中心部だけでも赤坂ヒルズ・六本木ヒルズにミッドタウン、赤坂プリンス跡の東京ガーデンテラス紀尾井町など昔の話、進行中の渋谷駅、日本一の高さの常盤橋、これからの一兆円超えの新宿駅と、どれも圧倒的なスケールだ。

しかしどこへ行っても素朴な疑問が湧き上がる。──なんでこんなに分かりにくいのだろう？──案内板を見れば、そのうち行きたいところへは辿り着けるかもしれない。だがキョロキョロしながらあっちウロウロこっちウロウロと、だだっ広い中を彷徨うのは嫌なものだ。大設計事務所が時間をかけて相当緻密に計画しているだろうに、なんでこんなものだろう。

自分が今どの辺りにいるのか、どうにもわからない──「定位」とは、自分を空間的に正しく位置づけ、これと関連させて周囲の人や対象を的確に認知することだという。定位を失うと、人は不安に駆られる。何度か通って道順を覚えればどうにか目的地へは行けるようになるが、全体像はいつまで経っても頭の中にまとまらない。

どれだけ大きくても単体の超高層ならまだいい。前庭からビルを見上げ、エントランスホールからエレベーターに乗って何階かで下りるだけのことだからだ。しかし巨大再開発では、複数のビルが鉛筆でも束ねるように林立し、どこも同じような均質空間だから途方に暮れる。こんなところに長くいたいとは思えない。

色々事情はあるのだろう。何とか密度を上げて効率を最大化し、つまりは狭い中にぎっちり販売床を詰め込まねばならない中では、人に全体構成を呑み込ませるための「無駄な」スペースなど、大きく作っている余裕はないのかもしれない。外部空間も上手く設計すれば全体を分かりやすく見せることが出来るはずだが、カネを生まないところには、あまりアイデアを練る時間や整備費はかけられないのだろう。

逆に、定位が得られやすい場といえば、イタリアの山岳都市が思い浮かぶ。中心には教会と広場があり、そこから四方に道が広がって城壁でぱったりと街が終わる。道は曲がりくねり激しく上下するからウロウロしているとあれっと思うが、ちょっと歩けばすぐ自分がどの辺りに居るか分かる。「神や領主を頂点とする上下関係が空間にも現れている」と説明されるといい感じはしないけれど、誰もが平等な民主主義を表現するのが中心のない均質空間だと言うなら、その方が余程非人間的だろう。

そうした想いがあるから、大きな開発プロジェクトでは、どうしても明確な中心を創りたくなってしまう。中心にただぽっかり空いた空間があるだけでも、全体を見渡して構成を認知させせイメージアビリティを高めることが出来る。さらに、この中心の意味と魅力を高めれば、計画全体の価値も高まることだろう。

一気に開発の火が付いたミャンマーのヤンゴン、その郊外に計画したのが（仮称）ヤンゴンヒルズである。ここでは「中心」を大きなロータリーとし、まず全体を見渡しつつここにアプローチしてから周囲の施設に振り分けるように主動線を配して、全体の一体感を高めようとした。またそこを水と緑のオアシスとすると共にステージを設け、「囲まれ感」をコントロールして、ヤンゴンヒルズと言えばビルに囲まれたその光景が瞼に浮かぶようデザインしている。ホテル六百室・サービスアパートメント八百室・オフィス25万平米からオーディトリアム・シネコン、ショッピングモールまで含む巨大開発だが、幸い土地が広く使えるために可能になった計画である。

オーストリアの美術史学者ハンス・ゼードルマイヤーは、著書『中心の喪失』（※1）で、「中心を失うことは人間性を失うことである」というパスカルの言葉から始めて、近代美術史の危機を問うた。そして私は、それもじって【中心の創出】こそが、人間性獲得のための最も強力な手立てとなると考えるのである。大開発に限らず住宅でも病院でも庭園でも、良き中心と、それを取り巻く明確な構成を目指したい。

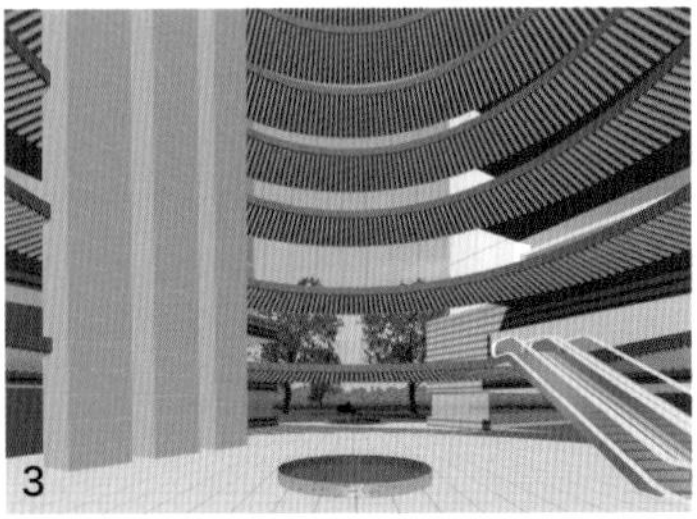
3

1、**ヤンゴンヒルズ**（2013、ミャンマー）
如何に明確で快適な中心を創るかをメインテーマとした複合建築。
中心との関係の中で自分がどこにいるかがはっきりすれば、人は安心して街に包まれ散策を楽しめる。ここの眺めも良いしあそこの居心地も快適だ、一寸遠回りして向こうへも行ってみるかと思っているうちに、人は街を愛するようになるのである。

2、3、**JA 相模原協同病院**
（2015、神奈川）
外観およびアトリウム見上げ案
470床の総合病院。大病院もまた迷路が陰鬱となりがちだが、いかに全体構成を認知しやすくするかを考え、3本のウイングの交差点に大きな円形の空洞を設けた。申し訳程度の吹抜を設けた病院は多いが、ここまで中心を強く意識させ、全体を支配するアトリウムは少ないように思う。

※1.『中心の喪失 - 危機に
立つ近代芸術』
ハンス・ゼードルマイヤー著
石川公一・阿部公正共訳
美術出版社 1965

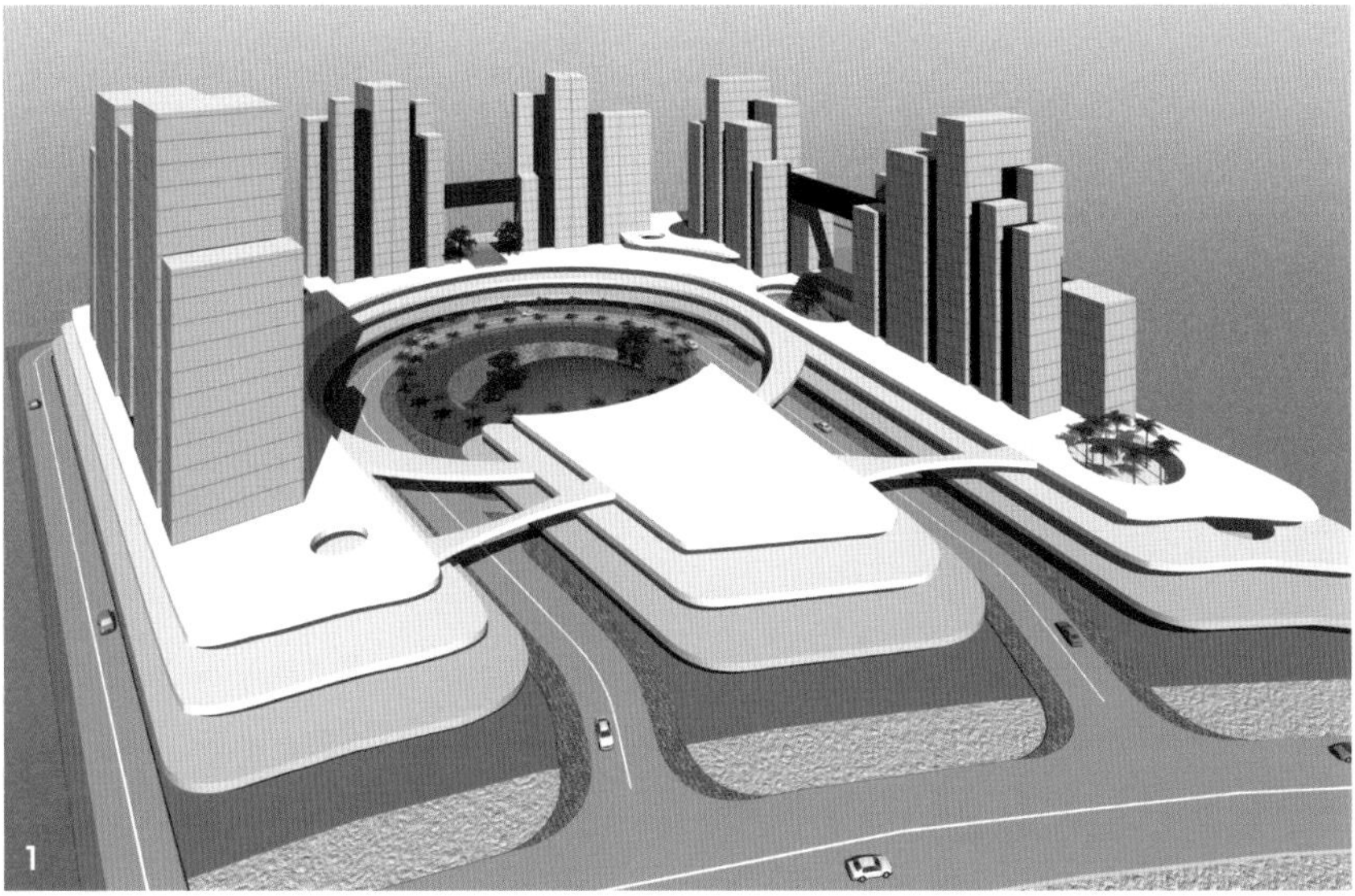

1

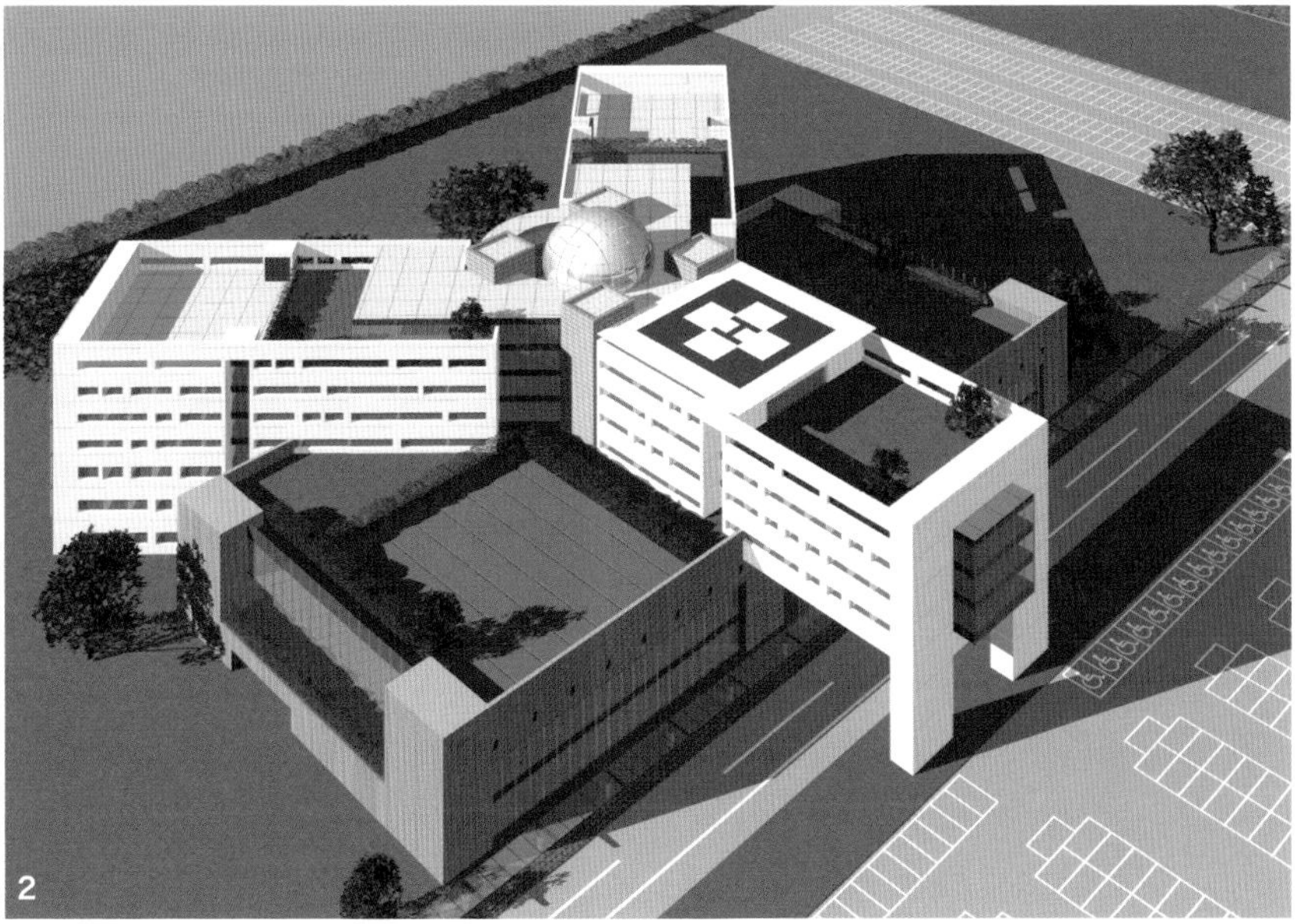

2

新しいヴィジョン

私が学生時代のことである。非常勤で即日設計の課題を指導しに来た宮脇檀は、じゃあ俺も一緒にやろうと言いだして腕まくりし、数時間で素晴らしい図面を描きあげてしまった。二十歳の私は大いに驚き、プロの物凄さに舌を巻いたものだった。今となって考えてみれば、宮脇ほどの大物でなくとも、少し経験を積んだ建築家なら、あるいは少し器用な設計者なら、住宅の第一案くらいは一晩でとりあえず作れてしまうのはよく分かる。まあまあ使いやすくて、そこそこ見られる外観で、ちょっとした見せ場もある。流石プロである。

しかし問題はここからだ。その第一案で良しとしてしまえば、経費もかからず営業的には上等だろう。これで施主も喜んでくれそうだからいいじゃないかと、悪魔のささやきが聞こえてくる。けれど、本当にそれでいいのか、と悩んでしまうのが建築に夢中になっている者の性《さが》なのである。何とかして最高のものを創りたいと思ってしまうのだ。逆に言うと、「この程度のものさ」と割り切って見切り発車すればとりあえず楽なのは分かっているが、こんな素晴らしい建築が出来たら！と夢見るほどの案でなければ、どれだけ熱意を燃やせるか分からないし、これから始まる構造や設備や申請や見積調整や現場との大変な交渉に耐えられるかどうか、不安にさえなってしまうのだ。

時間を掛けずに出来た案というものは、いくつもの前提条件を『当然のこと』とか『常識』として不問に付しているものである。方眼紙を机の上に置けば、何の疑問もなく三尺角の直交グリッドを前提にしてスタートしたということになるし、6帖のダイニングの隣に12帖のリビングを・・

と四角を描きだせば、そこでの行為をあまり深く検討せずに、それだけの広さがあれば普通の生活が送られるはずだと決めつけていることになる。

勿論三尺グリッドも四角い部屋を並べる「間取り」も、長い時間をかけて練り上げられてきた「常識的な」システムだから、実に良く出来ている。簡単だし間違いない。良く出来すぎているから、下手に崩そうとすると反って可笑しなものとなりかねない。だからついいつものやり方で、以前の作品を一寸ひねってささっと作ってしまいたくなる。敷地という枠組みの中に、何帖の四角と何帖の四角を三尺か四尺幅の廊下でつないで綺麗な全体を作る、というのはまさしくパズルゲームだから、それが上手く解けるととりあえず達成感もあるし、つい安心してしまう。

だが本当は、手を動かして具体的なプランを考え出すのはしばらく我慢して、その前に腕を組んでじっくりと想いを巡らさなければならないのである。いくつもある要求のうちどれが本当に大切なものなのか・それを実現するための方法は既存のよくある形で良いのか・そもそも施主も気づいていない本当の問題があるのではないか・それを解決するためには何を考えていかねばならないのだろうか・・・。あるいはどうしたらもっといきいき暮らせるだろうか・ここにおける最良の安らぎの形はどんなものか・どうやったらもっと自然と濃密に接触できるか・都市にはどんなインパクトを与えるべきか・新しい時代を導くためには何を問うべきか・・・。

そうした根本的な思考を深めていくのは、極めて難しいことである。いままで当たりまえだとスルーしてきたことに、一つ一つ疑問を投げかけていかねばならないからだ。いかに常識に囚われず自由に考えられるか、何が無意識のうちに自分を縛っているかを探し出せるか、いかにそれらを捨て去ってゼロから考え直せるかは、一筋縄ではいかない。それは個人の資質にもよるが、まずは状況をどれだけ先入観なく無心に見ることができるか　から始まるのかもしれないと思う。その後に心を空にしリラックスしきって、茫漠と夢想にふけることが、ひとつの道となることだろう。真面目で頑なな人には難しいかもしれないが、コツさえ分かればだんだん新しい世界が開けてくるはずだ。

　こうして出て来たアイデアは、えてして『遊び心』と称されて面白がられることも多い。あるいはスティーブ・ジョブズが『再発明』と呼んでいたものとも通底しよう。そこには、これまでは思ってもみなかった新しく新鮮な視点・概念・世界観がある。それが建築に対する新しい展望をもたらしてくれる可能性——即ち新しいヴィジョンとなるのである。

1、2、**ホワイトモノリス**（2005、長崎）
ファーストイメージと完成したリビング

　海を眺める最高の形とは何だろうかとあれこれ夢想するのは、この上なく楽しい時間だった。その結果うまれた柱もサッシュもない浮いた白い床は、幸いにして読者投票で年間１位となり、モダンリビング大賞を受けることが出来た。

3、**アリラウルワツリゾート**、スパのトイレ
（設計：WOHA Design　2009、バリ島）

「トイレなんか１帖か２帖の箱に窓でも開けとけば充分さ」などと考えていたら、何の進歩もない。
新しいヴィジョンと呼ぶには小さすぎるし、季候のよいところでしかできないことではあるけれど、座ったときの気分を考え抜けば、こんなオープンエアのスペースも作りうるのだ。

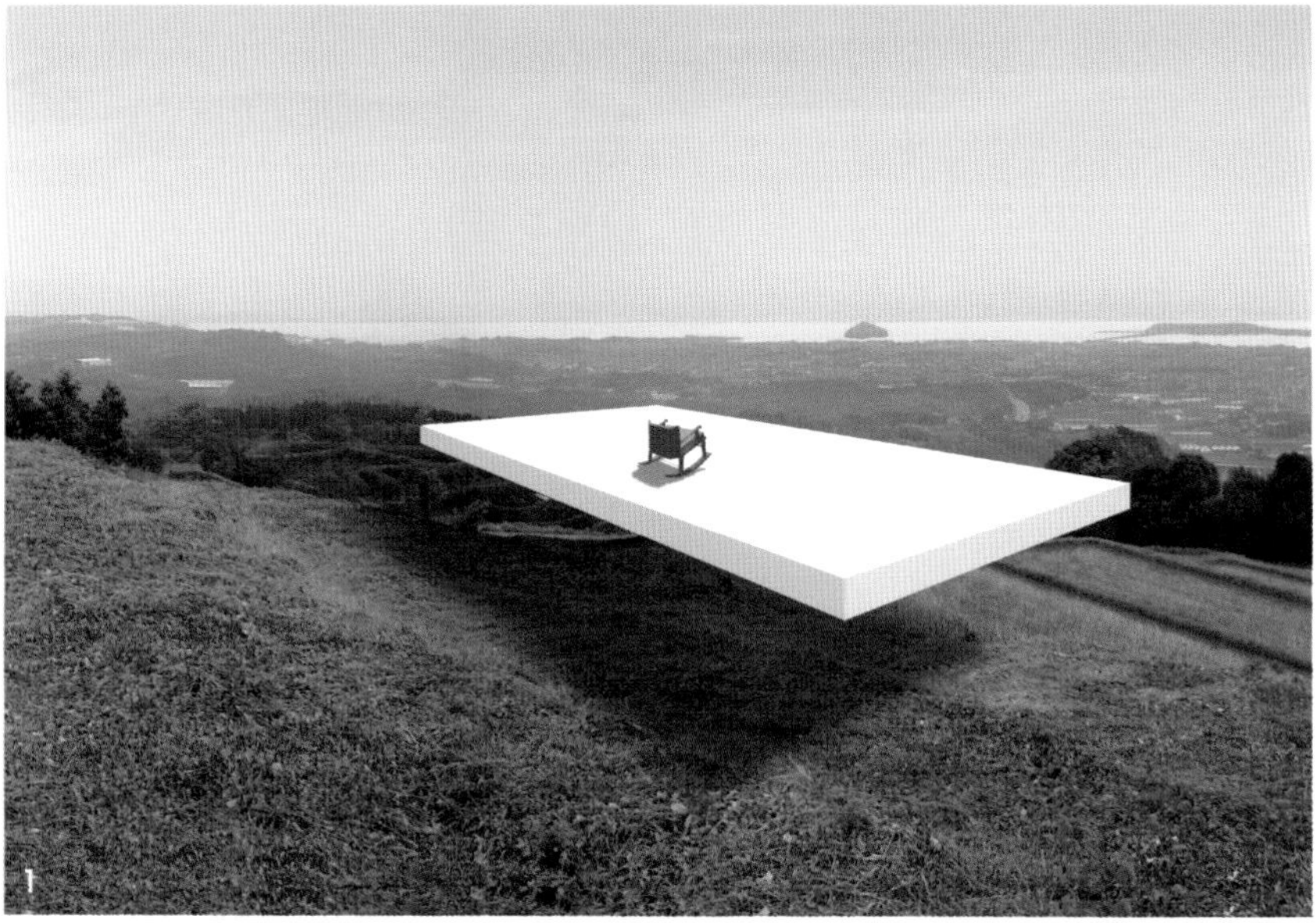
1

2

愛の建築

人と人との最高の関係が【愛】ならば、モノと人との最高の関係も愛である。「愛車」とはよく言ったものである。その姿や性能・メカニズム、あるいはインテリアや細部に惚れ込んでしまうと、車は単なる物質・道具を超えて、心からいとおしい特別な存在になる。特に日本人は森羅万象・路傍の石ころにすら神と慈しみを見いだす感受性に溢れており、モノに豊かに感情移入する。カメラなら「愛機」だし、小道具なら「愛用」と呼んでいつくしむ。「愛宅」という言葉がないのが不思議なくらいだが、建築にも豊かな愛が注がれる。保存運動というのがひとつの現れだ。ただ有名人が住んでいたというだけで地元の人々の誇りとなり解体反対と叫ばれることもあるが、多くは、素晴らしい空間と豊かな造形、細やかな心配り、見事な外観が長く人々に愛されて、かけがえのないものとなり、保存運動が湧き起こる。

保存運動まで至らなくとも、愛されている建築は見れば分かる。ただ綺麗に掃除し手入れされていれば良いという訳ではない。愛されている建築は、何故か竣工時よりも風格が増して、しっとりした味わいを感じさせてくれるものだ。

自分の設計する建築も、愛されてほしいと思う。いくつもの山を乗り越えてやっと実現した作品は、手塩に掛けた我が愛娘のような存在であり、施主に引き渡す時は嫁に出すような気持ちで一杯である。しばらくして訪れてみると、嫁が家族に愛されて幸せに暮らしているだろうか、悪さはしていないか、あるいは散らかり放題だと可愛がられていないのかなどと気を揉んでしまう。まあそれは人様とのことだから自分の努力の及ばない部分もあるけれど、できうる限りの幸せを願うのが親としての自然な気持ちだろう。

しかし愛されるかどうかは、あくまでも結果にすぎない。建築家に出来るのは、逆に「愛する」ことの方である。住宅ならばこのご主人に・この奥様に・このお嬢ちゃんに幸せになってもらいたい、いきいきと高揚し、ゆったりと寛ぎ、明るく伸びやかな生活を送ってもらいたいと心底願う。パブリックな建築ならば、ここを訪れる人がわぁと笑顔になって元気をもらい喜びをかみしめる姿を夢に描く――そうした熱い想いがあるからこそ、我々は面倒極まりない法規や見積調整や近隣交渉や職人との打合せにも耐え、わくわくと仕事を楽しめるのである。

だが「愛する」といっても、ただ笑顔を想い浮かべて「幸せになってほしい」と悶々と念じているだけでは意味がない。それを形にするには、建築家には洞察力が必要となる。ここを訪れる人は、何を求めて・何に驚き・何に安堵し・何に心を打ち振るわせるだろうか――それを広く深く想い描き、シミュレーションしなくてはならない。これは非常に難しいことである。まずは多彩な経験が必要だ。人は、知らないことは問えないからである。さまざまな喜びや苦しみを深く知れば知るほど、愛する人に対して自分は何が出来るかが分かる。森の中で目覚める爽やかさを、屋外でワイワイ食べるバーベキューの楽しさを、そして疲れたときに落ち込んで閉じこもれる洞窟の安らぎを体験したことがあれば、ただ想像でこんなふうかなと見よう見まねで設計するよりも、遥かに喜んでもらえることだろう。

とはいえ、いろいろ経験があるだけでは限界は大きい。大事なのは、体験するたびに、もっと良くするにはどうすれば良いかと思考を巡らすことだ。スキューバダイビングをしながら世界のビーチリゾートを巡ってアイデアを膨らませた話は後にも書くが、居酒屋で飲んでいるときも、ホワイエで開演を待っている間も、トイレの中でさえ、もっと人が良い状態になるにはこの空間はどうあるべきなのかと、ゼロから考え直したいものである。

建築家にはさまざまなモチベーションがあろう。喰っていくためすなわち金儲けのため、新しい社会の要求に応えるため、次なる建築の可能性を切り拓くため――しかし最も根源的なのは、このお施主さんに心から喜んでもらいたい、この空間でもっと幸せになってもらいたいという願いだと思う。そこにこそ、愛の建築は生まれ出る。

1、**ベルン旧市街**

人は好みの家具や小物に囲まれて生活したいと思うものだが、愛する建築に囲まれた街はもっと素晴らしいだろう。海外の旅行番組を見ていると、住民が窓に花を飾り、街を心から愛していると皆が話す姿には、逆に驚かされるほどである。

2、**河津の別荘**　(1994、静岡県)

先日、久しぶりに昔の作品を訪れる機会があった。そこで施主はにこやかに言った。
「私は、建築には素人です。しかし住むのはプロだ。この空間をどれだけ素晴らしく住みこなせるかを、この十数年ずっと考え続けて、こうなりました」と。私の可愛い愛娘は、深く愛されていた。最も大きな変化は、中庭の彫刻が安田侃氏作に変わったことだが、それだけでなく緑は美しく茂り、家具や調度品は建築と一体化しているかのように自然に納まり、床は磨き込まれて美しく光っていた。こんなに感動するとは想ってもいなかった。

1

2

体感建築と脳内建築

新型コロナウィルスの陰で報道されなくなったとはいえ、香港・民主化デモのエネルギーは凄まじかった。明るい社会を目指して、危険と代償を顧みずに、独裁権力に生身で立ち向かう。とりわけ若者のパワーには眼を見張るほどである。

こうした姿を見て、かつての安保闘争を思い起こした人は多いだろう。そしてそれに引き換え、今の日本の若者にはこんなエネルギーのかけらもないことを、隔世の感をもって想う人も少なくないはずだ。

バブル崩壊後の失われた30年で、日本は大きく変わった。他の先進国はどこも国民の所得が順調に増加しているのに、日本だけは減少し、もはや途上国へと格下げされつつある。将来への希望を持つ若者の割合も、他国は優に80％以上あるのに、日本だけがダントツに低く62％（否、もっと低いはずだ？）。おまけに停滞の中での消費増税で、消費マインドはますます衰える。だがそれにもかかわらず危機意識はなく、まあそんなに貧しくはないだろうと漠然と思い、何も考えずに現状維持でいいやと自民党に投票する。頑張って未来を切り開こうという野心など湧いてこない。スマホのバーチャル空間の中をふわふわと気楽に漂うばかり。ゲームも究極的に良くできているからどこへも行かずに十分楽しいし、うまくいかなくなったらリセットボタンさえ押せば面倒もない。苦労して運転免許を取る気力も時間もお金もない。バイト料は老後の蓄えのためだという。恋愛だってバーチャルで十分、30歳代後半で未婚率が30％超というのはびっくりだ。こうした中では、重い荷物を背負って自然の中へ・遠く海外へと出かけ未知なる世界に触れてみよう、などという気などまるで起こらない。空間の素晴らしさに抱かれ感動することなど、想像すらで

きなくなる、、、
リアルな世界との接触が希薄になりつつあるこういう時代には、たとえ建築に興味があったとしても、実際に見に行って体感しようとはしなくなるのである。代わりに、ピンタレストというウェブサイトで奇天烈な外観を探して面白がるか、言葉で説明される「新しい」コンセプトを読んで分かった気になってゆく。機を見るに敏な建築家は、それではとばかりに目を惹く奇抜なパースや、時流を捉えた分かりやすい切り口のコンセプトを戦略的にぶち上げ、それを覚えやすいキャチフレーズでくるんで人気を得ようとする。実体験ではなくバーチャルな中で盛り上がるこうした思潮は、【脳内建築】とでも呼びうる世界を構成するのである。
ただこれは、現代日本の腑抜けオタク若者に特有の文化ではない。思えばマルセル・デュシャンが小便器にサインして「これがアートだ」と宣言した時から、脳内アートはスタートしたのだった。実際にその便器を見ても美しくもなんともないが、この一作品で、アートは美的感覚を愛でるオブジェから知的操作を愉しむイマージュへと大きく舵を切ったのだ。そして後者は、ひとたびメディアで革新的な世界観を提示すれば、爆発的に拡散する中で、大きく世界を変えてゆく力を持つことになったのである。
ル・コルビュジェにしても、実際に訪れると、包まれる感覚とか光の扱いとか空間の広がりとか、体感的な部分に強く心を揺さぶられるのだが、とはいえやはり20世紀最大の建築家としての地位は、近代建築の五原則という脳内に訴えかける明快極まるプロパガンダの力によるものだろう。すなわち脳内建築が、歴史の大筋を動かしてきたのである。そしてその勢いはますます加速しつつある。体感の意味さえ分からぬ若者は、こうした表層が全てだと何の疑問も抱かない。

とはいえ私は、やはり体感建築こそが本来の姿だと信じているのである。建築は第一義的に、人の生活を包むリアルな器として創られるからだ。作品の特徴がメディアで伝わりやすいものだと人気が出るだろうが、それは脳内だけの話に過ぎない。大評判につられて見に行くと、遠望しているうちは写真通りでなるほどと思うが、近づいてみると、余りに居心地の悪い空間と粗雑なディテールで呆気にとられることも少なくない。逆に、行って初めてしみじみ良さが分かる作品も多い。建築はプロパガンダのための兵士ではない。（※1）脳内建築として高評を得る方が商売として手っ取り早いだろうが、しかし私は、あくまで体感建築を求めてゆきたいと想っている。

※1.「われわれは建築を概念の産物として捉えすぎていなかっただろうか。もっとわれわれは、自らの実感に即して建築を見直すべきではないのだろうか。」『建築は兵士ではない』（鈴木博之著、鹿島出版会 1980）

2、**母の家**（設計：ル・コルビュジェ、1923、スイス）
庭の一角のピクチャーウインドウ
3、同　ピクチャ - ウインドウから覗くレマン湖

20 世紀最大の脳内建築イデオローグたるコルビュジェも、実際に訪れてみると、体感的な部分でも繊細な配慮を尽くしていて、ロマン主義的な素晴らしさに心から感動する。脳内建築の席巻する時代には、それに順応した古典主義的な建築のあり方が力を得るのかもしれないが、それでもやはり、若い人には無理にでも外に出て体感の素晴らしさを知ってほしいと思う。

4、**ビラベスタ　スパ&マリーナ尾道**
（設計：中村拓志、2015、広島県）

幼少期を自然に親しんで育ったという中村拓志は、現代では珍しい体感建築派のようだ。メディアで伝わりやすい新しさ・明快さ以上に、訪れた時の喜びをどうデザインするかを大事にしているのが、行ってみるとよく分かる。(内部のバー「ザ・ダーク」にも、体感に訴えかける驚きの仕掛けが隠されている。敢えてここで種明かしはしないけれど、是非とも美酒を味わいに行って、感動の瞬間にニヤリとしてほしい。)

1、**屋久島リゾート**（2019～、鹿児島県）

独自の生態系と驚くほど素晴らしい自然の残る世界遺産：屋久島。その中でも絶景を売り物にしていたヤマハリゾートの跡地を、全面建替する計画。だが建築可能な場所は敷地の中でも限られるから全体形に派手さはないし、新奇で明快なコンセプトを売り物にしているわけではないので、脳内建築としてのインパクトはない。しかし、世界のリゾートで様々に極楽体験してきた身として、あらゆる部分に自然との多様な触れ合いと豊かな空間体験の喜びを盛り込むべく、全身全霊を注いできたつもりでいるので、完成して実際に訪れてもらえればきっとその良さが分かってもらえるはずだと信じている。

シニフィアン・シニフィエ

自宅の近くにシニフィアン・シニフィエというパン屋がある。パンオタクの友人によるとその筋では有名な店で、遠くからもはるばる買いに来るらしいが、なんでそんなややこしい名前なのかといぶかしがっていた。私が「それは１９６０年代以降、一世を風靡したフランス構造主義という哲学のキーワードだ」というと、彼はへえーと目を丸くした。

私が大学院の時代、思想界全体を覆う勢いでフランス構造主義と、それに基づく言語学・記号論が大流行した。院生仲間でもそれを建築に持ち込もうと読書会がたびたび開かれ、フーコーだデリダだチョムスキーだと競って大著に挑戦し、口角泡を飛ばして議論が白熱した。残念ながら難解すぎて私には付いていくのも大変だったし、たとえ建築を理解する一助とはなったとしても、創作の可能性を拡げるものになり得るのかどうか確信が持てず、最終的には私はあまり熱は上げられなかった。

しかし今になって考えてみると、その出発点となるシニフィアン・シニフィエという概念は、言語やアートに限らず人間の意識の根本に関わるものだということがよく分かる。シニフィアンとは「意味するもの」、シニフィエとは「意味されるもの」をさす。例えば「水」という漢字や「みず」という音声はシニフィアンであり、現実にあるコップの中のあの液体に対するイメージはシニフィエである。そして記号論は、現実の水のイメージと「みず」という言葉（記号）の関係を研究する学問なのである。

建築でも、現実にある壁や柱や装飾などと、それが意味する「何か建築とは別のもの」の関係を分析するうえで、こうした記号論の成果が有効になるのではないかと期待された。しかし、少なくとも日本では、膨らみつつある１９８０年代バブルの下に建築界は新築の仕事に溢れ、いつのまにか渋い哲学的な分析は顧みられなくなっていったのだった。

今ここで久しぶりにシニフィアン・シニフィエという言葉を聞くと、そうした考え方で新たに見えてくることがあるのに気づく。具体的には、シニフィアンの形式にコンセプトを込めた建築と、シニフィエそのものを追い求める建築と、設計に二つの方向性があるのではないかという点である。

前者は、床壁天井といった建築を形造る「もの」そのものについて、それらのあり方や構成・材料・構造・工法等々に関する新しい考え方を、次なる建築を生み出す創作の拠り所にしようとする。コルビュジェのドミノやガウディのカテナリー・カラトラバのリズミックな骨格・丹下健三のHPシェルや吊り構造・隈のルーバーや坂の紙管、あるいはSANAAの曲面ガラス――これらはどれも非常に有効な戦略だ。というのも、まずは工学系のものづくり人間には取っ付きやすい。ユニークな上手いテーマを見付けるのは大変だが、ひとたび手中に収めるや、その展開には無限の可能性が見えてくる。決して楽なことではないが、建築家は頭の構造がそうした開発に相応しくできているため、わくわくしながら格闘できるのである。

そしてまたこのシニフィアン系のコンセプトは、抽象的で知的で「格好いい」。説明しやすく、実物を見なくても分かった気になれるから、メディアに載りやすい。玄人受けしやすく、建築の未来を切り拓くものとして、汎用可能な一般解となることができる。

かつて香山壽夫は、『建築形態論』で建築界に衝撃を与えた。「建築は、その周辺にいかに重要な問題が存在しているとしても、最終的に、形態として成立し、形態として作用する。」（※1）そして、社会的背景など外的要因で建築を説明するのではなく、形態それ自体に内在する論理を分析することで、新たな地平が見えてくるという宣言は、目から鱗だった。形態それ自体とはまさにシニフィアンのことであり、建築形態論は現代の大きな潮流のひとつを見事に予見していたのである。（※2）

しかしながら、実は、私はもうひとつの「シニフィエ派」にも強く惹かれている。建築は、その中の人間の行動や心理：体や心の動きを、より良い方向へ向かわせるための媒体・手段であり、目指すべきはより豊かな空間体験である、という考え方である。どうやったらもっといきいきできるか・安らげるか・心を拓けるか、もっと親密に自然とふれあえるか、あるいは活力を漲らせられるか――こうした志向こそが建築の本来のあり方とも思えてくる。以前にも書いたことだが、私は小さい頃から連れ廻されたリゾートの極楽体験が原風景となって、建築のもつこの大きな力に強い魅力を感じてきた。

しかしそれは、あまりに具象的・個別的で汎用性が低い。実際に行って体感してみないと良さが分からないから、メディア映えしにくい。また効果や演出という言葉で説明されると、商業建築的で泥臭くも感じられ、高尚なファインアートよりも格下に感じられさえする。

勿論、建築家がこのどちらかの派閥にきっちり分類される訳ではない。より良き空間体験【シニフィエ】を生み出さんがために、構成や材料や構造を検討し尽くして【シニフィアン】を組み立ててゆく訳だから、建築家はどちらにも頭を悩ましている。ただ、人によってどちらの比率が高いかの違いは大きいだろう。

　はたして自分はどういう志向か、このような視点で自己分析してみるのも、時には意義あることかもしれない。有名なパン屋のバゲットをかじりながら、学生時代の読書会を想い出し、まんざら無駄でもなかったかと自作を振り返る。

1、**リボンチャペル**
（設計：中村拓志、2014、広島県）
　ベラビスタに行ってきた。リゾートを造りたいという何人もの施主からこのホテル名を聞かされ、一度は見ておかねばと思ったからである。
その目玉がこのチャペルだ。「ふたりが二重螺旋の両端から歩き始めて頂上で出会う」という麗しいコンセプトはシニフィエ系で、中村拓志はそれを「ふるまい」と呼ぶ。実際に見ると、その詳細設計と施工の困難さには想像を絶してしまう。しかし雨漏りの痕跡もなく、実に見事な仕上がりである。
ただ、結婚式専用のチャペルというと、玉姫殿とは言わないまでも、商業主義の権化として日本人には俗なものと見られてしまうのかもしれない。海外では大きな賞を取っているとのことだが、日本は殊更にシニフィアンを有難がる国かもしれないとも思われてくる。

2、**レストラン・エレテギア**
（設計：中村拓志、2015、広島県）

　同じベラビスタにあるレストラン。こちらにものびやかな自然の中での食事というシニフィエ的イメージは込められているが、それ以上に繊細な木造トラスのシニフィアン的パワーが強烈だ。

※1.「建築の形態分析」
建築専門誌『A＋U』1973年11月号所収、新建築社

『建築形態の構造』（香山壽夫著、鹿島出版会1988）

※2.『モラリティと建築』（D.ワトキン著、SD選書、鹿島出版会１９７７、榎本弘之訳）にも、建築を建築に外在的な要因で説明することの問題点が詳説されている。

『ここかしこの点長に』

建築雑誌のページをめくっていると、一瞬おおと目を惹き、だがすぐあざといデザインにうんざりすることがある。ネットだとさらに凄い。〝ArchDaily〟はまだいいが、ピンタレストの建築頁などはビックリだ。大胆なうねった壁など、一寸見にはダイナミックで斬新だが、実際には家具は置きにくいし歪んだ空間が居心地悪いし、施工し難いからコストアップになって施主が可哀想だ。「なんかイマイチ面白みに欠けるから凄いことをやってやろう！」とばかりに持ち込まれた曲面や、無理矢理引き伸ばされた壁・無意味な斜め・えげつない歪み・極端なキャンチレバー・部分の異常な強調・行き過ぎかとさえ思えるミニマリズム――建築は建築家のオモチャではない。

ここで想い出すのが、かの源氏物語の中の意味深い一節である。

「手を書きたるにも　深きことはなくて　ここかしこの点長に走り書き　そこはかとなく気色ばめるは　うち見るにかどかどしく気色だちたれど　なほまことの筋をこまやかに書き得たるは　うはべの筆消えて見ゆれど　今ひとたびとり並べて見れば　なほ実になむよりける」　源氏物語帚木より

訳すれば「書道でも、深い意図などなしに、あちこちの点や線をわざと引き伸ばし、どことなく気分を出している作品は、ぱっと見には才気走り格好良いようだけれど、やはり正道の筆法通りに細心の注意を払って書いた作品では、見た目のうまさこそ目につかないが、今一度並べて見比べてみると、やはり誠実な書の方に心は惹かれるのです。」

ことさらに無理であざといデザインで人目を引こうとする奇抜な建築は、見ていて気恥ずかしい。そう考えると、均整のとれた建築こそ本物――日土小学校を設計した松村正恒（※1）の言

※1.「松村正恒（1913-1993）
愛媛県八幡浜市役所の一職員として珠玉の学校建築や病院関連施設を設計。
日土小学校は1956年竣工の木造モダニズムの傑作。

葉が輝いて見えてくる。
「人知れず咲く　名はないけれど清楚な花一輪、立ち去りがたい、そんな建築を作れたら」
心が洗われるような文章である。まさしく建築はこうありたいものである。

と、ここまでは正論を述べてきた。ところが、である。源氏物語の文章で忘れてならないのは「深きことはなくて」という部分なのである。明確な意図と強い意志の元に綿密に検討を重ね、その末に生み出された「深きことある」【点長】は、素晴らしい建築を形造ることができるのだ。例えば私が日本で一番美しいと思う土門拳記念館。湖面越しに見るその外観は、建築の規模をはるかに超えた雄大な伸びやかさを感じさせてくれる。本来ならばその長い壁は、突出するフレームの部分まであれば充分のはずだが、敢えて10メートル以上も左に引き伸ばされている。機能的必要性はない。逆に外階段を裏に後付けして、存在意義をとりあえず付与されている。だが、この長さが、実に良いのである。

こうした建築は様々に思い浮かぶ。ライトの落水荘にしても、あの引き伸ばされたバルコニーは必要以上に大きいが、あのスケールがないと「落水荘」にならない。ロビー邸の庇、マリーナベイ・サンズ・シンガポールの異様に突出した空中プール、ミースの田園住宅の四方に伸びる長い壁もそうだ。ザハ・ハディドなど、点長の女王とでも言えるほどである。カラトラバもこの類だ。私の作品でも、海に突き出る長い独立壁や森の奥へと続く長い柱廊などは、スケッチの当初から構成の脊椎として、いかに敷地の魅力を強化するかを考え続けて練り上げたものである。

あるいは歴史的建築物でも、見事な点長は見受けられる。三仏寺投入堂にしても、右手前の10メートルを超えそうな基礎の柱があってこそのインパクトだ。これは、下の岩盤がたまたまあの位置だったからそうせざるを得なかったのか、だったら平面をもっと反時計回りに回転させ、この部分を奥まらせれば工事は楽なはずだろう。意図しての長さなのかどうかは今からは知る由もないが、試しにフォトショップで短くしてみた。失笑を買うだろうが、比較すればこの【点長】がどれほど効果的かがわかるだろう。

熟慮の末に「深きことあり」の域にまで達すれば、機能的必然性はなくても、存在意義と説得力は生まれ得る。この『説得力』こそは、建築設計における最高の評価基準なのである。点長がただの取って付けたようなあざといデザインのままで終わるか、時代を超える強い説得力を獲得するかは、その熟慮の深さによるものだと言えるだろう。

1、**土門拳記念館**（設計：谷口吉生、1983、山形県、撮影：大井薫）

機能的には左に伸ばさなくても支障のない壁。だがこの【点長】が建築の魅力を大きく強化する。

2、**三仏寺投入堂**（撮影：岩本弘光）オリジナル写真

3、同上、基礎の柱を短縮加工

じっくりと何度もオリジナルと見比べてみれば、柱の【点長】が生む垂直性・上昇感とダイナミックさがいかほどか一目瞭然だろう。

4、同上、斜材を削除加工

ついでに磯崎新が「まるで工事中の仮止めみたい・正規の建築のディテールではありません（※2）」と語る斜材を消去したらどれだけすっきりするかと思ったが、これは案外微妙なところかもしれない。

※2、『日本の建築遺産１２選』新潮社、2011、これはまた土門拳からも「めざわりだ」と書かれている。

5、**強羅花壇**（設計：設計組織アモルフ、1989、箱根）

「敷地の中に一番長い直線を見出すこと！」と言うのは、原広司教授から学生時代に教わった設計の極意のひとつだった。既存の洋館からスタートして敷地の奥まで一直線に伸びる120mの列柱廊が、6000坪の敷地を更に豊かに引き延ばし、歩くにつれて変化する空間のストーリーを展開する。

1

2

3

4

5

建築における原風景

１９６４年に東京でオリンピックが開催されたとき、私は小学生だった。敗戦ですべてが焼け野原になってしまった惨めな小国が、それからたった十数年しか経っていないのにもかかわらず、世界の列強を迎え入れるオリンピックの開催国になれたのだという晴れがましい想いに、胸が張り裂けんばかりの喜びに包まれたのを、昨日のことのように覚えている。真っ青な秋空の下、東京は未来への希望に満ちあふれていた。

その感激を一層強めてくれたのが、代々木のオリンピックプールだった。今まで見たこともない画期的な吊構造は強烈にダイナミックで、白鳥が羽根を広げたような曲線は溜息が出るほど美しく、水面に降り注ぐ光はきらきらと輝かしい。日本人にもこんなものができるのか、建築家って本当に凄いなぁと、子供ながらに激しく衝撃を受けていた。同世代の中にも、隈研吾をはじめとして代々木に触発されて建築への道を目指した人間は数多い。

その丹下健三も、学生時代に雑誌でル・コルビュジェを見てアッと衝撃を受け、建築への道を歩み始めたという。俺も世界をアッと言わせる凄いものを作って日本を背負って立とうと、意欲に燃えたに違いない。そして丹下の作品を見てアッと言わされた世代は、今度は俺も世界をアッと言わせて次の時代を切り拓いてやろうと、野心を燃やすのである。

しかし私には、もっと強く心を揺さぶられるものがあった。リゾート体験である。父が旅行会社だった関係で、私は小さい頃からあちこち家族旅行に連れて行ってもらったが、東京のごみごみした中で育った私には、そのリゾートでの非日常はあまりにも強烈だったのである――ホテルは小山を背に、胸を張るように白い高層棟を輝かせる。ロビーはゆったりと庭園に繋がり、その向こうには大海原がきらきらと輝く。客室は憧れの「近代的」スタイルでクール。プールで冷えた体をデッキチェアに横たえれば、陽光は目映く暖かく、仰ぎ見る青空には椰子の葉が微風になびいてうっとりし、カバヤ粉末ジュースとは比べものにならないくらい美味い本物のジュースが運ばれてくる――世の中にはこんなにも素晴らしい極楽があるのかと幼い私は度肝を抜かれ、いつかこんな別天地を自分でも作りたいと思うようになっていた。

奥野健男という文芸評論家に、『文学における原風景』という著作がある。戦後の日本小説の中には著者が生まれ育った空間（自己形成空間）と体験の特質が、【原風景】として色濃く現れていることを多角的に分析した名著だが、それになぞらえて言えば、『建築における原風景』という言葉が浮かんでくる。建築家は、人格形成期に受けた衝撃を、原風景という形で無意識のうちにもずっと脳裏に温め続け、それを追い続けようとするのではないか。三つ子の魂百まで、である。

世界をアッと言わせてやろうと、これまでにない凄いものを創ろうとすれば、新しい構造やこれまでにない材料の使い方、あるいは独自の世界観で《新しい》地平をばっさり切り拓くことになる。他方、陶然とするほど素晴らしい極上の空間体験を生みだそうとすれば、空間構成や仕上・照明・精緻なディテールといったオーソドックスな手法で、細やかな感覚と緻密なアイデア・遊び心をもとに、じっくりと空間を練り上げてゆくことになる。（あるいはそれ以外には、幼少期に金銭的に苦労したトラウマが原体験となって、使い切れないほど稼いでも更に儲けようとする向きもあるかもしれない。）

このように、幼少期・人格形成期に受けた衝撃は、一生ついて回るのである。ここに教育の重要性がある。下手にお勉強ばかりさせていたら、企業の歯車に相応しい人間しか育たないかもしれない。圧倒的な感動体験の中から、わくわくする未来を切り拓くパワーを生み出させるべく、多様な刺激を与えて創造的な《原風景》を創らせることだ。そこに次世代のヒーローが生まれうる。

1、**奥湯河原「結唯」《離れ紫葉》**（2017、神奈川県）
人は人格形成期に受けた衝撃を胸に秘め続け、しかしそれは作品の中に濃厚に現れる。私は幼少期のリゾート体験から最も強い衝撃を受けた。ロマン主義的、すなわち感性的・演出的・現象学的なアプローチは、プロパガンダ性が弱くあまりマスコミ受けしないかもしれないが、訪れる人にどれだけの感動をじわじわと与えられるかと考えながら設計するのは、自らとても幸せなことである。絶景の渓流に面した旅館の離れ４軒、この写真の棟は京の町家の通り庭をモチーフとし、玄関から一直線に進むと最後に渓流に至って歓声が上がる、というストーリーを想い描いた。
http://www.okuyugawara.jp/shiyo/index.html

2、**土門拳記念館**（設計：谷口吉生 1983、山形県）
幼少期ではないが、建築家としてスタートを切ったばかりのころに受けた衝撃というのも、建築家人生を左右する。同級生とアモルフという事務所を創立して４年後、新建築の表紙で見た土門拳記念館は、その惚れ惚れするほどの美しさ・構成の巧みさ・空間展開の見事さに息をのみ、とてつもなく大きなインパクトを受けた。以来 35 年、ずっと見たい見たいと憧れてきたが遠くて叶わず、近くに現場が出来たので漸く訪れることが出来た。

憧れが強すぎたものにやっと出会えたときというのは普通、期待が膨らみすぎて、反って「あ、こんなものだったか、、、」と寂しくなることもありがちだが、土門拳は違った。期待を上回る感動で、しばし立ち尽くしてしまうほどだった。

「素晴らしき建築とは、私が目指すべき建築とはこれなのだ」と強く脳裏に刻まれ、それを目指して設計の道を歩んできたのだから、強く反応してしまうのは当然かもしれない。これが私の《原風景》なのである。

1

2

旅と別荘

日々の暮らしはかったるい。同じ事の繰り返しにはうんざりだし、トラブルでも起きたら尚更だ。忙しいのには疲弊するが、暇なら暇でクサってしまう。そこで《憂さ》晴らしの出番となる。手っ取り早くは酒かギャンブル、映画や読書――要は、如何に【日常】から逃れられるかだ。しかしそれは一時しのぎに過ぎない。酔いが覚めれば、すぐに現実に引き戻されてしまう。ほんの数時間の現実逃避なのに、二日酔いや賭けの大損という代償も痛い。

そこで人は旅に出る。日常と全く違う世界にどっぷり何日か飛び込むことで、憂さから遠く離れられるのだ。携帯もつながらないほどの山奥や、頭の回転が極端に悪くなって心配事も吹っ飛ぶ海底、治安が悪くて恐ろしい途上国も、日常を徹底的に忘れるためにはかえって好都合となる。そして【非日常】のなかで自分を取り戻す。命の洗濯である。

しかしここで問題が起きてくる。それは《飽きる》ということだ。日常と全く違う世界と言っても、何度か行くうちには物珍しくなくなり、憂さを忘れるほどのインパクトも消える。年に一度か二度の旅ならまだしも、度重なれば行くところもなくなってくる。最初に比べれば二度目の刺激は遙かに弱まってしまい、より強い刺激・より大きな興奮と求めても限界は大きい。

こうなると道は二つに分かれる。ひとつは嘗ての興奮を忘れられず、懲りずに更なる刺激を求める旅だ。僻地ツアーには、こうしたマニアでいつも同じ顔ぶれが揃うらしい。19世紀の西欧貴族たちが、ナイルの源流を求めて死をもいとわず立向かった探検の旅も、この究極の姿だろう。しかし多くは、刺激を諦め、安らぎへと方向を変える。気に入った場所ができたら、そこに通うようになるのである。自分にぴったりの場所、馴染みの暖かい人々、親しんだ和める自然――

そうしたものに包まれることで、人はいきいきした感覚を再び得られるようになる。これは日常でもなく非日常でもなく、【もう一つの日常】とでも呼びうる世界である。

一寸単純化しすぎてはいるが、旅を重ねたところにはこの二種類があるのだ。そして後者の安らぎの旅が更に進んだところに、別荘がある。自分にぴったりの場所は、自分で作るのが一番だからだ。まずはどこに作るかでわくわくする。次にどんな【もう一つの日常】が送れるかを考えて夢が広がる。それを建築家のアイデアがさらに膨らませてゆく。家具や調度品を揃えるのも楽しいし、そうしてできたプライベートリゾートに身を置けば、どんな高級ホテルに泊まるよりも至福の時間を過ごせるだろう。

しかし、ここにまたひとつ落とし穴がある。都会の日常に比べれば竣工当初は全てが新鮮で、廻りを散策したり、ここに花を植えよう・ここに東屋を建てようと盛り上がるのだが、下手をすると2・3年で熱が冷めてしまう危険があるのだ。忙しいからと自分に言い訳をして、だんだん行かなくなってしまう。それでは如何にすべきか――その方策を考えれば、良い別荘の作り方が明らかになってくるだろう。

良い別荘とは何か。まずはどこまで「自分にぴったり」作れるかである。本宅は多少気にくわない部分があったとしても否が応にも住まねばならないが、別荘はベストの居心地でないと愛が冷めてゆく。どういう夢を実現したいのか、それを様々な場面について建築家と共に練り上げてゆかないと、理想の癒やしの里は生まれないし、フルオーダーなのだから、それは可能なのだ。

別荘での生活スタイルは住宅よりずっと自由だから、できうる限り既成概念を外して、具体的に体験をシミュレートしたい。

もうひとつには、飽きないことだ。「どんな美人も三月で飽きる」と言うが、逆に表情が豊かな可愛い娘には飽きることがない。どんなに素晴らしい空間でも、いつかはときめかなくなる。飽きないためには変化が必要だ。それを可能にするのは《自然》以外にない。時と共に光は移ろい陰はゆらめく。季節が変われば葉の色もそよぐ風も、流れる雲や空の青さも次第に表情を変える。こうした変化には飽きることがない。

そのために重要なのは、如何に濃厚に、また多様に自然と接触できる仕掛けを設けられるかである。そこに別荘建築の醍醐味がある。外部空間まで含んで、このテーマには都市住宅を遥かに超える可能性が広がっている。単に眺めに向かって大開口を明ければ充分、というものではないのだ。次項では、こうした手法を様々に見てゆくことにしたい。

1、**アマンダリ**
(設計：ピーター・ミュラー 1989、バリ島 / インドネシア)
世界中のセレブ達に最高の【もう一つの日常】を与えているアマングループの原点。物見遊山の忙しい旅とは対極の、安らぎの隠れ家。

2、**河津の別荘**(1994、静岡県)
「別荘というものは、老後は別として、せいぜい月に二三度しか行けないところです。けれど東京の喧噪の中で ふとした瞬間に、ああまた週末には あそこへ行ってほっとできる、そんな夢を持ちたいからこそ、別荘を作りたいと思うんです」オーナーのこの言葉が、私の別荘作りの原点になっている。

1

2

最高の別荘の作り方

【もう一つの日常】とでも呼びうる別天地を自ら創りだす――単純化しすぎてはいるが、これが別荘の起源のひとつだろうというのが前項の要旨である。

ならば、最高の別荘はどうやって創るべきだろうか。第一に重要なのは、行為に対する深い洞察である。どんな場所で、どんな姿勢で、何を片手に、何を眺めながら、何をしていたいかを徹底的に考え抜くことだ。日常を送る都市の住まいは敷地も狭く機能的制約も多いが、別荘は自分だけの別世界である。人から笑われようと突拍子もなかろうと、自分が本当にいきいき出来るならば、何をしてもいいのだ。ところが常識と因襲が想像力の邪魔をする。例えば食事はキッチンの隣のスペースで、家族が向かい合って、テレビを消して（もしくは見つつ）、和やかに話しながらするのが《普通》だろう。しかし本当にそれが最高に幸せなのか？　うざい世俗から開放されるためにもっとふさわしい食の環境はないかと、自由に夢想しなくてはならない。ところが人は、無意識のうちに自ら想像力にタガをはめてしまう。それを外すのは相当に難しい。ブレーンストーミングが有効なときもある。みんなで海に向かって並んだらどうか・カマクラに閉じこもったら・屋上の中央を盛り上げて掘炬燵を作ったら・寝転がって漫画を見ながらダラダラ食べたっていいじゃないかと、馬鹿なことを並べているうちに、魅力的なアイデアに辿り着けるかもしれない。

あるいは他からヒントを得られることもある。南の島に行けば真暗な砂浜に無数のキャンドルを散らし、その中央での二人だけの食卓がハネムーンディナーと称して呼び物になっているし、アイスホテルは床壁天井に食卓に皿まで氷だ。それらに刺激されて「自分だったらさらにこうするな」とアイデアが出るかもしれない。

しかし最も良い結果が見えてくるのは、リラックスしきった状態で、心の乱れなく無心にスケッチの筆を滑らせているときだ。私にとってそれはリゾートからの帰りの機内である。ずっと悩んでいたことが、特に苦しむこともなく突然クリアになる。リゾートでリラックスするうちにアイデアが熟成されていたかのような感覚なのだ。

最高の別荘を作るための第二のポイントは、感覚をどう刺激するかである。別荘をつくったはいいが数年で飽きてしまう人も少なくない。飽きないためには《大自然》の無限の変化と濃厚に接触しなくてはならない。まずは視覚だ。眺めに向かって大きな窓を開けるというだけではまったく不十分である。どこで何をしているときにあの木がこう見えているといいなといった具体的な構想が重要だし、窓枠や框の処理がわるいとガラスの存在が気になってしまう。パーゴラや天窓で、木漏れ日のキラキラした鮮やかさや空の移ろいを浴びさせてもいい。

もうひとつ重要なのは、実は触覚である。頬をなでる風は実に心地よい。出来るだけエアコンは使わず通風の経路をスムーズに計画して、都会では味わえない自然の爽やかさと香りを楽しみたい。特に重力換気の考え方で窓を配すれば、風のない日も室内に風が生み出せる。

三番目のポイントとしてあげたいのは、囲われ方のコントロールである。家は箱で、そこに穴を開けて窓を作るという因襲は捨て去ろう。三方をガラス壁や全引き戸にして、身体が自然に投げ出されるくらいに徹底的な開放感を演出するのもいい。さらには外部の生活をもっと重視したい。同じものでも、そよ風に包まれ陽を浴びながら外で食べる方がずっと美味い。おまけに天井高は無限大で、究極的な伸びやかさだ。「外フロ・外メシ・外ヒルネ」が別荘の三大快感だと私は思っているのだが、とりわけ樹上デッキでビール片手の昼寝の極楽は、森から吹き上げてくる涼風に包まれて、この世のものかと思えるほどの幸せを感じさせてくれる。

ただし開放感ばかりでは落ち着かない。夜はぐっと狭い空間で、暖炉の火を眺めながら暖かな庇護の感覚に抱かれれば、開放感の記憶も対比的に強められるだろう。

別荘は、構想しているときにも、実際に過ごしているときも、そして都会の喧噪の中で遥かに想い出すときにも、心が拓《ひら》け最高の安らぎを与えてくれる。こうした《心を拓く》建築である点が、別荘の最高の魅力なのである。

1、**上尾の家**　(2003 埼玉県)
バスデッキから見上げる赤松 ――

　風呂上がりにデッキに造付けた石の寝椅子に横たわり、ふと見上げると、シンボルツリーが丸穴の中央に見えてくるという仕掛けである。

2、**ホワイトモノリス**
(2005 長崎県)

暖炉部屋から見るリビングと海 ――

　開放的ばかりでは疲れる。それを補償するように、狭くて暖かい暖炉部屋をつくった。洞窟の奥から入口を眺めるような安らぎを求めてのことである。

3、**ニライナ・リゾート**
(2002 西表島)　風のデッキ ――

　ビール片手にここに上って昼寝をすると、生きてて良かったと心底思えてくる。

4、**ニライナ・リゾート**
(2002 西表島)　ロフト ―――

　海や山で遊びまくっての夕食後をどう過ごしてもらうのがいいかは、ホテル設計で常に悩むところである。ここでは屋根裏のロフトでトップライトから星空を望みつつ、真っ赤なソファに寝転がって、グラス片手にグダグダと明日の作戦を練ろうという過ごし方を形にした。

1

2

3

4

アジアンリゾートという極楽

自然の魅力は計り知れない。そしてそれを味わうための素晴らしい空間も数多い。私はスキューバダイビングに夢中になって世界の海を巡り、さまざまな自然の味わい方を体験してきた。モルディブで身にしみた絶海の孤島のせつなさ、その浜のバーから無言で見る夕陽の赤さ、紅海の果てしなさ、タヒチの海の豊かさ、カリブの明るさ、バハ・カリフォルニアの荒涼とした中の温もり——その末に辿り着いたのがバリ島だった。25年以上前のことである。そこで私は、思ってもみなかった心地よさに出会うことになった。食事は美味く人は優しく文化は多様で芸能も高度、海に山に街にと変化に富んで絶景が山積——それだけでも希有のディスティネーションといえようが、しかしそれを遥かに上回る魅力が、リゾートにあったのである。

単純化して言えば、欧米系のリゾートでは、自然は人間と対峙するものとして有る。雄大な眺めの前では、建築はまずはその大自然から人の身を守る固い殻としてスタートし、次に眺望のための開口が開けられる。温暖なところなら開口も大きくなって殻の印象は薄らぐが、やはり外界と人間の居場所の間には厳然として溝が残る。自然は「あちら」にあり、人のいる「こちら」とは違う世界だという意識がどうしても感じられてしまうのだ。

ところが日本は違う。人は自然の一部であり、穏やかな自然の中でその豊かさを愛で、自然と一体になることに最高の喜びを見いだすのである。その分かりやすい例が露天風呂だろう。裸で湯に浸かれば、体は何物にも遮られずに風と緑と空にふれ合い、自然の懐に抱かれる。その開放感と安らぎは至福と言いうるものだ。あるいは庭にしても、日本では中間領域を幾重にもつくって、内部空間との境界を極力曖昧にしようとする。室内に居ながらにして自然と出来るだけ近く接したい、という望みの現れである。さらには柱一本・板一枚・岩一塊にも美と自然の魂を見いだしてしまうアミニズム的な思い入れも強い。

この日本的な自然との距離感が、かなり近い形でバリ島のコテッジにあったのだ。豊かな木々は我が子のような慈しみをもって手入れされ、室内から開口を通して見るその姿は、内壁仕上げよりずっと重要なデザイン要素となる。四阿《あずまや》のデイベッドに横たわれば、葉擦れの音と緑なす微風が体を包む。石は苔むして時の重さを輝かせ、蓮池はインフィニティプールとなって森に溶け込んでゆく。藁葺屋根と竹の垂木・チークの柱も温もりたっぷりだ。この心地よさに、私はすっかり圧倒されたのだった。

内部空間を庭と一体化しようとする中で、外壁は減らされ尽くして開放性は極限に達する。すると内部のプライバシーが守れないから、全体は塀で囲わざるを得なくなる。こうして寝殿造り以来の日本住宅の伝統的構成、すなわち《塀で囲われた中の、内外一体化したミクロコスモス》とそっくりな隠れ家リゾートが出来上がる。そしてこの形式の下では、圧倒的なバリエーションが生まれうるのである。何しろ気候は温暖だから、半屋外の四阿やアウトドアリビングはどうつくっても快適そのものだし、リビングと寝室・浴室を別棟にしても快適に歩き回れる。平屋だから天井も意のままに高められ、露天風呂も定番だ。プライベートプールは蓮池と一体になって寝室を取り囲み、借景の椰子林や棚田が雄大なスケールをつくり上げる。この「塀で囲われた一軒家」

がひとつの客室なのである。毎年行ってはコテッジを2・3軒泊まり、数軒見学してまわっているが、構成要素という持ち駒も多く設計の自由度も高いため、どんどん新しいアイデアと構成の小宇宙が開発されて、まったく飽きることがない。

さらに言えば、人件費は安く工芸技術は抜群だから、装飾や細工・造作も素晴らしい。また日本では人件費が高いから、どうしても従業員の働きやすさを重視せよと命じられるのに対し、バリでは客の快適さだけを考えてすべてがデザインできる。地震も台風もないから、柱は細く木製サッシュも繊細だ。加えて糞真面目な日本人とは違って彼の地のデザイナーには楽しみ方がよく分かっているから、一見奇想天外なようでも、実はとても気持ちよく過ごせる遊び心がふんだんに盛り込まれている。ディテールもミニマリズムの感覚を上手く表出する。アジアンリゾートはエキゾチシズムと近代的設備の融合だとよく言われるが、それ以上にこれらの点が素晴らしさの源泉なのである。

こうしてみると、通常のホテルが高層ビルのフラットな天井と申し訳程度のバルコニーしか持てず、どれだけ凝ったところで、あくまで四角い箱の中で「インテリアデザイン」をチョコチョコいじくっているのに過ぎないのが、物足りなく見えてきてしまう。

建築を設計する以上、私は圧倒的な感動を生み出したい。そのために第一級の極楽を味わい、それを超えるものをさまざまに想像し創造しようと苦闘する。ここに建築家としての最高の愉楽がある。

1、**アマンダリ**　アマンダリ・スイート
（設計：ピーター・ミュラー
1989、バリ島ウブドゥ）
塀で囲われた一軒家 —— それは住宅や別荘設計の最高のリファレンスである。

2、**ザ・バレ**　客室エントランス
（設計者不明、2011　バリ島ヌサドゥア）

塀で囲われた隠れ家には、こうした門をくぐってから入る。門の内側にはさらに水盤のポーチがあって、期待感を高めるストーリーが見事だ。

3、**アマヌサ**
(設計:ケリー・ヒル 1992、バリ島ヌサドゥア)

外に半分飛び出たガラス張りの浴槽。その空間を律しているのは、壁でも浴槽でも照明でもなく、中央の植物だ。

4、**カユマニス・プライベート・ヴィラ**
(設計者不明　2004、バリ島ヌサドゥア)
右奥には吹きさらしのリビング、左には全面ガラス張の寝室、そして手前には露天ジャクージの藁葺屋根と、3 つの建物がプールを囲む。この自由さ！

5、**アリラ・ヴィラズ・ウルワツ**
（設計：WOHA　2009、バリ島ウルワツ）
　フラット天井のモダン・ミニマルデザインながら、伸びやかな空間構成と巧みな素材の使い分けで、新しいアジアンリゾートの可能性を示した傑作。住宅や別荘をつくろうという人は、欺されたと思って是非一度泊まってみてほしい。

6、**ブルガリ・リゾート**
（設計：アントニオ・チッテリオ
　2006、バリ島ウルワツ）
確かに高価で豪華だが、イタリア人建築家の設計は、なぜかアジアンの自然観とは違和感があり、西洋人が見よう見まねでつくったとの感を免れない。

7、**プリ・ウランダリ**
（設計者不明、バリ島ウブドゥ）
これぞまさしく元祖アウトドアリビング！

至福のリゾート設計

正統的な建築設計の核心は、人間行動のシミュレーションである。こんな窓を作ったらどんな光が入ってきてどんな眺めが拡がり、どんな感覚が得られるだろうか、こういう空間を作ったら、人はその中でどう感じてどう動き何を求めるだろうか——そうした想像を、全体構成からディテールに至るまで何度も繰り返して細かく検討し尽くし、最高の人間環境を目指すのが、建築設計の本来のあり方である。

その想像の過程で素晴らしいアイデアが浮かんだときには、天にも昇るような嬉しさがこみ上げてくる。そうか！こんなエントランスに入ればきっと感動できるぞ・こんな窓が開いていれば心が拡がって食事も進むだろう・こんなスペースなら仕事もはかどるに違いない——そしてわくわくしながら人が幸せに包まれる空間を追い求めるのである。

しかし建築の用途は多岐にわたる。私は現在、大きな病院の設計に取り組んでいるが、霊安室は病棟から見えないところにひっそり作って、霊柩車輌の出入りも入院患者の神経を逆なでせぬように、などと考えていると、やはりしんみりした気分になる。物流拠点のような設計も、トラックや物品の動きのシミュレーションとして、効率良い設計が出来ればパズルゲームとしては「あがり」だが、なかなかそれ以上の魅力をつくるのは難しい。

逆に、人が楽しむ施設の設計は素晴らしく楽しい。美術館の設計なら、遠くに建築の美しいシルエットが見えてきて、どきどきしながらエントランスに入ると期待感はますます高まり、ギャラリーに踏み入ると展示作品の世界にすっぽり包まれ、次の空間でがらりと世界が変わって、最後にカフェで余韻を味わう——そうした喜びのシークエンスを頭の中で組み立てていくのは、建築家冥利に尽きることである。

そういう点では、なんといっても最高なのがリゾートの設計だ。レストランは食、音楽ホールや美術館は鑑賞、公園は散策、という一点のみの喜びを提供するのに対し、ホテルや別荘は、食べ・語らい・遊び・寛ぎ・入浴し・就寝にいたるまで、人がそこで何日か滞在する間のすべてをサポートする。まさしく究極のサービス業である。そのための施設を考えるのだから、悩みどころは山ほどあるが、そのどれもがゲストに極楽体験を与えうる絶好のチャレンジング・ポイントとなる。大体「旅」自体が最高の娯楽なのだから、それをどう盛り立てるか想い悩むのは楽しくて仕方ないし、考えることの楽しさを知ってしまった身には、寝食さえ忘れて没頭できる至福の時を与えてくれるのだ。

このホテル設計を細かくみてゆくと、まず営業的に重要なのは集客であり、そのために第一に必要なのは、強烈なインパクトある一枚の写真が撮れることである。見事な夕焼けのテラスや劇的なロビー・海につながるプール・果てしない森の拡がりや可愛らしい中庭の緑——目に焼き付いて離れない光景がブローシャー（パンフレット）やインターネットに載っていれば、客はその一枚だけで、いいなぁいつか行きたいなあと胸を熱くし続けてくれるのである。

第二に重要なのは、リピーターを増やすことだ。一度行ったあそこに、どうしてもまた行きたいと思ってもらわねばならない。そのために必要なのが、記憶をどのように脳に埋め込んでいくかという点である。強羅花壇という旅館を設計したときに、所内で掲げられていたのが「未来の記憶に向けて」というスローガンだった。

記憶は時と共に薄れていくものである。例えば懐石料理のように、どの皿も美味しいが取り立てて何が凄いという訳ではないものは、すぐに忘れてしまう。それに対して例えば蟹尽し定食のようなものでは、ああ焼蟹は香ばしくて旨かったけれどその後の刺身は絶品だったなあと、「蟹」という核を中心にして次々に細かな記憶がよみがえり、唾液腺が刺激されてまた喰いたいと欲するようになる。これは即ち記憶には、まず中心にしっかりした核が必要で、その廻りに核と強く関連づけられた要素が体系的に配されることが重要だということである。これを当時は『記憶の構造化』と呼んでいた。将来の記憶になる種を滞在中に深く刻み込んでもらうべく、建築の各部を背骨と肋骨のような明確な体系のもとにまとめてゆき、容易に「記憶の糸をたぐる」ことができるように、意識的に構成する必要があるということだ。

その「記憶の核」として有効なポイントのひとつが、到着した瞬間の感動である。重い荷物を持ってへとへとになりつつ長い旅路を辿り着いた瞬間、目の前に鮮やかな光景がダイナミックに拡がる——疲れは一気に吹っ飛び、同行者からも感嘆の声があがって、ああ来て良かったなあとかみしめる喜びは、強烈に心に焼き付いて忘れない。そしてそれを核として記憶が展開していくように、各部との関係を組み立てていくのである。

旅は、行く前に計画を立てている時も、勿論行っている最中も、そして帰ってきて想い出にひたるときも、それぞれに喜びがある。その各々に心をつかむアイデアを込めてこそ、愛されるリゾートは出来上がるのだと思う。そしてそれを様々に考え悩むことこそが、設計者の愉楽なのである。

最初に、病院の設計はしんみりすると書いた。しかしホテルのように設計しようと考えだしてからは、俄然面白くなっている。ただ豪華な大理石貼のロビーを作ればいいということではない。ゆったりと風にゆれる緑や移ろいゆく空の輝き・暖かな光・温もりある仕上・噴水や自動ピアノの柔らかな音色、そして優しく包まれる空間の力で、痛みと不安を抱えて来院する患者に、心を少しでも開いてもらえればと願いつつ、夢中で計画を練っているところである。

2、**白浜Sホテル**　(2009、和歌山県)

風光明媚な海沿いのホテル計画。高層タワーのため天井の変化はつけにくいが、海への絶景を望むインフィニティプールとしての露天風呂・眺めを阻害せぬよう3段下がった所から生える手摺・ソファと一体化したダイニングテーブル・ソファ越しに海を望める3段上がった洞窟のようなベッドルーム等々、夢とアイデアを盛り込もうと夢中になって考えるのは、私にとって至福の時間である。

1、**アマンプリ**

(設計：エド・タートル、

1988、プーケット島/タイ)

正面中央がロビー、手前がその海側の有名なブラックプール。 客は道路からエントランスにアプローチして重なり合う屋根の威容に圧倒され、次に天井の高い空間に包まれて異空間に到達したことを実感し、さらに向こうに伸びるブラックプールとそこに反射するココヤシに心を思い切り開放させ、その向こうに拡がる海に出迎えられる。この鮮烈な印象が長旅の疲れを吹き飛ばし、帰国後も忘れがたい記憶となって残るのだ。(そして、客としてこの極楽を体験しておくこともまた、建築家としての修業の一部なのである。)

G・バワの建築 - 1

スリランカに行ってきた。バワ（※1）の建築を見るためである。リゾート建築の神様とさえ呼ばれるほどの作品を創りながらも、十数年前までは殆ど知られていなかったジェフリー・バワ——スリランカの山奥に緑に埋もれた凄いホテルがあるとの話は私も90年代末に聞いていたが、それを設計した建築家の名を知ったのは暫くしてからのことだった。あの素晴らしさは行ってみなければ分からないと建築家は誰もが言い、一度行ったら何度も通う。けれど写真や図面を見ただけでは、何故そこまで絶賛されるのかぴんと来ない。その謎が解ければきっと目から鱗が落ちるに違いないと、かなり前から気にはなっていたが、ようやくタイミングが訪れたのだった。

まずは最も有名なカンダラマ・ホテルに投宿する。空港から延々と4時間走って、到着したのは深夜。狭く真暗な道を抜けると、突然あの有名なエントランスが鮮やかに輝いて車を飲込む。「到着すると息を呑み肌が粟立った。忽然と闇夜に浮かぶオープンエアーの長いレセプション・ロビー。まるで映画『地獄の黙示録』のマーロン・ブランドの神殿に到着したかのように劇的。このエントランスロビーは世界一だ」（※2）と世界中のホテルを見てきた浦一也が言う通り、長旅で疲れた眼を一挙に感動で見開かせてくれる。

そこからがまた驚きだ。なんと今度は岩山に掘り抜かれて岩がゴツゴツした狭いS字トンネルに引きずり込まれ、そこを抜けるとやっとロビーに至るのである。ここは昼には外にインフィニティ・プールが、その向こうには古代の人造湖が、そして遙か彼方に世界遺産のシーギリヤロックが望める絶景のラウンジである。つまり時と共に暗 - 明 - 暗 - 明、狭 - 広 - 狭 - 広という対比的空間の中を引きずり廻すシークエンスで客を迎える、という趣向なのである。客は不安 - 安堵 -

不安‐安堵という気分の変転の中で、別世界に辿り着いたことを深く実感する。確かにこれは写真では伝えにくい。動画でさえ、暗くて狭い空間に入ったときの肌がぎゅっと包まれるような感覚や、広く明るい空間へ出た時の伸びやかな清々《すがすが》しさは、意識して空間を想像したことのない人には、なかなか分かってもらえないだろう。

こうしたシークエンスの悦びは、館内のあちこちにちりばめられている。カクカクと屈曲する廊下もそうだ。一見無駄に広いだけのような廊下ものんびり歩いていると、荒々しい岩山と鬱蒼と茂る緑が曲がる毎に趣を変え、しばしば野生の猿が手摺にじゃれついてきて飽きることがない。この屈曲部では客室が途切れ湖側への展望が突然拓けてはっとさせられるし、涼しい風が吹き抜けてほっとする。これも写真では伝わる訳がなかろう。

もうひとつ驚かされるのは、自然の要素が強引なまでに内部に引きずり込まれている点である。廊下の中央にデンと鎮座する岩も、写真ではあざとくさえ見えるが、すぐ外の岩山と一緒に見れば、その連続性は全く無理がない。むしろ岩山の中を歩いているかのようにさえ錯覚させられ、自然がぐっと身近になる。水が向こう側のエッジから均一に溢れ出ることによってエッジを隠し、遥か大海原とプールの水を繋がっているかのように見せるインフィニティ・プールは、バワの発明といわれているが、これも自然と建築の距離を何とかして縮めようと生まれたディテールだ。しかしそれだけではない。向こうのジャングルと繋がって見えるようにバルコニーに植栽する手法も驚きだ。廻りに腐るほど緑があるのに何故ことさら植栽するのかと初めは不思議に思ったが、それもまた水と同じく建築と周囲をより強固に繋ぐための要素だと理解したときに「インフィニ

※1. ジェフリー・バワ（1919～2003）
スリランカを代表する建築家。イギリスに学び世界を旅した後に、スリランカに国会議事堂や、珠玉のリゾート施設を数多く設計した。

※2.『旅はゲストルームⅡ　測って描いたホテル探検記』（浦一也 著、光文社　2013）

ティ・グリーン」（※3）との命名に合点がいったのである。
館内は殆どモルタルの床にペンキの柱・壁というシンプル、というよりプアな仕上げ。天井も平坦・平凡。ディテールも、凝った細工をこれ見よがしに押しつけては来ない。ホテルは全長ほぼ1キロ、私が泊まった部屋はかなり端部に近かった。しかしそれにもかかわらず、何の苦もなく豊かな気持ちで幾たびも往復できたのは意外なほどだったのである。

こんな体験と感動を与えてくれるとは、なんと建築は素晴らしいものかと改めて想う。そして「なぜこんな名作が出来たのか」と自問自答することで、その素晴らしさが自分の中に定着できたらと願うところである。

※3.『解読　ジェフリー・バワの建築 - スリランカの「アニミズム・モダン」』（岩本弘光著、彰国社２０１５）

写真． **カンダラマ・ホテル**（G. バワ 1994 年 スリランカ）

写真では分からないと言いながら、それでも写真しか載せられないもどかしさ。せいぜい想像してみてくださいと言うほかない。

1.　闇夜に忽然と浮かび上がるオープンエアのエントランス。庇の立上りは黒く塗装して夜空に溶け込ませ、厚さのないシャープな天井面が鮮烈に眼に突き刺さる。

2.　インフィニティ・プールは古代の人造湖に角を突き出して一体化し、世界遺産のシーギリヤロックを遠望する。

3.　左のガラス面はメインダイニング。窓際の席に陣取ると、窓のすぐ外の植栽がなめらかにジャングルに繋がって、森の中で食事をしているかのように感じられてくる。

4.　圧倒的な迫力で廊下に迫り来る巨岩。異常な光景に見えるが、泊まっているうちに、濃密に自然と接している感覚が心地よくなってくる。いわば「インフィニティ・ロック」。

5.　屈曲する廊下。黒ペンキの柱とモルタルの床はプアだが、そんなものは眼に入らない。右手の緑を見ながら歩みを進めると次第に正面に湖がひろがり、突然、左からそよ風が吹いてくる。廊下をこんなに気持ちよい風が吹き抜けるホテルもなかろう。しつこいようだが「インフィニティ・ブリーズ」。そして右に曲がると、今度は岩山に遊ぶ猿が目を奪う。

1

2

3

4

5

G・バワの建築 - 2

スリランカの建築家ジェフリー・バワの作品は、実際にその空間に身を置くと、想像を超えた素晴らしさにじわじわと圧倒されてしまう。前項では代表作カンダラマ・ホテルについて、魅力が空間のシークエンスと自然要素の取り込み方から来るのではないかと書いた。

しかしそんな言葉で簡単にまとめてしまうと、大したことではなさそうに聞こえてくる。確かに当たりまえだ。しかもバワの建築は、チープな素材とシンプルなデザインから構成されているに過ぎない。特別なディテールもない。とても不思議なのである。この素晴らしさは何なのだろう、廊下の真ん中に岩を飛び出させるようなえぐいことをしながら、なぜわざとらしさや臭さを感じさせないのだろう——そう想いながら全長1キロの廊下を何度往復したことか。

しかしずっと廊下を歩いていると、徐々に景色が体に馴染んでくる。だんだん自分がスリランカのジャングルに溶け込んでゆく。そして自然がとても愛おしくなってくる。そうか、と思った。これはバワが自然を深く愛しているからこそ生まれた空間なのではないかと。《愛》という手垢にまみれた臭い言葉でしか言い現せないのがもどかしいが、心から敬い、深く共感し感動し、あるいはその途方もない力に恐れつつも身を任せてしまう大いなる自然に対しては、他の言葉が見当たらない。うつろう光や風・そよぐ緑・豊かな水や地形・・・そうしたものへの深い愛があるからこそ、バワの空間は、自然に抱かれる幸せを、訪れる人に何の抵抗もなくかみしめさせる力を持つのではないか。計算ずくの「演出」では、こうはいくはずがない。岩本弘光がバワの著書への副題を「アミニズム・モダン」としたのも、そうした意識があったからではないかと思えてくる。（※1）

※1.『解読　ジェフリー・バワの建築 －スリランカの「アニミズム・モダン」』（岩本弘光著、彰国社２０１５）

そんな思いを漠然と抱きながら、翌日はブルーウォーター・ホテルに向かう。

カンダラマが地形の複雑な密林にあって山にへばりつくように建つのに対して、ブルーウォーターはその名の通り砂浜沿いに建つ。大海原を望むとはいえ土地はのっぺりと拡がるばかりで、土地からのインスピレーションは湧きにくい立地である。カンダラマと比較しても、あの空間の濃密さはどこかに消え、あっけらかんとした伸びやかさが最初は意外にさえ思える程だった。

しかしそれにもかかわらず、滞在しているとしみじみと枯れた味わいが身を包んできて、少しずつ心地よくなってくる。それも客室にいるときではなく、館内をのんびり散策しているうちに感じられてくるのだ。きらきらした木漏れ日が爽やかな広大なココヤシ林も、駐車場から重い門を開くと一気に左右に拡がる水盤と芝も、心が拡くとはこういうことかという気がしてくる。やけに幅広な1階の客室前廊下も、何故ここに椅子があるのかと不思議に思って座ってみると、輝く緑が目に染みて腰を落ち着けてしまう。どうしてこんなに天井が高いのかと驚く最上階の廊下からは、空の青さが鮮やかで思わず歩みが止まる。

L・カーンからはサーバント・スペースと呼ばれ、普段は脇役にすぎない廊下が、ここでは主役なのである。そこを歩き、たたずみ、頬に風を受ける中で、人は光や水や緑を味わい、ゆったりした拡がりという自然につつまれる。ああこれもバワがスリランカの自然を深く愛した結果なのかもしれないと想う。そして一見何のディテールもない質素な空間が、実は自然を引き立たせるために余分なものをそぎ落とし、研ぎ澄まされた末に残ったものとさえ感じられてくるのである。

と、多少分かった気にはなってきたとはいうものの、でも実はまだとてもそれだけのものではないぞという気もする、というのが正直なところだ。ルヌガンガもNo・11も87も、また違った切り口が要りそうだし、カンダラマもまだまだ何かありそうだ。もっと居たらもっと何か見えてきそうだという予感がする——そうか、私もまた熱帯バワ熱に侵されてしまったのかと、半ば自分に呆れながら、次はどの季節に行くのがいいかと予定を悩みだしているところである。

左頁：**ブルーウォーター・ホテル**
（設計：G.バワ、1998、スリランカ）
1、駐車場から正門を開くと突然、海まで続く長い廊下に出る。空間は左右にも一気に拡がり、素晴らしい伸びやかさと清々しさに包まれる。

2、3、プールサイドのココヤシ林。広さを豊かさに昇華したのは、バワの深い愛によるものに違いない。

4、5、部屋をオーシャンビューにするとどうしても廊下は海と反対側になってしまうから、歩くだけのつまらない空間になりがちだが、幅広の１階廊下には椅子が置かれて芝と椰子を眺める絶好のスペースとなり、３階廊下は天井が高く取られて空の青さを心地よく味わえる場となる。

6、**ヘリタンス・アフンガッラ**（旧トリトン・ホテル）
（設計：G.バワ、1981、スリランカ）
7、**ルヌガンガ**（設計:G.バワ、1948–98、スリランカ）
バワ作品は 見るほどに多くの魅力を感じさせてくれる。

1

2

3

4

5

アマンリゾーツ研究 - 1

何度も書いてきた通り、私は根っからの体感建築派である。そこで人がどんな喜びに包まれて何に心を開き、どう感動してどんないきいきした生活を送れるか——そうした空間を想い描くためには、まずは優れた先例を自ら体験するのが一番だ。じっくり味わっているうちに、真似をするのではなく、もっといいものを作れそうな気がしてくる。味わうなら最高のものがいい。リゾートならば、アマンだろう。

エイドリアン・ゼッカーが１９８８年プーケットにアマンプリをオープンさせて以来、アマンリゾーツは、世界各地にこの上なく素晴らしいリゾートホテルを作ってきた。２０１４年に経営権がロシアに移ったとはいえ、大都市中心部にも進出し、現在では総数35を数えるまでに拡大したアマンは、訪れるたびに新しい感動とヒントを与えてくれるのである。

ホテルの魅力は、主に立地と建築とホスピタリティという3点に集約されるだろう。このうち、サービスやコミュニケーション・人的魅力といったものからくるホスピタリティについては、ゼッカーが日本旅館のおもてなしから触発された等々の解説もあるが、それは専門の方々に任せることとして、ここでは建築的な魅力を私なりに考えてみることとしたい。

まず多くのアマンに共通するのは、異様なまでに長いアプローチである。勿論僻地の場合には仕方ないことではあるが、モロッコのアマンジェナのような街に近い街道沿でも、ゲートを過ぎてからしばらくは、わざわざぐるぐると緑のアーチの中を車は走らされる。アマン京都も３つの門を通るアプローチは長い。ビル街の中のアマン東京にしても、１階の車寄せからレセプションを経てエレベーターでロビー階に至るまでには、かなりの距離と時間がかかる。どんな世界が待ち構えているのだろうとわくわくする気持ちは、かなり焦《じ》らされることになる。

しかし漸く建築にたどり着くと、無意識のうちにもその意味がわかってくる。それまでの外界の雑踏は遥かな過去となり、伊勢神宮にお参りする前の五十鈴川での禊《みそぎ》のように、あるいは茶室の露地を抜けた後のように、心は新しい世界を受け入れるためのまっさらな状態に漂白されているのである。そして扉を開けた瞬間、眼前に広がる光景にしばし立ち尽くす。これがあの憧れてきた世界なのかと強烈なインパクトを受け、しかしその次の瞬間、空間は暖かく体を包み込んできて、心がじんわり熱くなる。

ここからアマン・マジックの第二弾が始まる。空間は全て、その地域の土着様式を一度バラバラに分解し、それを現代人が受け入れやすいように再構成した様式で彩られているのである。絵画が、風景のエッセンスを凝縮するがゆえに本物の写真よりも本物らしく迫ってくるのと同じように、モロッコならアラブの、ジャワ島ならボロブドゥールの、プーケットならタイ王朝のエキゾチシズムを上手く再構成して、都会から来る我々に明快なイメージをスムーズに纏めさせてくれるのだ。こうした既存様式の再構築は、建築家エド・タートルが抜群に上手い。逆にケリー・ヒルは、あくまでもミニマリスム的モダニズムの線は外さず、しかしリゾートが立地する文化の特質を抽象的に色濃く盛り込むことによって、シンプルで受け入れやすいながらも強烈なイメージをじわじわと投げかけてくる。日本の3つのアマンやアマヌサを見れば、それは明らかだろう。

全体の構成という点では、集落のような中をうねうねと歩かされるアマンダリや、古い別世界をさまよわされるアマンガッラのような迷路的な面白さが、まずは思い起こされる。だが逆に、幾何学的にきっちりしたアマンジェナやアマンジオのような構成も、全体が把握しやすく自分を定位しやすいため、爽やかな印象を与えてくれる。この両極のどちらかを、立地に応じて使い分けているところも興味深いところである。

客室も他にはない別世界を作っている。以前にもバリ島にはジ・オベロイやクプクプバロンなどコテッジ形式の客室はあったが、アマンダリはそれを一新した。塀で囲われた一軒家である各客室は、四方に庭を持ち、周囲の自然へと豊かに広がってゆくのである。一方はエントランス・コート、一方は露天風呂、一方はリビング脇の植栽、そしてもう一方はゆったりと棚田へとつながるテラスとなる。吉村順三は、建築は自然の魅力には到底敵わないと言ったが、こうして周囲環境の魅力を十二分に取り込んだ中で、人はバリ島の暖かい自然にすっぽりと包まれて自分を取り戻すのだ。さらに、この四方への膨張的な広がりは、高い方形天井の強い求心力で箍《たが》を嵌められバランスを取られて、空間を密実なものとしている点も見事だ。これはアマンダリだけでなく、郊外型アマンにはどれも様々なバリエーションを持って見られる特徴である。

アマンは本当に素晴らしい。高価なため頻繁に訪れるわけにはいかないが、(そしてまた新型コロナウイルスのためにここ3年間の海外アマン旅行はみんな潰れてしまったが、)訪れるたびに新しいインスピレーションを与えてくれるのである。

4、**アマン東京**（設計：ケリー・ヒル
2014、大手町 / 東京）
エレベーターを降りたとたんに広がる圧倒的な大吹抜。驚くほどの壮大さで心は鷲掴みにされるが、その後にふわっと包み込んでくる。ケリー・ヒル流のクールでシャープなミニマリスムだが、光や素材・ディテールの扱いで「和」をうまく感じさせている。

1、**アマンジェナ**　（設計：エド・タートル 2000、マラケシュ / モロッコ）
ゲートを通過してから延々と細いアプローチ路を進み、車を降りてようやく扉を開けた瞬間、眼前に広がる８連のイスラミック・アーチ。この衝撃は、やはり行って見ないとわからない。

2、**アマンプリのポーチ**（設計：エド・タートル 1988、プーケット島 / タイ）
椰子の林をうねうねと登った末に視界がぱっと開けたかと思うと、突然レセプション棟が現れる。幾重にも重なる屋根はいかにもタイ風で、道は最後に下り坂になるので、それが眼下に大きく見えてくる。よく見ると破風は彫刻も彩色もないシンプルなもので、バンコクの寺院などとは大違いだが、最小限の要素でタイを色濃く感じさせているのは流石だ。

3、**アマンダリの客室**（設計：ピーター・ミュラー 1989、バリ島ウブドゥ / インドネシア）
四方の自然へと広がる膨張性と、天井の求心性とのバランス。その心地よさ。

アマンリゾーツ研究-2

前項ではアマンリゾーツのホテル群について、その大いなる魅力がどういう特質から生まれてきているかを、いくつか建築的視点から見てきた。長いアプローチによる外界からの隔絶・訪れる客に受け入れやすく練られた様式の再構築・全体配置の構成法（迷路または幾何学）・客室の自然への膨張性と空間の求心性、という各視点である。

だがこれらは、どれもが皆ひとつの目標へと向かう。それはごく単純化して言うならば《どこにもなかったこの上なく心地よい別世界の創造》ということになろうか。そう簡単にまとめてしまうと当たり前すぎて有難味がないが、しかしそうした王道を真正面から突き進んだ末にこそ、あれだけの素晴らしさは生まれ出るのだと私は思う。

アマンの創始者エイドリアン・ゼッカーは、それを【ライフスタイルのデザイン】と呼ぶ。従前のホテルが、ただロビーとレストランと客室を豪華に密実に洗練していっただけなのに対して、アマンは宿泊客の滞在の仕方を具体的に事細かにシミュレーションして、そこでの生活をゼロからデザインし直す。

それは丁度ジョブズが携帯電話のあり方を考え抜いて、電話器の「再発明」としてiPhoneを世に送り出したのと似ている。ジョブズは、誰もこれまで考えたこともなかったけれど本当はこうあるべきだ、と信じるものを先入観を捨てて追い続けた。それがアップルの魅力の源である【ユーザーエクスペリエンス】である。「人は目の前に見せられるまで、本当に何がほしいのかは分からない。」アンケートなどとらない。マーケティングなど、過去製品のランキングを調べるに過ぎない。「常識にとらわれるな。周囲の雑音に惑わされるな。最も重要なのは、勇気をもって心の声や直感に耳を傾けることだ。」

話をアマンに戻すと、ゼッカーが最も心を砕いたものの一つは、昼の過ごし方だったのではないかと思う。ホテルは受付・食事・飲酒・入浴・就寝など機能がはっきりしている部分には、これまでも客の振る舞いが様々に考えられてきた。確かに物見遊山の旅では、宿は疲れた体を夜に休めるだけの場所だからまだそれでいい。だが滞在型となると、昼をどう豊かに過ごせるかが問題になる。これまでは、せいぜいプールサイドでデッキチェアに横になるぐらいのことしか提案されてこなかった。そんなもんでいいだろうとされてきたのが、むしろ不思議なくらいである。

ゼッカーが出した答えの一つは、バレ（四阿《あずまや》）である。お忍び客は、あまり客室から外に出られない。有名人でなかったとしても、大プールまで行くのはかったるい。だが客室の中に閉じこもりっきりでは息が詰まる。そこで客室に大きな庭やデッキやプールを作り、そこに吹きさらしの四阿をしつらえたのである。ゆるく包まれた屋根だけの空間で、緑に囲まれ頬に微風を感じ陽光の眩さに目を細めながら、人目を憚らずにぼけぼけと読書し、うだうだ談笑し、ごろっと寝転がってぼーっと遠くの空を眺める――そこには室内にはない開放感と非日常感があって、かなりの時間を世俗を忘れてゆったりと過ごせるのである。

アマン第1作のアマンプリでは、タイ風の屋根の下に、床に掘り炬燵的なテーブルが据えられ、それを横にもなれるクッションが囲う（写真1）。アマヌサでは、モダンなテント屋根の下に正方形のマットレスが嵌り、低いテーブルがそこでの姿勢を暗示する（写真2）。アマンジェナでは、高い天井とアラブ風に壁に張り付いたソファが、異国情緒に浸らせてくれる（写真3）。

　バレを作らない場合には、アマンキラのように前庭にアウトドアリビングが付いたり、（写真4.5）アマンウェラやアマネムのように居心地の良いバルコニーが広がって海を望む（写真6）。それも無理なら、アマンガッラのようにパブリックプールの周りに半個室風の小間を並ばせる（写真7）。さらにアマンキラでは、ジープで10分ほど登った見晴らしの良い山の中腹にバレを作って、そこでランチのバスケットを広げることもできるのだ（写真8）。

　あるいはバレに加えて、デイベッドもアマンの発明品だろう。昼間に室内でのんびりしたいとしても、夜寝るベッドの上ではなんとも貧相だ。そこでパーラー（リビング）部分の明るいコーナーに2m角のマットレスを据え、格好良くゴロゴロできる場へと細部を整えていったのである（71ページの写真1）。

　アマンは素晴らしい。客の微妙な心の動きを細かく想像し尽くして、一寸何かしようと思った時にハハンと思わせるまでに各部を練り上げているのは、心憎いばかりである。だがそれは、リゾートに限らずあらゆる建築で熟慮すべきキーポイントだろう。頂点を極めた世界には、全てに通底する真理が究められているのである。

1、**アマンプリのバレ**
（設計：エド・タートル、1988、プーケット島 / タイ）

「あずまや」は四阿・バレ・ラナイ・ガゼボ・フォリー、あるいはパビリオンやベルヴェデーレとも呼ばれるが、まさにアマンの心地よさの一つの焦点である。

2、**アマヌサのバレ**
（設計：ケリー・ヒル、1992、バリ島 / インドネシア）（2018 年にオーナーズ・ヴィラだけに減築され Aman Villas at NusaDua となった）

　ケリー・ヒルらしいモダンな鉄骨組テント張のバレ。

1

2

3、**アマンジェナのバレ**（設計:エド・タートル、2000、マラケシュ / モロッコ）

アマンはまた後世に大きな影響を与えた。例えば星野リゾートも、ブローシャには過ごし方の時間割が提案されていて、客の滞在を一生懸命イメージしようとしているのがわかる。

4、5、**アマンキラのアウトドアリビング**（設計：エド・タートル、1992、バリ島 / インドネシア）

アジアンリゾートブームは一昔前に一段落してはいるけれど、その素晴らしさは時を超えて我々を魅了し続ける。

6、**アマンウェラのテラス**　(設計：ケリー・ヒル、2004、タンガッラ / スリランカ)

7、**アマンガッラのプール・バレ**（設計：ケリー・ヒル、2005年、ゴール / スリランカ）

完全にプライバシーが保たれているわけではないが、中に入ると意外なほどに心地いいのは何故だろう。

8、**アマンキラの山腹バレ**（設計：エド・タートル、1992、バリ島 / インドネシア))

アマンキラの一般客室自体にはバレは付属していないが、有名なプールサイドのバレを始め山腹や海岸など、あちこちにバレが分散している。それぞれ違った眺めの中でのうたた寝や、海を眺め心を解放しきって食べるランチは格別だ。

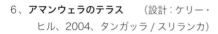

都市に何が可能か

海外を旅する愉しみの一つに、見知らぬ街の散策がある。例えばバルセロナ。数年前にテロもあったが、ここのランブラス大通りは素晴らしい。大通りというと普通は何車線もの自動車道を想い浮かべるが、ここは違う。まず石造の街並に接して普通の歩道が、次に2車線とはいえ半分は路上駐車の狭い車道が、そして中央に幅広い歩行者空間があるのである。日本なら中央分離帯でしかないこの空間には、豊かに街路樹が茂って緑のトンネルを造り、木漏れ日を浴びながらそぞろ歩く人々の和やかな活気が心地よい。土産物の露店をひやかし、オープンカフェでおひとりさまパエリアを食べ、カヴァワインでほろ酔い加減になって街ゆく人々を眺める。街を愉しむとはこういうことかと、うっとりさせられる。

あるいはサンジミニアーノ。塔の街として有名だが、私が驚いたのはドゥオモ広場に面した建築だった。壁は大きくえぐり取られ、広場に対して広々としたアールコーブが形成されていたのである。壁際には石のベンチが三方に造り付けられ、住民や観光客がゆったりと座っている。即ちここは、私有の建築にもかかわらず、街ゆく人々に提供された公共空間となっているのである。広場は街の人々にとっての【居間】であり、そこに貢献することが当時の大商人達にとっては美徳だったのだろう。

あるいは香港女人街・台北の夜市・マラケシュのジャマ・エル・フナ広場。建物は古くて汚いが、露店と人がこれ以上ない密度でひしめき、そのエネルギーに圧倒される。この熱気は強烈で病みつきになってしまう。

これら有名観光地でなくとも、海外はどこの街を歩いても魅力を感じることが多い。建物は質素だったとしても質実で、風土と一体化し、人々の生活が染みついている。テレビはあまり見ないが、たまにBSで旅行番組を見ると、地元の人が皆口を揃えて「私はこの街を愛しているんだ」と言うのにはびっくりさせられる。愛しているからこそ、建築するときには街を意識し、ご近所に迷惑にならぬよう手入れし、街並の質を保っているのだろう。

こうしていろいろな街を見ていると、都市の魅力は大きく分けて二つあることに気づく。一つは活気である。ざわめき・巨大さ・新規さ・店や人の圧倒的な密度とエネルギーが五感を刺激し、濃密なカオスの中に一緒にいることで見知らぬ人とも仄かな連帯感がわいて、気分が高揚してくるのだ。

もう一つは癒やしである。美しさはさることながら拡がり・伸びやかさ・明るさ・ヒューマンスケールが、緑・空・水・温もりと厚みのある材料・歴史遺産とともに、人をゆったりとした気分で包み込んでくれる。この活気と癒やしの両者が様々なバランスで混在する中に、都市はその街らしい魅力を投げかけてくるのである。

ところが翻って日本を考えると、京都・倉敷や竹富島といった歴史遺産のある街や、表参道・銀座や田園調布・松濤といった高級街を別とすれば、どうにも魅力が感じられる気がしない。新しいビルにしても、経済効率の結果の薄っぺらい材料と余裕のない空間・大して個性ないデザインでは、とても世界に誇れる街並とは言えない。住宅街に至っては、プレハブと安物住宅の貧相さに、ああ日本の我々は街を愛していないんだなあ、少なくとも外観なんかに全く興味はないんだなと悲しくなる。ゴミも散らかっていないし不潔でもないが、あらゆる絵の具が混じって結局灰色になってしまったパレットのように、どんよりしたイメージでぱっとしないのである。

昨年『コンデ・ナスト・トラベラー』（※1）という有名なアメリカの富裕層向け旅行雑誌で、世界一魅力ある観光都市に東京が選ばれたと聞くと、何かの間違いではないかとさえ思ってしまう。まあアニメやコスプレというサブカルチャーの活気や、神社仏閣・日本庭園・和食といった伝統文化の癒やしへの憧れなのかもしれない。あるいは新旧文化の混在と衝突にも相当びっくりするらしい。しかしこれらは、いわば最先端ソフトと伝統が意図せぬ形でたまたま高密に混在しているに過ぎない。

建築家として、東京の街にこの人気に似合うだけのハードを何か貢献できないかと考えると、はなはだ無力感にさいなまれてしまう。活気を更に盛り上げるなら方法はあるが、癒やしとなると、このゴチャゴチャの広大な街を一体どう東京らしく美化できるのか、途方に暮れてしまうのである。

とはいえ手をこまねいている訳にもいかない。街造りは一朝一夕には行かないことは分かっている。まず目指さねばならないのは、街を愛する気持ちを人々に持ってもらうことだ。そのためには、例えば日常の街並をテーマとした写真コンテストなどはどうだろう。一般人にとって写真は、旅行や祭り・入学式といったイベントの非日常性を写すことが多かった。だがスマホで気楽に撮るようになった今、街の風景の中にきらりと輝く光景を見付けようという意識を持って街を歩くようにすれば、へえ、自分の住んでいる街もなかなか良いところがあるんだなぁと、良いところが見つかるようになるかもしれない。そして少しずつではあるが、街を愛し街を大事にしよう、自分の家の廻りも綺麗にしようという気持ちが芽生えればしめたものである。

そして建築家は、このキラリと輝く光景を街に埋め込むべく、街との接し方を悩んでひとつひとつ地道に建築を創るべきなのだ。それが布石となって、遠い未来に魅力ある東京ができることを夢見ながら。

※1.『Condé Nast Traveler』アメリカの大手出版社コンデナスト社が発行する旅行雑誌。

1、**ランブラス大通り**（バルセロナ / スペイン）
線状の公園とでも呼びうるほどの濃密な歩行者空間。思わず散歩したくなるようなこんな街路が、はたして東京に作れるだろうか、、、（札幌の大通公園や名古屋の 100m 道路よりずっとインティメートなのは何故だろう。）

2、3、**サンジミニアーノのドゥオモ広場**（イタリア）
一番地価の高い所をすっぽり空けて市民に貢献する。街を愛すればこその心意気だ。

日本の街並について

いささか悩ましい設計の話が来た。十年近く前に設計したオフィスビルのすぐ隣に、またビルを設計してほしいとの依頼である。問題は、施主が全く別の法人という点だ。せっかく隣なのだから、《街並》も考えて何らかの関係性を持たせたい。しかし新しい施主は、隣のビルの増築のように見えるのは困るという。確かに自社のイメージアップとなる本社ビルを作るのだから、独自の顔を持たせたいだろう。とはいえ全くばらばらなのも如何なものか、本当は槇文彦の代官山のように、変化は含みつつも何かしらひとつの纏まったイメージを抱きうる一角を作れれば最高なのだが——しかしどれだけ頑張ったところで、たかがビル2棟だけでは景観にどれだけの貢献ができるのか（どうせ廻りもぐちゃぐちゃなんだし、、、）とも思い悩むのである。

最近『日本の醜さについて』（※1）という本が出た。著者の井上章一とは昔何度か遊んだ同い年で、おっとりしつつも斜に構えたユニークな語り口が記憶に残っているが、それは今も変わらないようである。井上曰く、「和をもって貴しとなす」日本人は、欧米人のような個人主義的で自己主張の強い国民性とは対極的と思われてきたが、日本の街並を見ると、それは正しくないことが分かるという。あの京都ですら、歴史遺産的建築以外は次々と建て替えられて、強い自我をむき出しにした外観を臆面もなく晒している。近隣との調和など一顧だにされない。統一の取れたヨーロッパの美しい街並とは、比べるべくもない、、、

まさしくその通りである。私にしても、たまたま自作の隣の設計ということで、街並とか近隣との調和などということは考えたが、そうでなかったら、有名建築の隣だったり歴史的保存区域内だったりといった余程のことでもない限り、隣の建物デザインなど無視するだろう。しかしそ

※1、『日本の醜さについて』（井上章一著、幻冬舎文庫、2018）

れは、私や施主が人並み外れた強い自我の持ち主だからだとは思えない。

おおよそ日本人には、自分達の力で街並を良くしようなどという意識は毛頭ないのである。意識が弱いとかいうレベルではなく、価値観がゼロなのだ。例えていえば、大駐車場に赤や白や黒のセダンやワゴンや軽が雑然と並んでいても、まったく気にならないのと同じように、街も木造の古家やハウスメーカーの安サイディングやアーキテクトの打放しが雑多に並んでいても、普段はそれを酷いとか醜いとか嘆きはしないのである。せいぜい海外から帰国した日に、ああ汚いなと一瞬心が曇るくらいのものだろう。だから建築するときに外観で考慮するポイントは、経済性・安全性・効率、そして自己主張しか残らなくなるのだ。街を愛するヨーロッパでは、それらを美観という公共性が制圧しているのに対して、街並の美学のない日本では、自己主張が野放しになっているのである。

思えばこれは不思議なことだ。フィレンツェの美しい街並には憧れるくせに、なぜ他人事で終わってしまうのだろうか。

まず最初に想い浮かぶのは、木造の特質から来る原因である。江戸の昔から、密集地の建築はどうせ大火で燃えてしまうし、30年も経てばボロボロになって建て替える消耗品だし、お代官様も五月蝿いから金を掛けて立派な外観を作っても税金が高くなるだけだと、ずっと考えられてきた。石造なら長くもつからしっかり作るし、突拍子もない試みはしずらい。それが安定した街並になり、長く親しんでいる内に愛着が湧き、この美しい景観を守っていこうという意欲も盛り上がってくるのだろう。しかしいい加減に作った安普請が次々に建て替わっていくようでは、愛着の湧きようがない。そうした状況が続くうちに、日本では良き街並を作ろうとしない文化となってしまったのではないだろうか。

　勿論、京の町家や妻籠の宿のような、永く続く美しい木造の街並はある。また意匠を凝らした豪邸や社寺もある。しかし前者は、たまたま単一の素材と工法のおかげで結果的に統一感が生まれただけであり、今や観光的価値の元に補助金がついて残されているものも多く、後者は塀で囲まれた奥に鎮座して、街並に寄与しない。

　なお雑多な外観の集積を何とも想わないこの気風は、自らの文化への自信のなさも一因ではないだろうか。嘗ては消耗品とはいえ同じ材料と同じ工法で、意図しないうちにに美しい街並が出来ていたとしても、それを誇りに思わず、よって大事に守ろうともせず、外来の目新しいスタイルを有り難がってどんどん取り入れる。目が行くのは新しい方だけで、古いものは無視されるか欠点が鼻につくばかり。そんな中では、新旧の混在など意識されるべくもない。

　さあてどうするか。次項ではシブヤの街を例に、日本におけるこれからの都市景観をどう考えるべきか、もうすこし悩んでみることとしたい。

1、**奥湯河原「結唯」**《離れ**紫葉**》

（2017、神奈川県）

　純和風の温泉旅館。見事な渓流と道路に挟まれた細長い敷地に、一棟貸しの離れを４棟増築し、一つの小さな邑を作ろうとした。既存の本館・別館を合わせると総延長 200 mになる道沿いは、今回すべてをシンプルな杉の縦格子で覆った。道行く人に、どこか知らない村に迷い込んだような気がしてもらえれば、と思ってのことである。こうした機会でもない限り、景観への配慮などなかなか考える事は少なかろう。

http://www.okuyugawara.jp/shiyo/index.html

2、代官山ヒルサイドテラス

（設計：槇文彦 1969 ～ 98、東京）

朝倉不動産という単一のクライアントのお陰で、200 mにわたって変化に富みながらも洗練されたイメージが全体を統一する瀟洒な街並が実現された、希有な一角。

3、SPIRAL

（設計：槇文彦 1985、東京）

同じ槇文彦が青山通りに作ったスパイラル・ビルは、混沌とした日本の街並を批評的に表現しようとしたが、上手くいきすぎて、竣工後一瞬にして街並の中に溶解してしまった。

シブヤの街並について

渋谷の街は世紀の大改造のまっただ中である。一足先に竣工したヒカリエ（２０１２）・キャスト（２０１７）に加え渋谷駅上に46階が１本、東急プラザ跡に１本、渋谷警察前に１本、南平台に１本が完成し、首都高を挟んで桜ヶ丘に２本と駅上にもう２本の超高層が建設中である。合計10本が、東北大震災後２０２７年までに出来上がる。さらに超高級ホテルタワー２棟も発表された。圧倒的な建設密度である。街はダイナミックに変貌しつつある。

ところが、どうしたことか、私には全くわくわくした気持ちが湧いてこないのである。もともと渋谷近郊に生まれ、買い物といえば渋谷、中学高校大学と通うときに乗り換えるのも渋谷、今でも事務所があるのは渋谷、という身としては、最先端の技術とデザインが込められるであろう新しい街ができるとなれば、大きな期待を膨らませるのが当然のはずだ。それなのに、少しも嬉しくなく、完成を心待ちにすることもできないのは、一体どうしてなのだろうか。

勿論、半世紀以上慣れ親しんだ街並がどんどん壊されていくのは、決して愉快なことではない。しかしそんなことは、これまでいくらでもあった。そして新しい建物が出来た後には、ここに昔は何があったのかさっぱり思い出せないほどに、未練や名残惜しさは感じてこなかった。あるいは私の道玄坂の事務所から見える空が、新しいビルのお陰でどんどん少なくなっているのも、悲しくはある。けれどそれも些細なことに過ぎない。

問題は、新しい街に全く魅力が感じられそうにないことなのである。まずはビルの外観。個人的な印象で恐縮だが、渋谷ストリームの足場が外れて全貌が見えたときには、そのダサさに心底びっくりした。なんだあれはと目を疑った。ただのカーテンウォールに白い短冊がペタペタと貼ってあるだけ。やるなら徹底的にやればいいのに、おずおずと恥ずかしそうに「目立つ方がいいと言うからチョットやってみました」程度。あれなら何もない方がずっとマシだ。大分見慣れてはきたが、後から説明を聞くと、空に向かってグラデーション状に繋がるのだという。そのように見える人はどこにいるのだろうか。

ストリームだけではない。駅上の超高層も、申し訳程度にガラスにランダムなスリットが入っていたり、セラミックプリントや歪んだマリオンが付加されているだけ。良いのができたなあと見上げるのは、きっと関係者だけだろう。

まあ個々のデザインは別としても、さらに納得がいかないのは、折角同時に何本もの超高層を作るというのに、それらが全くバラバラの外観しか纏っていないことだ。これは前項で、自作の隣のビルの設計に悩んでいると書いたことの延長なのだが、勿論統一すべきだと言っている訳ではない。戦後の公団住宅は、同じ形を何棟も繰り返した末に退屈な街並しか作れなかった訳だし、多様性が都市の大きな魅力のひとつだとすれば、デザインを競うのは良いことの筈だ。しかしそれでも、何らかの要素やキーワードを共有させることによって、「シブヤ」という街の個性を際立たせようとすることはできなかったのだろうか。例えばどの棟の高層部にもランダムパターンを貼り付けるのだったら、色でもマリオンでもパターンでも、何か共通の通奏低音があって、そのうえで個々のファサードを展開させることはできなかったのか。頂部に共通の要素を載せるとか、どの棟にも中間階にニッチを刳り抜いて緑で埋めるとか、いろいろやり方はあるはずだ。

あるいはどこも低層部は、ギンザ・シックスや東急プラザ表参道のように、大きなフレームだけ作っておいて、プラグイン式に店舗が入れ替わるのが外部に表出されれば、活気も増すだろう。道路沿いに共通の付け柱を貼付けるとか、せめて街路樹で一様に隠すとか、何とかならないものかと思う。

もう一つ納得がいかないのは、９本もの鉄道路線が集まって分かりにくく、空から見ると首都高と線路で「キ」の字形に分断された駅廻りの空間を、もっと上手く纏められないのかという点である。ヒカリエに鳴り物入りで登場した「アーバンコア」は、地下３階から上階までの透明性を一挙に高めるかと期待されたが、結局は外観のシリンダー形も、立体通路の存在を一目で示すという程のものにはならず、内部も普通の吹抜で、ただの「地下迷路に繋がったビル」にしかならなかった。この点ではストリーム前のガラス張の方が多少はマシかと思われる。まだまだ中途半端だが、あのくらい存在感のあるデザインと黄色いエスカレーターが、各棟に貼り付いたらどうか。そしてそれらが全て２階および３階レベルでの多層歩道橋で結ばれたらどうか。この歩道橋を渋谷駅を囲む廻りのビルにぐるりと貼り付けてインパクトあるデザインを与えれば、その歩道橋リングのシステムは未来の渋谷のイメージを形作るのではないだろうか。また各ビルの２階３階にも路面店ができ、集客率も上昇するだろう。近くのアーバンコアからリングに上がればどこへでも行けるし、どこからでもリングの中心たるJR駅が視認できれば、自分がどこにいるかよく分かる。このリングが首都高の下をくぐって伸びれば桜ヶ丘も全体の一部になってぐっと身近になるし、TUTAYAに貼り付いた部分からは、ハチ公広場も綺麗に見下ろせるだろう。

ただ、渋谷の魅力を高めるためには、もっと独自のビジョンも必要なはずだ。たとえば西口バスターミナル上に巨大人工地盤を作ったらどうか。そこに円形劇場を作ってストリートミュージシャンのメッカにし、ランウェーを作ってシブヤ系ファッションを次々と闊歩させる。廻りにはB級グルメのパビリオンを点在させて、それをつまみながら未来のゆずやファッションショーを眺める。ハロウィーンには仮装した若者群が、円形劇場からスタートして歩道橋リングをぐるっと一周する・・・

渋谷駅東口前（2018 撮影）
中央の黄色いクレーンの向こうに見える中層のランダム・パターンは、坂倉準三 1970 年の秀作である。本当は柱が 1 階から 8 階まで貫いているのだが、パターンのお陰で柱の存在には全く気付かず美しい。
20 年後に「シブヤ」と聞いて脳裏に浮かぶのはどんな光景だろうか ── 今は、私のガッカリが杞憂であることを願うばかりである。

こう考えているとわくわくしてくるのだが、こんなにポテンシャルのある街なのに、今まで大したビジョンもなく、ただ床を増やすことだけを目的にビルを作ってきたとしか見えないのは、勿体ない限りである。個々の建築家が、幾重もの制約の中で精一杯やってきたのだとすれば、問題は企画者だろう。カネ勘定だけを考えず、未来の景観や活気や個性をどう創りあげていくか、区も市民も一体となってコンペで全体に対するアイデアを募るとか、建築家協会がそれをけしかけるとか、各ビル間で強い権限を持つ連絡協議会を作るとかしていれば、かなり違った街になっていたことだろう。

歴史地区を除けば、もはや日本の街並に《美観》は期待できない。誰もそんな事は考えていないからだ。だが、せめて《活気と個性》をどう高めていくかだけは、右記のようなアイデアをどんどん出して、推し進めるべきである。プラハのような調和の取れた美しい古都とは異なり、新旧がぶつかりアンバランスなのが東京の特徴のひとつなのだとしたら、それを強烈に推し進めるという手もありえよう。シブヤはもう諦めるとしても、他の街でそうした動きが出てくることを切に願うものである。

大地の力

建築家にとって、ランドスケープの設計はなんとも魅力的だ。

その根本は、自由さにある。小煩い法規の縛りも、複雑な機能の制約もない。建築の敷地がせせこましく息苦しいのに対して、ランドスケープの敷地は広大で伸びやかだ。建築が都市のひしめきに揉み苦茶にされるのに対して、ランドスケープでは豊かな自然がゆったりと包み込んでくれる。おまけに天井は無限大の吹抜だ。その中で、アイデアのままに自由に構想を展開できるのは、なんと幸せなことだろう。

ところが逆に、建築では思ってもみなかった難しさも潜んでいる。例えば発想の手掛かりをどう掴むか――建築なら機能や敷地や法規の制約をどう乗り越えるか、から構想のスタートを切ることも多いものだが、広大な草原を目の前にして「好きなようにやれ」と言われても、自然と戯れたことのない人には、途方に暮れてしまうばかりなのである。

また、幸いにして上手いコンセプトが浮かんだとしても、それを実現するには、実は意外にデザイナーが使えるツールは少ない。せいぜい芝張・デッキ・水盤・噴水・緑・築山や独立壁・パーゴラ・石組・彫刻・四阿くらいか。建築なら構造や工法・材料の工夫等でまだまだ多様な開発の可能性がありうるのに対し、ランドスケープでは、部品のレベルでは独自性が出しにくいのだ。

さらに、スケールの感覚も狂う。芦原義信教授は『外部空間の設計』で、外部においては25メートル角のスペースが建築での4畳半のようなひとつの空間単位となると語っていたが、25メートル角と言うと、建築家から見れば相当広い空間で、俄かには受け入れがたい。また優れたランドスケープ作品を見ても、その設計密度は建築の濃密さには遥かに及ばないことに戸惑ってしまい、分野の違いに驚かされる。

もうひとつ、実はコストの制約も大きい。単価は安くとも面積が広大だから、ちょっとしたことで莫大な費用がかかってしまうのだ。

こんなことを考えたのは、北海道を旅したのがきっかけだった。１９８７年、ある画商と共にニューヨークにあるイサム・ノグチのアトリエを訪れた私は、幸いにも直接お話を伺うことができた。短い時間ではあったが、その凄まじく鋭い眼光と哲人のオーラに圧倒されたのは深く記憶に残っている。そのイサムが翌年急逝し、その直前に計画していたのが札幌のモエレ沼公園だと言うので、ずっと北海道を訪れたかったのである。

モエレ沼公園は、三日月湖に三方を囲われた188ヘクタールの広大な緑地である。駐車場に車を置いて湖にかかる橋を渡ると、水面に包まれた異界に入ってゆくのがわかる。右のガラス・ピラミッドと左の52メートルの築山がゲートとなって、道はその間を伸び、プレイマウンテンへと視線を導く。空の青・木々の緑が目に眩しく、ゆったりとした伸びやかさに心が拡かれる想いがする。

その後も上手く練られた軸線と幾何学的構成のおかげで歩みは滑らかに続き、空間の変化に心が踊るが、だんだん不思議になってくることがある。多くの軸線の行く先が、どれも頂から少しずれているのである。まさか施工誤差ではあるまい、しかし敢えてずらしているのだとすれば、完璧に纏まり過ぎた故の硬さを避けているのか、その結果としての《ユルさ》が暖かい心地よさを生んでいるのか、と深読みさえしたくなる。

その足で次は、アルテピアッツァ美唄に向かう。やはり日本を代表する彫刻家・安田侃が、炭鉱町の古い小学校全体を整備して作った自らの美術館である。

四方を自然の山と森、そして小さな築山にしっかりと囲われた校庭は、赤茶けた古い木造校舎と共に、立ち去りがたいほどの暖かさで体を包んでくれた。モエレ沼公園ほどの広さも幾何学的構成もないが、彫刻家としてのバランス感覚と、この体育館を永くアトリエとして使ってきた末に生まれたこの空間への愛情が、しみじみと心を打つ。この感覚は、そうだ浄瑠璃寺で感じたものだ。周囲を山で囲われ、中央に池を配し、それを挟んで本堂と三重塔が対峙する。人工物を踏み台にして大地がふわっと身を包む。素晴らしい記憶が蘇ってきた。

翌日は美瑛へ。ゆったりとした畑のうねりが果てしなく続く。きっと凹凸の激しい土地を、トラクターが動きやすい勾配に均していくうちに、こうした均一な曲率の大波ができたのだろう。大地の力強さに圧倒される。

北海道は広い。その中を旅するうちに、大地の力と、それを強化して伝えるランドスケープの魅力に感じ入った。おおらかで暖かい自然の懐が身を包む。建築ほどの緻密さはないし、部品は少なく、公園に250億円というのもびっくりするが、是非自分でも自由な広がりを展開してみたい。こうした意欲を膨らませられるのもまた、建築家の喜びの一つと言えるだろう。

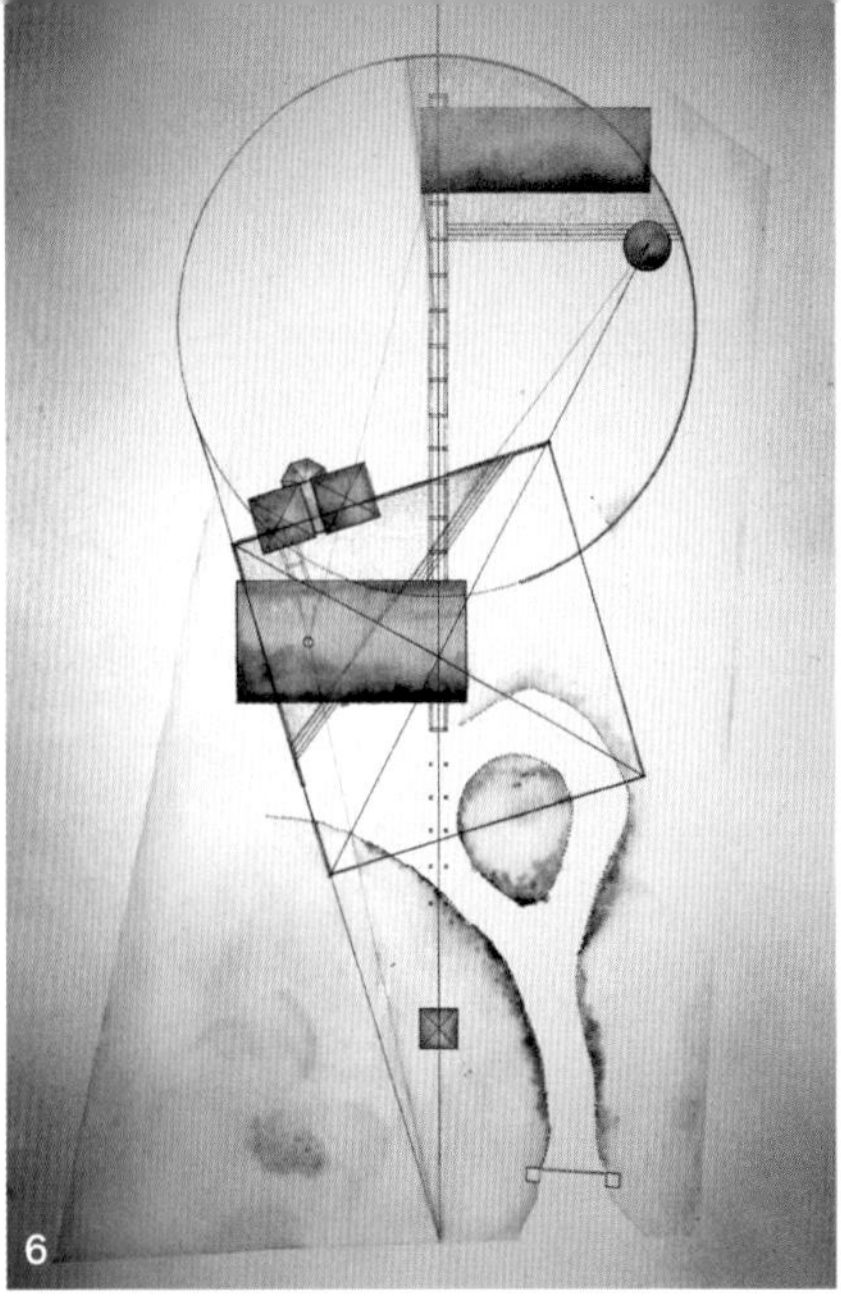

6

1、**モエレ沼公園**
(基本構想:イサム・ノグチ1988、設計:アーキテクト・ファイブ2003完成、札幌市)

三日月湖を渡ると、ガラスピラミッドと築山に挟まれた道が、プレイマウンテンへと向かう。

2、軸線は、厳密な幾何学的構成に乗っているはずが、なぜか頂を外している。これは敢えて緩さを求めた結果か？

3、4、**アルテピアッツァ美唄**
(設計：安田侃 1991～)

暖かく、そして静かに身を包む空間

5、**美瑛のうねる畑**
大地に漲る大波の力

6、**ドローイング：軽井沢の別荘**
(1987竣工、長野県)

幾何学的構成と軸線とは、中心と交点・到達点をぴしっと結ぶものであることに疑いを感じたことは一度もなかった。だが、それを敢えてずらすことで得られるものがあるというのは、私にとっては一つの発見だった。

1

2

3

4

5

古寺巡礼 - 1

父が写真を趣味としていたせいで実家にはカメラ雑誌が溢れており、私も若い頃からページをめくっては、素晴らしい画像に魅了されていた。その中でも特に記憶に残っているものの中に、土門拳の作品がある。屋久島の石楠花から仏像・社寺建築まで、若造には渋すぎたにも関わらず、その力溢れる存在感には強く惹かれていた。

長く憧れてきた土門拳記念館に、ようやく現場帰りに訪れることができてから、またその想いが甦ってきた。そしてついには土門の代表作『古寺巡礼』全5巻を入手した。これは昭和50年刊の国際版写真集だが、大卒の初任給が8万円程だった当時に、1冊45,000円、5巻で225,000円もした大著で、見開きA2版になるグラビヤ印刷から製本・天金・装丁・函まで、大変手間のかかったそれ自体工芸品とすら呼びうる逸品である。それが十分の1以下の価格で極上の古書が手に入ったのである。

ページをめくる指先にも力が入る。目に飛び込んでくる写真は、昔アサヒカメラで見たのよりもはるかに圧倒的であるにもかかわらず、ずっと静けさをたたえている。居ても立ってもいられなくなって、奈良に旅立った。目的地は、土門の最も愛した三つ：三仏寺投入堂・薬師寺東塔・室生寺のうちの後2寺である。

訪れたことのある人は多いだろうが、特に室生寺は素晴らしかった。荒い石の階段の上にそっと佇む金堂と本堂は、風雪に耐えた荒れた外壁が暖かい。縮小版のミニチュアかと思えるほど可愛い五重塔は、20年前の修復で朱もまだ鮮やかだが、杉林の中に胸を張って凛と建つ。どれも檜皮葺の屋根が柔らかく周囲の森に溶け込んでいる。土門拳も虜にしたその素晴らしさは、一般的には小ささ・可愛らしさ・女性的・優美さ・気品などと形容されることが多い。だが、それだけのものなのか、もっと自分の感じたものにしっくりくる表現はないのだろうかと、しばらく考え込んだ。

最初に浮かんだのは、【静かな存在感】という言葉だった。ただし何も語らない無言の静けさではない。豊かに語りかけてきつつも饒舌にならない。そして、軽やかでありながら強い存在感を持ち、静かなだけに、ずっしりと深く心に突き刺さる。

もう一つの言葉は、【華】である。土門拳は「室生寺の五重塔は可憐の一言に尽きる。」と書いているが、小さく可愛いながらも精一杯の輝きを、いきいきと放っているのである。五重塔は数あれど、こんなに「華がある」塔はないだろう。

さて、こういう眼で現代を見渡すと、まず【静かな】建築は極めて少ないことがわかる。賑やかで饒舌な作品は多いが、大抵はペラペラとごもっともなコンセプトを声高に語った後には、何も話すことがなくなってしまって、白けてしまう。

【存在感】ある建築、というのも最近は見つけにくい。勿論外観が重々しければいいというわけではなく、強い「説得力」が人々に受け入れられ愛されるまでに至った時にのみ、建築の存在感は生まれるのだと思われる。

さらに現代には【華のある建築】というのも、なかなか探すのが難しい。この【華】とは、単なる華やかさではない。派手さ・明るさなどとも全く違う。内面に溢れる活き活きした魅力が外面に滲み出てくるもの、といったような甚だ曖昧な言い方しかできないのがもどかしいが、自信に満ちた内面の充実からくる、心をポッと明るくしてくれる輝き、という言い方もあるのかもしれない。

だが、ここまで書いてきて筆が止まった。確かに静けさや華といった特質はとても強く感じられる評価基準ではあるが、そうした単体の建築の表面的な見え方だけでは、まだまだ室生寺のあの身を包み込まれるような魅力は表現しきれないのではないか、と想い悩んでしまったのである。

そしてしばらくしてから、その答えが見えそうな気がしてきた。それは個々の建築ではなく、全体の伽藍配置に、さらに伽藍配置と自然との関係の中にあるのではないかと思えてきたのである。そして、それこそは日本建築の真髄かもしれないという気さえもしてくる。それを次項でじっくり見てみることとしよう。

1、**室生寺・五重塔**（800 年頃創建、奈良県）

鮮やかな朱塗りだから【華】があるというわけではない。この写真のような逆光でも、また土門拳のモノクロ写真からも、あでやかな煌きは滲み出る。（また、むくりの小さい屋根が端正さを、上に行ってもさほど大きさの変わらぬ屋根と軒先の白いラインが軽やかさを感じさせてくれている、という点も大きな特徴だろう。）

2、**佳水園**（ウェスティン都ホテル京都内、設計：村野藤吾、1959 創建、2020 リニューアル、京都）

静けさ・存在感・華というキーワードで近代・現代の建築をいろいろ思い浮かべてみるが、なかなかぴったりくるものが見つからない。その中で佳水園は、疑いなくこの３つを備えた稀有の作品だ。中村拓志によって超豪華スイートに改装されてからは泊まっていないので、今はどうか分からないが、嘗ては狭くて渋くて華奢で、でもふわっと豊かに包み込んでくれる可憐な暖かさと、洗練を極めた随所のディテールの華が、室生寺に通じるようにも想い出される。

1

2

古寺巡礼 - 2

奈良・室生寺の魅力は、まずは、個々の堂宇の静けさ・存在感・華といった建築的特質にある。しかしそれだけでは、とてもあの素晴らしさは説明しきれない。そこで次に、あの身を包み込まれるような魅力を、室生寺全体の伽藍配置の中から読み解いていこうと思う。

室生寺は、室生川を挟んで、門前町の対岸に位置している。アプローチは、まずこの川を渡るところから始まる。朱塗りの太鼓橋は急勾配で、登り始めると軽く圧迫感を受けた後に頂部で視界が大きく三方に開け、聖なる異界に足を踏み入れるのが実感される。期待感はかなり高まる。

ところがそれ以降は、意外な展開の連続なのだ。まず真正面の表門からは入れない。仕方なく矢印に導かれて右に向かうと、受付でクランクしたのちに、立派な仁王門が待ち受けている。そうか！と思ってわくわくしながら通過すると、しかしその先には何もない。呆気にとられる。豊かに色づく紅葉の森に囲まれて、小ぶりな手水鉢が突き当たりにそっと見えるのみである。

だが歩みを進めると、左手に長く荒々しい石段が見えてくる。鎧坂と呼ばれるその階段の先には金堂が小さく見えてくるので、そうか！と思って歩きにくい自然石積の段を石楠花に包まれながら登っていく。しかし登りつめると金堂は右にずれており、掛け造り的な基礎の束が大きく見えるだけで、入口らしき場所が見えない。あれれと思って見渡すと、左に大きな空間が広がっていて、また石段が見える。

そうか！と思ってその明るい空間の方へと左に折れ石段を登ると、やっと正面に本堂が見える。今度こそはと思って歩みを進めると、あらまあ何としたことか、左の明るみの先にまた石段が見え、その先に、あの久しく憧れていた五重塔が見えてくるのである。

ではは本堂のお参りは後にしようと、思わずまた左に折れて石段を登る。ついにご対面できた五重塔は、石段のほぼ真正面で期待以上の素晴らしさ！だがここでもまた意外なのは、石段を登りつめた先では、五重塔に至る苑路は細く、それより太い石畳が、またもや左の明るい空間に伸びているのである。その先の石段は、奥の院へと至る長い山道となって、杉林の中に消えてゆく。

長々と参道のシークエンスを書いてきたが、仁王門から奥の院入口まで【あれれと思って左に登る】というのだけを4回も繰り返すというのは、とても特徴的な伽藍構成と言えるだろう。山岳密教の寺院では複数の堂宇がいくつかの階段で結ばれているものだが、ここまで綺麗な構造を持っているところは、他に知らない。

そしてもう一つ特徴的なのは、植生が登るにつれて徐々に変化していく点だ。最初は里山の広葉樹が多く、その足元には石楠花がこんもり茂っていて、葉の密度は高く重心は低く暖かさを感じさせるが、森は高度が増すにつれて徐々に針葉樹が増える。数百年以上を経たであろう杉の大木の林に至ると、アイレベルでは太い幹の間から向こうが透けて見え、冷たく澄んだ山の霊気が迫ってくるし、目を上げれば幹の強い垂直性が見事な崇高性を感じさせてくれる。

後に山岳密教を調べ始めると、山伏の修行・修験道とは、【山岳が持つ自然の霊力を身に付ける事を目的とする】ものであるとの記述に出会った。そして、それで分かった気になれたのである。すなわち、あれれと思って左に登らせるのを繰り返すというのは、無理なく人を山懐の奥深くに引きずり込むための空間構造だったのだ。人は歩きにくい石段を一歩一歩登りながら、徐々に広葉樹の暖かな俗世を離れて、針葉樹の清透な聖なる世界に包まれてゆき、御神体たる山の霊力に触れてゆくのである。室生寺の包み込まれるようなあの感覚は、その中からこそ生まれるものだと思えた時に、伽藍配置こそが魅力の源泉であると想い至ったのだった。

日本の建築は、自然との一体化が特徴だという。これまでは、それは主に眺めを室内に取り込むこととか、中間領域によって室内を外界と滑らかにつなげることと考えてきた。だがそれに加えて日本では、複数の建築を上手く配置し緻密にランドスケープを構成する事によって、人をもっと強力に自然と接触させてきたのである。桂離宮のような池泉回遊式の庭園でも、個々の建築はランドスケープの中に組み込まれて大きなストーリーを支える布石となるが、山岳寺院でも伽藍配置の中にこんなパワーがあるというのは意外な驚きだった。

これほどまでに大きな構成をデザインできるチャンスが自分に巡って来るかどうかは甚だ疑問だが、しかしこんな理解を得ることができたのは嬉しい限りである。永く建築に携わってきたおかげだと思う。こうした所にもまた、建築の愉楽があるのである。

室生寺（奈良県）

1、門前町から室生川にかかる太鼓橋を見る。
2、太鼓橋を渡ると視界は開け正面に表門が見えてくるが、そこからは入れず、右手の見事な仁王門をくぐる事になる。しかしその先には小さな手水鉢しか見えない。
3、左を向くと金堂に至る鎧坂が見えてくる。
4、だが登りつめると金堂は右にずれており、道は左の明るい空間へと曲がる。（金堂は下からよく見えるように地表から持ち上げられているため、逆に登りつめた時には基礎の束が目立って素っ気ない表情となってしまう）
5、さらに登ると本堂は真正面だが、参道の左には水盤があって空が明るく、その先にあの五重塔が見えてきて、思わず左にそれてしまう。
6、いよいよ五重塔へ！だがやはり階段を登りつめると、左に奥の院への太い石畳が伸びてゆく。

7、**羽黒山神社・随神門**（山形県）

室生寺が徐々に無理なく人を山懐に誘い込むのに対し、羽黒山では暴力的なまでに一気に人を鎮守の森に包み込む。この随神門をくぐった途端に参道は急な下り階段となって、突然、眼前は左右だけでなく下にも深い杉林が広がる。そして人は圧倒的な広がりの空中に放り出されるのである。この写真を、門ではなくその向こうの森を見ようとして眺めてほしい。（坂を下ったあとは、滝あり太鼓橋あり大杉あり、国宝の五重塔あり小祠の集落ありと、本殿までの2446段を楽しく登れるようにできているが、室生寺の緻密な構造と比較すると、空間的には抑揚はシンプルだ。）

1

2

3

4

5

6

ガウディの功罪

知ってる建築家はいますかと一般の人に聞くと、ガウディという答えが返ってきて驚くことが多い。確かに一度見たら忘れられない造形の強烈さ、百年以上も作り続けている教会という途方のなさ、カテナリー曲線などの説明しやすさなどによって、メディアにも取り上げられやすく、バルセロナへのエキゾチックな憧れと共に、人々の記憶に残っていくのだろう。そして、建築家という人種とは、天才的な造形力と構想力で世界をあっと言わせる物凄いクリエイターだ、というイメージを無意識のうちにも人々に植え付けてゆくのである。これはガウディの功績だ。

また我々建築家も、あそこまで自分たちと異なる世界の中には、ひょっとしたら何か新しい創造のヒントがあるのではないか、という期待を持たされてしまう。かくしてガウディ詣では大流行となる。

おおよそ日本人は、だれかが凄いと叫ぶと、そうか自分も後れを取るまい、自分だけその凄さが分からないのは悔しいし恥ずかしいと、なんだか分からないが凄い凄いと騒いでしまう。確かにガウディは、スゴいことはすごい。サグラダファミリア教会も、ミラノやケルンなど大きいことで有名な教会を凌ぐ全高170m・身廊の天井高48mは圧倒的だ。見たことのない彫刻群はその異様さにびっくりするし、天を突く内部の柱は木の枝を想起させてくれ、構造的にも合理的だというう。それをみな唖然として見上げている。世界遺産というお墨付きを頂いて、まさに第一級の観光地だ。

しかし、である。私にはどうしても諸手を挙げて賛美する気にはなれないのである。内部は妙に明るく、オレンジや黄緑のステンドグラスはパステル調で変に安っぽく、彫刻も不思議に軽くてポップ、これまで教会にイメージしていた神様の高貴さ気高さ荘厳さとはかなり違う。へえ〜↘と語尾が下がる想いに苛《さいな》まれてしまうのだ。

カサ・バトリョなどもっと「凄い」。強烈な執念で作っているそのエネルギーにはたじろぐほど圧倒されるが、実のところ、なんだか訳の分からないエグくてグロい ゲテモノのイメージを拭いきれない。今となっては観光資源としてバリューは高いが、どうにも理解しがたいところがあるのである。まあ産業革命と貿易で財をなしたカタルーニャの大実業家が、自らの権勢を誇示せんがために、兎に角凄いものを創れとガウディの尻を叩いたのだろうし、当時のバルセロナにはモデルニスモの潮流の中でモンタネールやドメネク、プーチら建築家がひしめき、皆競うように過剰な装飾で豊穣の表現を極めていた時代だったから、ガウディも同時代のライバル達に差を付けようと、もっとエグいものもっとグロいもの、否もっとユニークなものをと必死に格闘していたのだろう。

しかし知ってる建築家はと聞かれてすぐ出てくるのが、こうした強烈な個性の異才だというのは、一寸心配だ。建築家とは勝手なデザインを押しつける困った「芸術家の先生」だと、変な先入観をもたれてしまうのではないかと気になるのである。悪いことに国立競技場のコストオーバーもザハ・ハディドの「無理な」デザインのせいにされ、建築家への視線が冷ややかさを加えたように感じると言ったら、気にしすぎだろうか。

他方ドバイを初めとして、世界中に異常なデザインの超高層が次々と立ち上がる。うねったり歪んだりねじれたり、、、中間が崩れたようなバンコクのビルにも驚くし、見廻すと日本にもあれれと目を疑うけったいなビルが出来つつある。一昔前は「奇抜なデザイン」という形容はかなり否定的な響きだったが、今や目立つなら何でも良くなったとしか思えない。そうした中ではガウディもヒーローということだ。

とはいうものの、やはり建築とはそんな表層的なものではない。オフィスビルは設備の整った均質空間が容積率一杯に出来れば良いだけだから、外観で話題を作ってテナントを付け易くすればいいのだろうし、ガウディには表現に対する時代の要請があった。ただそれは建築のごく一部の側面である。建築は、人々の生活を包む殻として、そこでの人間のあり方・建築のあり方を見詰めた結果出てくる地味で地に足の付いた提案の中にこそ、真の価値があるものである。建築雑誌でも野心的で目新しいものは評判を呼ぶが、決して「派手さ」それ自体を目指してはならない。地道な模索の中にこそ、建築家の存在意義はあるのである。硬い締めになってしまったが、これもガウディの功罪と言えるのかもしれない。

4、**『マハナコン』**（設計：オーレ・シェーレン（元 OMA）2016、バンコク / タイ）

凄い、遙か彼方から眺めてもぎょっとする。だが、目立てば何でも良いのだろうか。

1、**サグラダファミリア教会**（設計：A. ガウディ 1882 〜、バルセロナ / スペイン）
　宗教建築とは、神の凄さを信者の心に叩き込むための『効果』をどう生むか、という演出のための舞台装置・大道具であり、ある意味商業建築に近い。そう考えるとサグラダファミリアは、成功しているのか、新しい神の演出を提案しつつあると考えるべきか、ともかく既成の厳粛さとは異なる地平を目指しているようだ。

2、3、**カサ・バトリョ**（設計：A. ガウディ 1877、バルセロナ / スペイン）
　エグくてグロい造形のてんこ盛り。（しかし、表層だけを見てはいけない。実は生活空間としては意外と良く出来ている。）

絶対に当たる占い

世の中は不安だらけである。地震に戦争・不況に病気・人間関係——溢れる不安はストレスとなり、ストレスは万病の源となる。その中でも建築に関する不安は少なくない。金額は人生最大の買い物といえるほどに大きいし、一度建ててしまえば何十年も生活を支配する。絶対に失敗はできない。姉歯事件や欠陥工事、地震や津波・液状化の心配も心のしこりになる。こうした中で、なんとか心の平安を得たいと思うのは当然のことだ。

ここに不安ビジネスが発生する。「この土地にこう建てて大丈夫でしょうか」と訊いて来る客に、まずは大袈裟に驚いて《こりゃ大凶だ》と奈落の底に突き落とす。それじゃあどうしたらいいんでしょうかとすがって来たら大成功、高い見料と引き替えに、適当な救済策を伝授する。所謂マッチポンプである。彼らのうちには実際に超能力で未来が見えている人もいるのかもしれないが、残りの大多数は、何らかの尤もらしい権威を参照することによって、自らの正統性を印象付けるだけである。中国四千年の知恵の詰まった風水だの、陰陽五行説だの家相だのである。そして語り口から表情、衣装やら照明効果で客に催眠術をかけ洗脳する。

昔程ではなくなったが、こうした御宣託で設計が大きく影響されることはまだある。鬼門に便所を設けてはいけないなどと最初から分かっていれば、法規や要望・コストのような建築を取り巻く種々の制約条件のひとつとして受け入れることもできるが、苦労してできあがった設計が、思ってもみなかった占師の一言でひっくり返されてしまうのは悲しい。非道い時には、ここには建物を建ててはいけないと言われて、仕事がつぶされたことすらあった。

ただ幸いなのは、現代の建築が風水や易・家相が想定している建築とは大きく異なっている点である。吹き抜けだの片持だの高層だのが出てくると、マニュアルには何も書いていないから、見者の個人的な判断になる。そこで「これは大事なことですから、一人だけでなくセカンドオピニオンとして他の人にも占ってもらったらいかがでしょうか」とお話しすると、大抵違うことを言われてだんだん御宣託が相対化し、どうでもよくなってくることが多いのである。

占いに苦しめられると、まったく人の不安にかこつけて稼ぐ何と阿漕《あこぎ》な商売だと呆れた後に、何故そんな占いの体系ができたのか、その出自が気になってくる。考えてみれば、科学が未成熟だった昔は「こうしてはいけない」と経験的につみあげられた生活の知恵の「べからず集」が始まりだったのだろう。『家相の科学』(清家清著/1969年/光文社)にはそのあたりの解説が明確に書かれている。曰く、中国の黄河中流域では冬に東北から強い風が吹くため、東北の角に便所を作ったら家中臭くなってしまうから、鬼門と呼んで禁忌としたとか、家より高い木を植えたら暗くなるからタブーとしたのだろうという分析である。また想像するに、イスラム教で死獣や豚肉を食べてはいけないのは、きっと死獣や豚肉が疫病の感染源となっても、ただ「危ないから食べてはいけません」と言うだけでは飢えた人は手を付けてしまうから、「祟りがあるぞ」と強く脅かしたからではないだろうか。それが形だけ残って今日のタブーになったのではないか。さらに左手は不浄の手と決め、汚い物を触るのを左手だけにすれば右手は清浄に保たれるというのは、未開地では非常に合理的な習慣と思えるが、やはり祟りがあるぞと強力に洗脳しないと、つい面倒だからと右手まで汚して腹を下してしまうこともあったのだろうと想像される。

こうして生まれたタブー集だが、東北から風の吹く中国の生活の知恵を、西北からの卓越風がきつい関東にそのまま【無批判に】適用するのは如何なものか。西に黄色いものを置くと金が貯まるという風水の教えにしても、本当にそんなことがあると思うのか。

そう、要は自分の頭で論理的に考えることが、まず何よりも重要なのである。不安が大きすぎて自らの処理能力を超えそうだからといって思考を停止し、何か尤《もっと》もらしい権威に縋るのはとても危険なのだ。つらくても、それに耐えて自分で考えなくてはならない。ここで、絶対に当たる占いが思いつく。「何かにすがって安心したいという、心の弱さこそが凶である。」勿論大災害に見舞われたとか、難病で死の淵に立たされたとかいう場合には仕方ないのかもしれないが、そうでもない限りは「自分で真正面から立ち向かうのが大吉」なのである。

1、**トロネの修道院**

（12世紀頃、南仏プロバンス）

占いと同じく《祈り》という行為もまた、一見はなはだ非科学的な響きがある。お祈りしただけで願いが叶うなら、誰も苦労はしないのだ。

ところが《祈り》というのは、実は適度に行なえばかなり有益なものだと思う。というのも、人事を尽くした後ならば、天命を待つ中で祈ることで、弊害なく心の平安を得られるからである。また心の中で強く祈れば、それは無意識のうちに強力な《意志》となって、いつのまにか行動に反映されてくる。祈りによって意欲のエネルギーが強化されるのだ。流れ星が消えるまでに３回願いが言えるほど強く想っているのなら、それを実現しようという勇気も自然とわいてこようというものだ。(ただし修道士のように《祈り》が自己目的化して、一生を捧げる程になってしまうのは如何なものだろうか)

2、**KU-Complex**

（2002、長野県）

右手前のオフィス棟と左奥の住居エリアは丸い水盤で結ばれ、無宗教の《祈りの場》が水盤中央の水面下で全体を統括する。

1

2

欲とエネルギー

ひとたび建築設計を目指したからには、何とか独立して、自分の理想のままに仕事がしたいと思うものである。そして無謀にもとりあえず独立してしまうと、まず最初は、何でも良いから建築に関わる仕事をしたいと探し回る。僅かでも建築に関わってさえいれば、夢に向かってなんとか第一歩を踏み出せたと感じられて、幸せ一杯なのである。しかしそう思えるのは少しの間だけだ。すぐに、なんとか喰っていけるだけの仕事が欲しいと切望するようになる。生活があるのだから、それは当然だ。夢という名の霞を喰っては生きていけないのである。

それが満たされると、次はもっとやり甲斐のある仕事がしたい、と欲が膨らむ。下請の裏方ではなく、「ジブンの」デザインを世に送り出したい。この施主に喜んでもらいたい・カッコいいものを作って自ら納得したい・賞を取って注目されたい・自分の構想した空間で人が幸せそうに暮らしているところを見てみたい・少しでも社会に貢献したい——そうした欲がエネルギーになって寝食も忘れ、ボロボロになりながらも目だけはキラキラ輝き続けるのだ。

しかしそこから先は、方向がいくつかに分かれてくる。まず第一は、建築の概念を変えるくらいのもっと凄い建築を設計したい、という志向だ。建築家としてはこれが本来の方向であり、初心ともいうべきものだろう。この志を貫き通してゆくと、最初は一般向けの住宅雑誌にデビューする。次は新建築住宅特集に載って吉岡賞をとる。次に新建築本誌に何作か載っていくうちに学会賞をとり、世界的に有名になってプリツカー賞を受賞してあがり、という古典的な建築家スゴロクができあがるのだ。注目を浴びるたびに面白い仕事が入ってくるようになり、そのお陰でさ

※1、『火山のふもとで』（松家仁之著、新潮社、2012）

らに凄い作品が完成し、ますます有名になる。そうして評判が高まるとスタッフも優秀なのが集まってきて、もっと画期的な作品が出来、素晴らしいスパイラルがぐるぐると渦を巻いて天に昇ってゆく。

逆にもう一つの方向は、もっと儲けたいという欲望だ。これには小さい頃貧乏で苦労した・事務所が大きくなって運営に四苦八苦している・金のかかる趣味をやっている、あるいは自分のデザイン能力に限界を感じ事業欲の方に興味が移って会社を大きくする方が面白くなってきた――等々の理由が考えられようが、これもひとつの価値観だ。

あるいは、自分のとことん納得のいく仕事をしみじみ職人的にやっていきたい、というチョイスもありえよう。少し前に建築家仲間で評判になった小説『火山のふもとで』（松家仁之著）の舞台となっている建築家（吉村順三？）の事務所からも、そんな雰囲気が感じられてくる。画期的なものができるとか、カネが儲かるといった「結果」よりもむしろ、より良いものを求めて熱く奮闘しているプロセス自体に喜びを感じ、それを最も良い形で味わえるようにアトリエを運営していくというのは、前二者に比べて渋くはあるが、実は理想ではないかとさえ思えてくる。

勿論この三つの方向性には相反する部分もあるとはいえ、どの建築家の中にも大なり小なり共存しているものではあろう。素晴らしい建築は作りたいし儲かるのも悪くはない、仕事を楽しみながらできればこんな幸せなことはない。ただ人によって何を重視するかが異なるだけだ。私自身も、新しい仕事を受けさせていただくかどうかは、良い作品が出来そうか・儲かりそうか・楽しくやっていけそうか、のどれかひとつかふたつが期待できるか否かで決めている。（「儲かりそ

うだ」と言うだけで受けた仕事は、とても数は少ないが、しんどいことが多かった）

「欲」と言うと、どことなくえげつなさを感じてしまうが、「意欲」と言えば溌剌とした爽やかさが響いてくる。そこから生まれてくるエネルギーこそは、まさしく建築家の生きる糧なのである。ただしここでひとつ注意しておかねばならないのは、忙しかったり疲れたりしたときに、これまで成功した手慣れた手法で「まあいっか、こんなもんさ」と手堅くまとめてしまうことだ。これはいけない。手抜きとは言わないが、新しい挑戦への志をないがしろにしては、闘うエネルギーが湧いてこないのである。設計も見積調整も申請も現場も面倒で困ったことばかりなのに、これでは仕事は苦行になるばかりだ。そしてそれは悪い癖になる。わくわくしながら仕事をすすめるためには、もっと良いものを！もっと素晴らしいものを！と常に「意識して」自らを鼓舞しなくてはならない。そうした意欲の中からこそ、健やかな建築家の愉楽は生まれてくる。

1、**ヤンゴン・ヒルズ**
（2013、ミャンマー）

急速に発展しつつあるヤンゴンの郊外に、絶対的に不足しているホテルとサービスアパートメントを計1400室作るという計画。複雑な全体を明快な中心でひとつにまとめ、散漫な周辺環境の中にあって活力密度の高い都市空間を求めた。素晴らしい作品も儲けもプロセスの楽しさも三つとも期待できるとあって、夢中で進めていたが、土地購入の前日になって、シンガポールのファンドがミャンマーの土地登記制度に疑問を感じて投資を断念し、残念ながら計画は頓挫した。

2、**某市庁舎コンペ案**（2003）
コンペは、まともに考えればビジネスとしてはあり得ないほど確率は低い。それにもかかわらず応募し続けるのは、有り余るエネルギーの賜だろう。日々の仕事で忙殺されている中でさえ、無謀な挑戦をしようと腰を上げる意欲こそが、新しい建築の可能性を切り拓く。

1

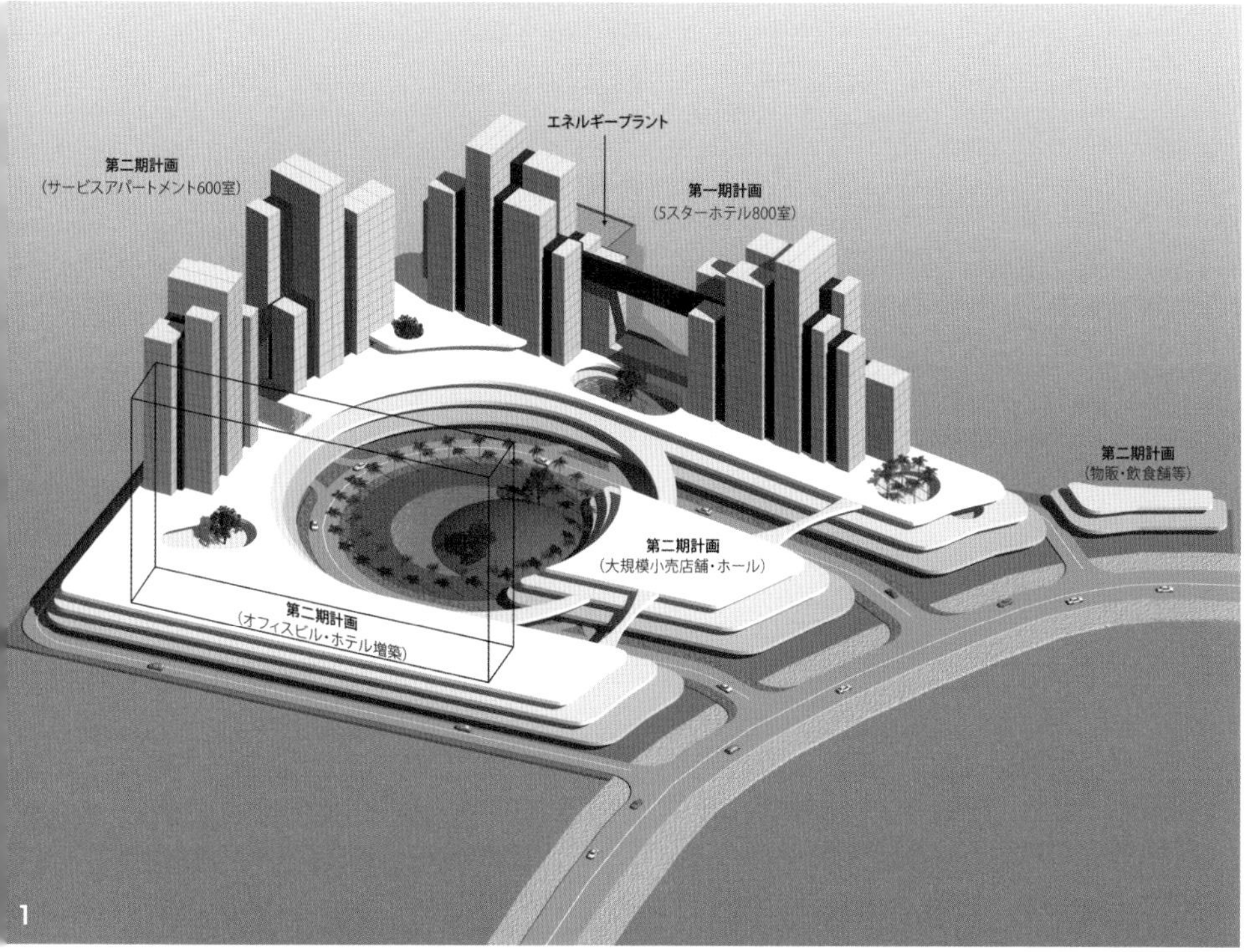
エネルギープラント
第二期計画
（サービスアパートメント600室）
第一期計画
（5スターホテル800室）
第二期計画
（物販・飲食舗等）
第二期計画
（大規模小売店舗・ホール）
第二期計画
（オフィスビル・ホテル増築）

2

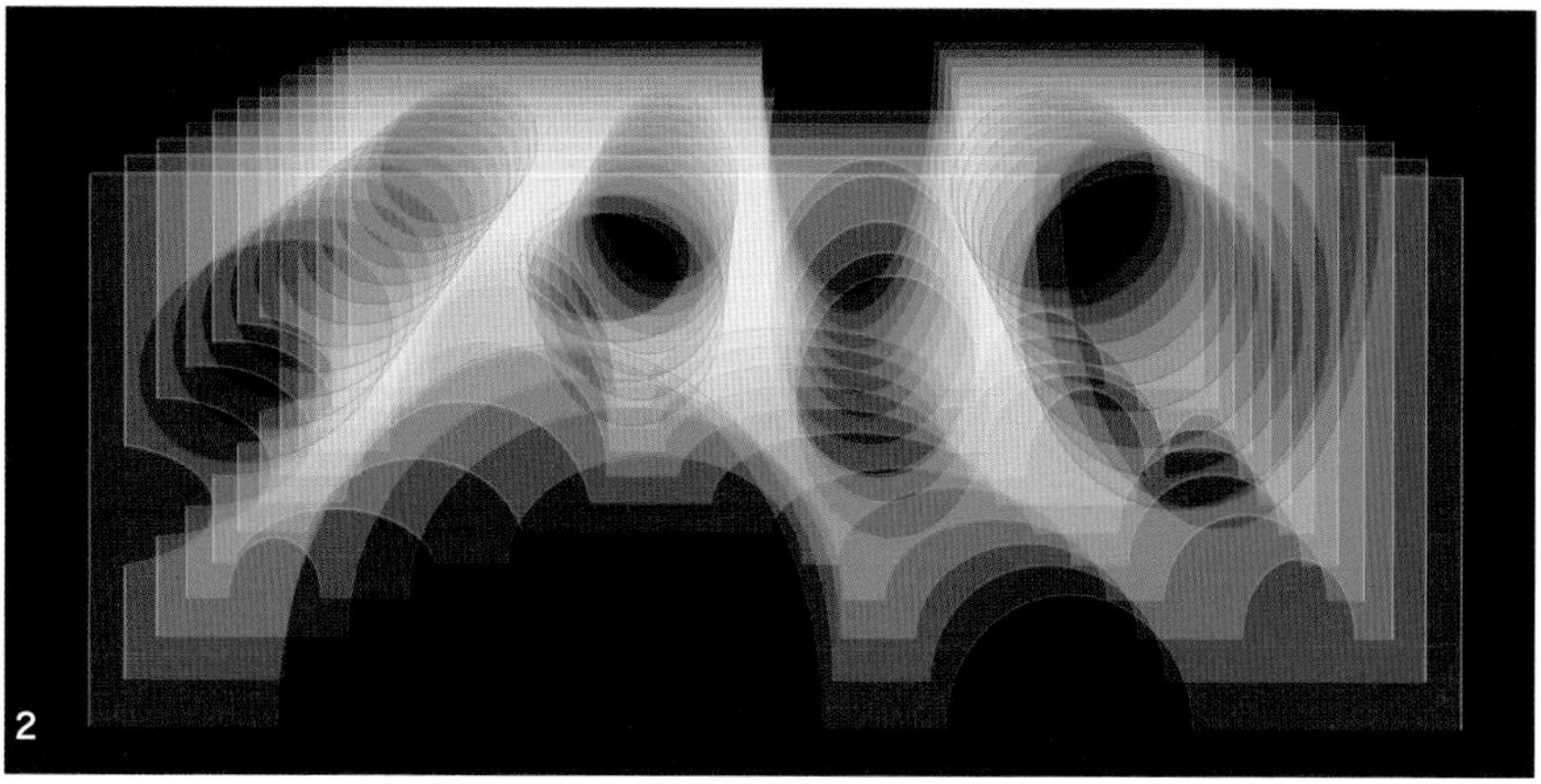

建築家の交渉術

建築家の仕事はアイデアを練ってデザインし図面を描くことだと、一般的には思われている。しかしそれを支えているのは、膨大な時間にわたる交渉・打合せである。完成までの長い道のりには、多くの相手との慎重な面談が必要だ。計画をより良い形でスムーズに進めるためには、各段階での話の仕方・持って行き方に、それぞれいくつもの注意点があるのである。口八丁手八丁でペラペラと弁舌爽やかにしゃべりまくり、いつのまにか煙に巻いて相手をその気にさせてしまう話術の天才はうらやましい。また巧妙な戦略を練って敵を落とす策略家なら、思わぬ奇跡を起こせるのかもしれない。だがそのどちらでもない、どちらかと言えば口下手な私は、あくまでも正攻法で、しかしできる限りの注意を払って完成を目指してきた。

スタートは受注である。誰に自分の家族の、あるいは会社の将来を託すべきかと悩む施主に対して、この人なら一緒に歩んでいけそうだと思ってもらえるかどうかは、ちょうど恋愛や婚活に似ている。価値観を共有でき、創りあげるものへの志向が一致し、才能に魅力を感じ、心から信頼できること、そしてそれ以上に友情でつながれそうなこと――そう思ってもらえるためにどうすれば良いかという点は、彼女・彼氏へのアプローチにそっくりだ。相手をよく理解することと共に、飾ることなく自分をどう好く見せるかが勝負になる。そのためには、彼女イナイ歴を打ち破り、どんどん恋愛すべきである。恋愛が人間関係のつくり方を学ぶ最良の練習場だからである。出しゃばらすにじっくり話しを聞いて相手を深く想像し思いやること・意欲や経験やアイデアを爽やかにアピールすること・あくまでも誠実であること・・・等々が身につくことだろう。相づちのうち方一つでも信頼度は変わってくるのである。

次にプレゼンテーション。施主の要望や条件は多岐にわたるが、何が重要かを見極め優先順位をどう付けるのかが設計なのだから、それをどのように考えて案を作ったかを単刀直入に説明せねばならない。偉い人は忙しいから、まずはずばっと結論から話す。ぐだぐだ理由ばかり説明して結論がなかなか出てこないと、いらいらして心が離れる。とはいえいきなり模型やパースや動画を見せたりすると、目はすっかりそちらに釘付けになって細かいところが気になり話しを聞いてくれなくなるから、どういうストーリーで聴く人の理解をコントロールし、どう気持ちの盛り上がりを構成するかは、しっかりシミュレーションしておかねばならない。

さて、幸先よく案が採用されれば、二つ目の山を越えたことになる。だが、設計は考えれば考えるほど良くなっていくものだから、図面作成中にも何度も打合せは必要になる。このときも後々のトラブルや思い違いが起きぬよう、とことん改良案のメリット・デメリットを説明しなければならない。コミュニケーション不足は最も不幸なことだ。なお気をつけなければならないのは、決定権者に直接説明できない場合である。奥様の意見が一番強いのにご主人にしか話せないとき、社長は忙しいので担当者にしか説明できないときなどだ。間接的プレゼンでは、間に入る人が決定権者に間違いなく説明できるように、話しを明快に纏めておくこと、質疑を想定して回答をあらかじめ伝えておくこと、などの必要性も出てくるだろう。

次は申請。頑張ってアイデアを展開してゆくと、いつのまにか法律の想定する建築のあり方を超えて、どの法律をどういう解釈で当てはめていくかが悩ましくなる事が多い。幸い民間審査機関はひとつではないから、いくつもの会社を廻って自分の解釈に近い所を探し、疑義が出たときに対抗できる理屈を一緒にひねり出すことになる。

さらに、見積調整も重要な交渉だ。あまり馴染みのないディテールには、不安から見積に余計な危険負担金が乗せられることが多いが、こうやれば無理なく施工出来るでしょうと説得しなければ安くならない。さらに、そうか！こんな面白いものができるなら、あまり儲からなくてもなんとかやろうじゃないか！と工務店に思わせることができれば、減額への道も先が見えてくるだろう。

そうしてようやく着工。しかしここでも現場打合せという名の交渉が待っている。現場監督も職人も、無理な納まりは避けて楽な、そしてクレームの出なさそうな無難な施工法を主張してくる。いやいやこうすれば大丈夫でしょう、そして少し大変だけれどどこんなに素晴らしい仕上がりになるんですよと説得を続ける。そして現場のやる気をどう高めるかが肝になる。

思えばなんとややこしい、険しい道のりだろう。しかしどうにかしてこの夢を実現してやろうという一心で、倦まずたゆまず交渉を続ける。それが建築家の仕事というものだ。

帝国ホテル改築計画　（2006、東京）

某ファンドからの依頼で、日比谷の帝国ホテルを買収し建替える計画を練ったことがある。低層階の屋上は法隆寺の伽藍配置を写し、全体を回廊で囲った中に空中庭園を設えて、そこから五重塔・金堂・大講堂に相当する塔を生やす。地上レベルには明治村から旧エントランスを戻し、空中庭園から光を落として上部との関係を結ぶ——残念ながら買収は適わなかったが、もし進んでいたら、関係各方面との調整・交渉は半端なものではなかったろう。明治村との交渉ひとつとっても、気が遠くなりそうだ。

建築家の資質

建築家は最高の仕事だ、と私は心の底から思っている。しかし何にでも向き不向きはあろう。そこで本項では、建築家にはどんな性格が向いているか、良き建築家たるべき資質とは何か、またそれはどうやって高めることが出来るかを考えてみることとしよう。

建築の仕事は、とても大変だが とてもやり甲斐がある。まずそこで「あまり面白くなくてもいいからラクな方がいい」という人は弾かれる。住宅なら生活を大きく左右する器だし、人選最大の買い物だ。業務用建築なら会社の命運が掛かるものだから、共に責任は非常に重い。しかし上手く施主の期待に応えられたときの喜びは、天にも昇るほどである。まずはこの苦楽の振幅に耐えられるエネルギーがあるかどうかが、分かれ道となるのだ。自らのアイデアの実現を目指して、苦労を苦痛と感じることなく、むしろわくわくしながら夢中になって突き進めるかどうかである。

しかし、誰も好きこのんで苦労をしようと思う訳はない。ラクして楽しく過ごせれば良いに決まっている。大変であっても無理して突き進んでしまうのは、一体どうしてなのか。それはきっと、過去に素晴らしい成功体験があって、その夢が忘れられないからではないかと思う。博打と同じだ。負けた経験という心の痛みはすっかり忘れて、大当たりの記憶だけ頭に残り、ついまた手を出してしまうのである。

だから、子供を建築家にしたいと思ったら、あるいはクリエイティブな人間にしたいと願うなら、何か大変な、しかし頑張れば実現可能なことにチャレンジさせ、強烈な達成感と成功体験を味わせてやることだ。そうすれば、別の新しいことにも挑戦する意欲が湧いてくる。きっとあの峠の向こうには素晴らしい世界が開けているに違いない、と心が沸いてモチベーションが高まるのだ。これこそが《好奇心》の源泉である。これがないと、どうせ一生懸命やったって、骨折り損のくたびれもうけさ、、、と白けてしまうのである。すなわち小さい頃にいろいろ体験させて上手くいく喜びを感じさせること、そして愛情たっぷりに育て、一緒にたくさん遊んでやることだ。また多種類の刺激を与えて、面白いことは世の中にこんなに色々あるのかと分からせてやることも重要だろう。

それは学生も同じである。難しすぎる課題で疲弊させ、作品に対して厳しすぎる評価を与え続けていては、建築が嫌いになってしまう。最初は楽な課題で、アイデアを出す喜びという成功体験を存分に感じさせるのがいい。研修旅行で名作に感動させ、建築の可能性に目を見開かせるのも重要だ。

（ついでに一言加えると、今の学生について心配になるのは、「ゲームが面白すぎる」という点である。与えられたミッションを受け身でこなしていくだけで充分楽しく、上手くいかなかったら何度でもリセットすればいい。大して金もかからず人間関係のストレスもリスクもなく、手軽に楽しく遊べるようにゲームデザイナーが切磋琢磨し続けた結果、ゲームは良く出来すぎてしまい、無理せずぬくぬく生きられるバーチャルな世界を抜け出られなくなってしまうのである。）

またそこそこ豊かでハングリー精神が欠如していること、しかし右肩下がりの社会で夢が見付けにくいこと、欲しいものが見付けられずに目標を持てないこと、というのも今の若い人にとっては不幸な時代なのかもしれない。

なお成功体験は、自分のものだけに限らない。偉人の伝記を読むのも良いし、仲間や同級生の成功も励みになる。ここで芦原義信教授の言葉を想い出す。「良い学年は3年に一度やってくる。飛び抜けて優秀な学生が一人いると『あいつに出来るんだから俺だって』と皆が頑張ってどんどん良くなる。逆に、そういう引っ張っていく学生がいないときには、『あいつがあんなに頑張ってるのにあの程度なんじゃ、オレは全然ダメだ』と皆意気消沈してしまう。そして君たちは、その3年に一度の優秀な学年なのだ」と。私も、そうおだてられて頑張ったものだった。(後から聞くと芦原先生は、君たちが3年に一度の良い学年だと毎年言っていたらしいが、、、)

それに加えて、我武者羅でめげずに無邪気なこと、楽天的な誇大妄想狂であること、あるいは夢見がちな万年少年であること、また何でも面白がるやんちゃさ・行動力の高さというのも大事なことだろう。寸善尺魔という通り、悪いことは良いことの十倍も心を動揺させるが、嫌なことはさらりと忘れて引きずらない能力も重要だ。

これらは子供や学生・建築の道を歩み始めた若い人だけでなく、社会に出てからもずっと意識すべきことである。クサったときには、小さいことでも良いから過去の夢や成功体験を想い出すことだ。それがスランプを脱する契機になりうるからである。これを「初心に返る」という。ただし昔と同じやり方にしがみついてはいけない。

STEP・IN　(1982、千葉県)
私が最初にすべてを担当した作品。当時27才の私は右も左も分からず大変な苦労をしたが、その結果得られた喜びは天にも達するほどだった。そうした成功の記憶の蓄積が、現在に至るまでエネルギーの源泉になっている。

最大の難関 - 1

何度もしつこく書くけれど、建築をこの世に生み出すと言うことは、いやはや何とも大変なことである。昔、安藤忠雄氏に教えを請いに行くたびに、いつも笑顔で迎えてくれる最初の言葉は「いや～大変やね～！」だった。何がそんなに大変なのか当時はぴんと来なかったが、今では越えねばならない山の多さと高さが身に染みる。

その大変さの中でも、最大級の難関が《コスト》である。夢と理想と芸術の前に立ち塞がる「現実」という大きな壁だ。勿論われわれはプロだから、石膏ボードや鉄筋から始まって建築資材の最新単価は常に諳《そら》んじているつもりだし、プログラムと仕様が決まれば、大凡の坪単価もさほど誤差なく当てられる。工事予算は最初に提示されるのが普通だから、その時点での構想がそのまま展開できれば、何もそんなにコストで苦労することはないはずだ。

ところが、である。『夢』の本質とは、どんどん自律的に膨張するところにある。折角だからああもしたいこうもしたい、ネットで見たあれも良いな、雑誌に載ってたこれも入れたい、後から入れるんじゃ割高だからまあ百万円くらいなら――と言っている内に、夢は膨大に膨れあがる。住宅ならば、施主の夢とはその空間を手に入れることではなく、そこでの素晴らしい生活だから、予備室や趣味室まで加えればもっといい生活になるなと欲望は際限なく広がる。しかしその都度「カネが上がりますよ」と言い続けるのも気が引けるものだ。

あるいは建築家の側からしても、コストアップの要因は数え切れない。仕上げも設備も高級品と普及品を見比べれば、高い方がいいに決まっている。空間だって一寸大きくすればずっと良くなるし、新しい試みは大抵は割高だ。ましてやコンペになると、勝ち取りたいがために予算ギリギリまで無理をしてしまう。さらに建築物価も変動が激しい。リーマンショック前のミニバブルの頃も鉄骨は日増に高騰していたし、東日本大震災後はベニヤ価格が急上昇、オリンピック特需でもコストはどんどん上がっていった。そしてコロナ禍もピークを過ぎると、円安とウクライナ戦争も始まって未曾有の高騰に襲われる。こうして、最初は予算に余裕があるように思えても、いつの間にかびっくりするような見積りが出て来て、厳しい見積調整が必要になってしまうのである。

こうした苦悩を、懲りずにもう40年以上も続けてきた。しかし幸いコストが合わずに着工できなかったことはない。コストとの戦いを勝ち抜くために、さまざまな試行錯誤を繰り返してきたのである。

まず設計の段階では、平面に無駄な凹凸をつくらない・水回りは纏めるなどがローコスト対策だとよく言われている。だが、気をつけなければならないのは、逆にコストのことを考えすぎると想像力を萎縮させてしまう、という点だ。カネがないから小さくしかつくれない・あれも無理だしこれも諦めざるを得ないなどと思っていると元気もなくなり、建築そのものの魅力を減じかねない。重要なのは、コストとの戦いを積極的に戦い抜くアイデアである。無理して大きな建築とするのはやめ、テラス＝外部の部屋と一体化して、広々と《感じられる》ようにディテールを工夫しよう／天井を10センチ高くすれば平面的に一割広くなったように感じるのではないか／照明でその効果を高めよう／視線が行き着く先にだけ素晴らしい仕上材を使えば、全体は安い材料でも大丈夫だ／部屋は上手く兼用できれば無駄も減るだろう／構造も工法も合理的に開発しよう

──こうした前向きの戦略によって、コストとの戦いはむしろ建築の魅力を高めさえするのである。

それでもなお予算に追いつかないことも多い。こうなると仕様を落とすしかない。しかしそれも、悲しいことばかりではないのである。なかなか予算に合わずに建設会社と交渉を重ね、ついには重箱の隅をつつくように仕様を落とせる箇所を探し回った作品でも、数年して訪れてみると、はたして何処を落としたのか　なかなか思い出せないことが多いのだ。これはつまり、どうしても実現させたかったものはしっかり残っているということである。おまけのような贅肉がそぎ落とされた結果、かえって骨格とコンセプトは明瞭になり、力強さを増してくる。設計しているときには色気を感じていたオマケも、骨太の結果を見ると、欲張り過ぎだったなと思えてくるのである。

1、**三宿の住宅**　(1986、東京都)

大変だ大変だと何度も言うが、そこそこのものを無理せず生み出すなら、実はそんなに大変ではなかろう。しかし今自分が作りうる最高の建築を！と意気込んでしまうから、自分の首を絞めてしまうことになる。31才の時に建てた自邸は、見積調整の末にローコストの極致となったが、渾身の力を込めていただけに、力強さは衰えない。

2、**VILLA 湯河原**　(2012、神奈川県)

コンクリート打放しは素晴らしい。型枠費が高くなるといってもわずかで、仕上材がない分ずっとコストは安くなる。しかも仕上げで隠されないからコンクリートは丁寧に打設されて質と耐久性は上がるし、無垢の重みは日本人の感性にぴったりくる。良いとなると皆で寄ってたかって使いまくり、挙げ句の果てはブームに飽きてしまうのが日本人の悪いクセなのだが、打放しは永く渋く使い続けられるべきである。

1

2

最大の難関 - 2

《コスト》との戦いという、建築を実現する途上でも最大級の難関に対しては、もう一つ、建設会社との関係も重要だ。ゼネコンとて一企業、最大の目的は収益を上げることである。営業マンは歴戦の優秀なタヌキ（失礼）が揃っているから、親しい誰かの紹介だったりちょっとやそっとお願いしたくらいでは、ごく僅かの値引きしか得られない。かつては、良いものを格安で作ってくれる職人気質の工務店もあった。しかし度重なる不況のたびにそういうわずかの利益で良しとする所は倒産してしまい、今やきちんと「適正」な利益を上げる会社しか残っていないのである。それにまた昔は、建築家の仕事をしたことのない工務店だと、建売住宅程度の手間しかかからないだろうと安い単価を入れてくれたこともあった。しかし、実は現場に入ってから面倒な納まりを山のように指示されて赤字となる、というのがだんだん分かってきてしまい、ますます建築家は苦労することになってきた、ということもある。

とはいえ何とかコストを下げて着工したい――そのために建築家が出来ることは、まずはビジョンを示すことである。「そうか、こんな素晴らしいものができるのか！それじゃ余り儲からないけどやってみるか」と思ってくれれば有難いということだ。「会社のパンフレットに載せられるな」「良い宣伝になるぞ」「上手くいけば賞が取れるかもしれない」「社員の技術力を磨くためにもいいか」「社員も有名な○○先生の作品をやってみたいと言っている」――といった、《儲け》とは次元の違う価値によって、意欲を駆り立てようとするのである。そのためには黙って見積図面を渡すのではなく、パースや模型や熱弁で良さをアピールすることが効果的だろう。ただし、頑張って図面を一生懸命細かく描きすぎてはいけない。こりゃ手間が掛かって大変そうだと警戒されてしまい、逆に高くなるからだ。小難しげな哲学的トークも同様である。

見積は相見積（競争入札）にするのが原則である。一社しか見積を依頼されていないと分かれば、どうしても適正な利潤を見込まれてしまう。複数の建設会社に競争させれば、仕事の少ない時には、なんとか受注しようと最初からギリギリの価格を入れてくることが多い。ただ地方では談合される危険もあるから、少なくとも一社は県外の業者を入れておいた方がいいだろう。

大抵は、見積図面を渡して3～4週間で最初の見積が出てくる。しかしそれで予算額に合うことは殆どない。青くなりながら、まずは分厚い明細書の千を超える項目をひとつひとつチェックする。ここでも役に立つのが相見積である。単価が高いのか安いのか、数量が多いのか少ないのかは、3社を比較すれば分かる。1社だけ多くて2社が少なければ、1社が見当違いの可能性が高いということである。数量が多すぎたり単価が高すぎるところを指摘するだけでも、ある程度は安くなるものだ。

それでも予算に合わなければ、今度は仕様を落とす（材料や設備の質を下げる）。実は、それを見越して、最初から何カ所か良すぎる材料を入れておくのである。それを小出しにして交渉材料にするのだ。何度も営業や積算課の担当者と膝をつき合わせてネゴシエーションするうちに、だんだん向こうも「何とか実現させよう」という気持ちが高くなってきて、下請とも真剣にネゴし、向こうから「こうすればグレードを落とさず価格を下げられますよ」というVE案を出してくれるほどにもなる。

逆に落とすところがないと、交渉は根拠のない単なる値引きの強要になってしまう。それでは限界が大きい。余りに値引いたら、上司に怒られるからだ。落とす部分があれば、何とか少ない利益でも良いから実現させたいと入れ込んできてくれる担当者に、上司を説得する材料を与えられるのである。こんなノウハウは、まだまだ書ききれないほどある。

建築家に設計させると高くなると、一般的には思われている。確かに設計料は安くない。ところが経験を積んだ建築家は、上記をはじめとするさまざまな努力で、少なくとも設計料分くらいは軽く浮かせられるのである。良いものを少しでも安く――それは施主の願いであるだけでなく、建築家の腕の見せ所でもあるのだ。

1、2、**『中庭に溢れる光 1-**
早稲田の二世帯住宅』(2005、東京)

窓を作るときに、必ずしもサッシュは要らない。嵌殺しなら、コンクリートに目地だけ切ってガラスを直接入れればいいのだ。これでぐっと安くなる。昔スーパーゼネコンに勤める同級生から「どうせ数年でダメになるさ」と言われたが、むしろ強い。躯体とガラスの間に1本コーキングがあるだけなので、躯体とサッシュ、サッシュとガラスという2本のコーキングが入るより、事故は少ないのである。

3、**『葛西のアジアン・ハウス』**
(2002、東京)

デスクワークばかりのサラリーマンにとって、肉体労働は実は快感である。作業の成果がはっきりと目に見えるからだ。この住宅では、工費削減のために室内の塗装を施主夫妻とその友人達の手に任せたが、ここが自分の塗った部分だと今でも皆が誇らしげに言う。こうすることで建築は、施主の愛しい我が子になるのである。(素人が均一に綺麗に塗るのは難しいが、下手に塗った方がかえって味わいが出るような、凹凸の印影が美しい塗料を選ぶことが重要だ)

4、**『南へ北へ そして上への伸びやかさ』**
(2011、鎌倉)

普通、屋根の下には天井裏の空間を取った下に天井を貼るものだが、常識に囚われていてはコストは下がらない。断熱や配管スペース・照明位置等々を熟慮し、熱気を抜く工夫をして天井をなくせば、その分安くなるし、空間も拡がって一挙両得だ。

1

2

3

建築写真の魅力

建築家には写真好きが多い。実は私もその一人である。愛用のカメラで想い通りの絵を撮ろうと四苦八苦するのは、なんと心躍ることだろうか。

まずは旅先。出会った街並や風景や建築に心をときめかせ、うまく心にとどめたいと夢中でシャッターを切る。長年見たいと憧れていた建築は勿論のこと、思ってもみなかった光景にはっとして、この感激をどうやって自分の中に残そうかと、アングルや露出に頭を悩ませる。もともと三次元の拡がりを二次元に圧縮するのだから、そのまま正確に写すことはできる筈がないが、ファインダーに映る目映い画像には、思わず表現意欲がかき立てられしまう。

プロやアーティストは別として、一般的には写真はこうした記録的な要素が多い。スマホのカメラ性能が向上して、だれでもいつでも気楽にシーンを残せるようになったし、自撮りをしてSNSにアップするのもごく普通のこととなっている。

しかし建築や街並みを撮るときには、少し気をつけねばならない。あっこれも綺麗、あれも良いなとバシャバシャ撮ってしまうと、気がついたときには、居る間中ずっとファインダー越しにしか見ていなかった、と言うことになりかねないのである。本当は建築を見るときには、まず《空間》が自分を取り巻いている様を三次元的に意識し、その後に、ここの何を撮ろうとしっかり意識してからじっくりシャッターを押さねばならないのだ。空間の拡がりが見事だな・光の入り方が綺麗だ・何とダイナミックな構成なんだろう・プロポーションが美しいね・ディテールが面白いぞと、意識してテーマを絞らないと、何となく綺麗なだけの絵ハガキ写真にしかならないのである。

あるいは、写真ばかり撮っていないでちゃんと腰を据えてスケッチしなさいと誰もが言うが、それは蓋《けだ》しごもっともだ。一瞬で写真を撮ったら、後でゆっくり見ればいいやと、とりあえず安心してしまう。しかし後でいくら細かく見たところで、現地でじっくり見詰める時の何分の一も訴えかけてはこない。現地で手を動かしながらスケッチをすると、目は建築の一本一本の線をなぞり、それを描き、また一つ一つのディテールを凝視し、それを描き、ということの繰り返しの中で、名作はすっかり自らの肉体の中に刻み込まれるのである。時間はかかるが、本当はそのぶん実は多い。

とはいえ、やっぱり時間はない。特に見学ツアーだったり出張のついでに立ち寄ったりという時には、とてもスケッチブックを開いている余裕はない。ただしっかりと分析的に見、きちんと空間を感じて、それを意識的に写していれば、写真であっても後から見て大概の所は想い出せることだろう。

写真のもう一つの悦びは、自らの作品を撮影することである。数年前に丹下健三が自ら撮った自作の写真展があったが、流石に見応えがあった。

建築家は、設計がスタートする時から、ずっと完成時の姿を夢に描いているものである。構想が纏まったときには、すでにありありと見えている。それが実現されたときの嬉しさは格別だ。そしてファインダーで自ら確認し、積み重なった苦労を吹き飛ばすのである。さらに、皆に見せて世に問いたいと思うと、シャッターを押す指にも自然と気合いが入る。

まずは建築の全容を正確に理解してほしい。全景が一枚に収まるなら良いが、崖地だったり前面道路が狭かったりすると苦労する。他人に任せると、いくらプロとはいえ綺麗だけれどよく分からない写真しか撮ってくれないような気がして、どう見たら全体構成が一目でわかるか、あちこち撮影ポイントを自分で探し回ってしまう。

次に、この作品の魅力をどうやったら伝えられるかと悩む。最近は写真写りを考えて設計する建築家も多いとか、ホテルだと集客のためにどれだけインパクトある写真をホームページに載せられるかが重要だとか言われるが、やはり空間の魅力を第一に考えている自分としては、三次元の拡がりをどう想起させるかが勝負所だ。

しかしこうした意図の元に撮っていると、時としてパンフォーカスの説明的な写真になってしまう危険がある。それは勿論必要なのだが、さらに想像力を刺激する写真も撮りたい。空気感とか詩情を感じさせるアーティスティックな画像で、見る者の心を捉えたい。そのためには、本当は設計意図も何も説明せずにプロに撮ってもらうのが一番だ。プロは素晴らしいアングルを発見する点が、プロたる所以だからである。自分で撮るなら、一度自分が設計したことを忘れて、他人の作品を見る目で意外な視点を探すことだろう。

写真は楽しい。想い通りの絵が撮れたときの悦びは格別だ。しかしそのためには少々特殊なカメラと撮影時の注意点、さらにはレタッチの技術も必要になる。テクニカルな話になってしまうが、次項ではそのあたりを概説することとしよう。

1、**ヴィラ海光町**　(2016、静岡県)
　苦労に苦労を重ねてようやく竣工。それを夕陽が祝福してくれると、ファインダーを覗く眼から悦びがこぼれる。

2、 **No.11**　(2016 撮影
　　　　　　設計：ジェフリー・バワ、1960-98 年 / スリランカ)
　スリランカの建築家ジョフリー・バワの自邸。以前 横浜ランドマークタワーでの建築写真展に出品したところ、建築写真家の小川重雄氏が、「プロなら普通もっと左から撮って右にシフトさせ廊下の空間をはっきり見せるでしょうが、こうやって坪庭との境界がど真ん中にあると、かえって坪庭の存在感が増して新鮮ですね」と評してくれた。まさに意図どおり！

3、**『ルイ・ヴィトン美術館への路』**　　(2015 撮影、パリ)
　生憎の小雨模様だったが、濡れた窓ガラスが凱旋門に重なって、旅情をかき立てられた。岡山県立大学の写真展に出品した時のキャプションには、次のように書いた。「窓に建築家フランク・ゲーリーのスケッチがプリントされた送迎バスに乗る。そぼ降る寂しい雨の中、パリの風は冷たいけれど、心は期待で燃えている。」

4、**戦没者慰霊碑・東方門**　Porte de l'Orient
　　　　　　(2007 撮影、マルセイユ / フランス)

たまたま渋滞していたため、門の中心に夕日が重なるのをバスの窓からじっくり狙うことができた。よし！好いのが撮れたぞと喜びも一入だ。　(日本大学 欧州写真コンテスト・グランプリ)

建築家のカメラ選び

建築写真は面白い。旅先で出会った名建築の感動を、どうやったら最良の形で残せるかとアングルを探し回り、自らの作品の魅力をどうしたら良く分かってもらえるかと露出や構図に頭を悩ませるのは、とても心躍ることである。

ただ、そのためには機材に対する少々特殊な知識が必要だ。今やスマホの米粒のようなカメラでさえ、条件さえ悪くなければ綺麗な写真が撮れるけれど、建築写真には不向きなものが多い。ディテールや外観といった「もの」を撮るにはまだ良いが、『空間』が撮れないのである。

それはレンズの画角の問題だ。レンズが捉える光の範囲＝画角が狭ければ望遠レンズとなって遠くのものを大きく撮れるし、画角が大きければ広角レンズとなって広い範囲を捉えられ、内部空間の拡がりが一枚に収まる。画角はレンズの焦点距離で現されるが、24㎜以下を超広角とすれば、18㎜以下がウルトラ超広角レンズとでも呼びうるものになる。15㎜ともなれば、部屋の角に立てば4面ある壁のうち向こうの2面は当然のこと、背中から左右に伸びる壁までがしっかり写り込むのである。そういうレンズは設計が難しく性能の良いものが少なかったが、コンピュータ・シミュレーションや非球面レンズのお陰で、ここ10年ほどで急激に改良された。また画角を広く狭くと変えられる超広角ズームレンズは更に設計の難易度が上がるが、これも目覚ましい進歩を遂げている。いまや建築を撮るカメラは、どのウルトラ超広角ズームレンズを選ぶかというところから始まるのである。

勿論カメラの方も考えねばならない。昔のフィルムに相当するデジカメの撮像センサーは、サイズが大きい方が画素数を多く作れて絵の密度が高まるし、一つ一つの画素を大きくできて明暗差の大きい場合でも、非常に暗い所でも綺麗に写る。しかしカメラ自体が大きく重く高くなるのが難点だ。

もうひとつ大切なのは、ファインダーの形式である。最近はカメラといえば腕を伸ばして液晶画面を見て写すのが一般的になってしまったようだが、本当はファインダーの小穴を覗き込む方がいい。こうすればカメラは顔に密着してブレにくくなるし、画面の細かいところまでしっかりチェックでき、またカメラを手前に引くから空間を広く撮ることができる。このファインダーは、以前はレンズからの光をミラーやプリズムで小穴まで直接導く一眼レフしかなかったが、最近では撮像センサーで撮った画像をファインダー内の小さな液晶に写し、それを小穴から覗き込む所謂ミラーレスカメラも台頭してきた。ミラーレスならカメラも軽くなるし、露出もホワイトバランスも調整した最終結果を、メモリーに記録するとおりに見られるので、建築にはむしろ具合が良いのである。

ということで、現時点での建築写真向けお薦めセットをまとめてみよう。まずは超高性能百万円越えコースから。レンズは世界最広角ズームのキヤノンEF11～24㎜とアオリの可能なTS-E17㎜に決まりだ。キヤノンのレンズはキヤノンのカメラにしか取り付けられないから、これにEOS-5Dのボディか、アダプタをつけてEOS-R5を組み合わせる。ボディは、昔のフィルムと同じ36×24㎜という大きな「フルサイズ」センサーの中に３０００～４５００万画素もあって、画質は申し分ない。

もう少しコストを抑えるなら、ソニーの12～24㎜ズームが素晴らしい性能なので、これをソニーα‐7Ⅳというボディに付ける。まずはレンズを選び、それからそれにふさわしいカメラを選ぶのが基本なのである。私は最近はこのソニーのセットで自作を撮る事が多い。

あるいは旅行にもってこいなのが、パナソニックの7～14㎜（フルサイズ・センサー用に換算すると14～28㎜相当）という高性能ズームレンズである。対応するカメラは、オリンパスのEM-1（現在はOM-1）がいい。撮像センサーは17×13㎜とフルサイズの4分の1の面積しかないが、センサー技術の進歩により、A3程度に引き延ばすくらいなら、フルサイズにも遜色ない仕上がりの絵が撮れる。このセットが良いのは、性能が良くてとても使いやすいのに、軽くて小さいところだ。本書に載せている写真もかなりの割合がこれである。

ただ、スマホの進歩は恐ろしい。ここまでのクオリティが必要ないなら、今やiPhoneでも11以降は13㎜相当というウルトラ超広角が装備され、がっつりデジタル補正が掛けられて空間も綺麗に写る。画面をタップして露出補正も簡単に出来るし、GPS情報も埋め込まれSNSに簡単にアップできてとても便利だ。

カメラは楽しい。写す喜びや出てくる絵の良さに加えて、カメラ本体の精密機械としてのクールな美しさ・重厚感も、大人の宝物としての魅力に輝く。カメラやレンズの新製品は次々に出て来ており、新しい玩具にわくわくする毎日でもある。

もうひとつ、最も小さい超広角ということになると、カシオ EX-ZR4000 というコンパクト・デジカメがあった（現在は生産中止）。レンズ交換は出来ないが、19 ～ 95mm 相当という超広角ズームに、普通のコンパクトデジカメ（6×5mm）よりは大きい 8×6mm サイズのセンサーを積んでいて、現場監理や小旅行で重宝する。

1

2

3

1、**ヴィラ海光町**　（2016、静岡県、撮影：仲佐猛）
カメラ：EOS5D-mark Ⅳ、レンズ：キヤノン TS-E17mm
　下の方を撮ろうとカメラを下に傾けると、建築の垂直線は下すぼまりに傾いてしまう。それを抑えるのがアオリの可能なシフトレンズで、そのなかでもキヤノン 17mm は最も画角が広い。海へ、そして右上の階段上部へとゆったり拡がる空間を上手く表現してくれた。

2、**Linking Hole**　(2012、東京都)
　カメラ：ニコン D700、 レンズ：シグマ 12-24mm
塀で囲まれた中庭の南端から北側の建築本体を見る。引きがないので 12mm でないと画面に納まりきらない。（普通のスマホのカメラだと中央のガラス 2×3=6 枚分くらいしか写らないだろう）建築写真は、趣味と実益を兼ねて非常に面白い。

3、**ヴィラ海光町 - 海側からの外観**
撮影：仲佐猛　カメラ：DJI-INSPIRE2
海側は崖になって落ちており普通には撮影できないがドローンによってこのようなアングルが可能になった。この写真はドローンのトップメーカー DJI の上位機種によるもので、もはや「プロペラの付いたカメラ」とでも呼びうるほどである。高精細画像が安定して空撮できるのは、驚異的とさえ言えるほどだ。

建築写真の写し方

さて、いいカメラは買った。折角だから、次にそのカメラを使って綺麗な建築写真を撮る方法を考えてみよう。一寸したことに気をつけるだけで、写真はずっと見栄えのする作品になるのである。

まずは垂直線。高層ビルを撮ろうとカメラを斜め上向きに構えると、垂直線は上すぼまりになり、本来は長方形の筈のファサードが上の小さい台形になってしまう。カメラは正直だからそれが見えるとおりなのだが、建築としては逆に不自然で、歪みばかりが気になる。

それを防ぐには、プロはシフトレンズを使う。しかし高価で不便な特殊レンズはアマチュアには手に余るので、超広角レンズで撮ることになる。この時最も重要なのは、カメラを厳密に水平に構えることだ。最近はファインダーに水準器や格子線が出る機種も多いので、それを目安にしてもいい。あるいは自分の目の高さが向こうのどの辺りになるか見当を付け、ファインダーの中心をそこにあわせる方法もある。こうすれば垂直線はきちんと垂直に写る。下半分に道路が大きく写っても気にしてはいけない。後でトリミングすれば良いだけのことだ。

しかしそれでも建築が大きかったり引きが取れなかったりすると、上が入りきれなくて切れてしまうこともある。こうなると仕方なくカメラを斜め上に向けて撮らざるを得なくなる。そして後からパソコン上で修正だ。それにはPhotoshopが最強である。簡略版のPhotoshopElementsなら1万円ちょっとで買えるし、本格バージョンでもサブスクで月二千円少々なので、建築写真を撮るなら是非揃えておきたい。

使うのは、「レンズ補正…」というフィルターである。最初に画像中心近くにある垂直線を目安にして画像を回転させ、左右の傾きを修正する。次に「垂直方向の遠近補正」のスライダーを動かして、台形を長方形へと変形させていく。最後に超広角レンズに良くある歪曲収差(長方形の筈のものが樽形や糸巻き形に歪んでしまう)を補正する。これらは慣れれば難しくない。本当はこんな加工をすると画像の鮮鋭度が落ちてしまうはずだが、画素数の多い元画像なら、アンシャープマスクを軽く掛ければ大丈夫だ。(Photoshop はテクニックや裏ワザが山ほどあって書き出したら止まらないが、解説本は山ほど出ているし、自分で開発するのも趣味と実益を兼ねて楽しいものである)

次に露出。カメラのオート機能は相当に進歩し、殆どの場合は露出もオート任せで問題ないはずだが、建築写真では明暗差の激しい場面が多いのが悩ましい。例えば、室内は暗いが壁に開いた窓からは強烈に明るい屋外が見える、というショットだ。こういう時にミラーレスのカメラは有難い。窓の外が白く飛んでも良いから、室内をちゃんと撮りたいというときに、露出補正のダイヤルをどのくらい回せば、どういう結果になるのかがファインダーで一目で分かるからである。(一眼レフだと、撮ってからいちいち液晶画面でチェックするか、何枚も補正を変えて撮るしかない。なお iPhone のカメラでも露出補正が簡単にできるから、方法を調べて活用するとぐっと良い写真になる)

けれど窓の外の景色も室内も両方綺麗に写したい時もある。カメラに HDR という機能があれば役立つが、不自然になることも多い。やはり窓に露出を合わせた1枚と、室内に露出を合わせた1

枚をパソコン上で合成するのが一番だろう。

なおピントはあまり心配ない。超広角レンズはピントが合う範囲が広いからオートフォーカスで十分だし、最近は手ぶれ補正も強力になって、暗い所でも安心して撮れるからだ。

また本来は最初に書くべきことだが、カメラは買ってきたままではなく、ちゃんと設定して使わねばならない。第一に画素数だ。よく最高画素数にしておけば間違いなかろうと重たいデータを量産する人がいるが、メモリが勿体ない。パソコンモニタで見るだけなら三百万画素もあれば十分だし、A3サイズに伸ばすのでさえ、千か千六百万画素あれば綺麗にプリントできる。それ以上の画素数が必要なのは、出版するとかパソコン上で加工したりトリミングしたりする時くらいだろう。カメラの設定でもう一つ気をつけたいのは、画質モードはおとなしい「FLAT」とか「NATURAL」にしておくという点だ。派手な「VIVID」などは品がなくなるので避けるべきである。

こうして自らの建築作品を自分のイメージ通りの写真に仕上げたり、見学した空間の魅力を彷彿させる画像を作れるのは、達成感もあるし納得のいく成果も残るので、とても楽しい。下手なゲームよりずっと面白いくらいである。設計や打合せに疲れたときに、スタンプツールで無心に電線を消すのもよいストレス解消だ。

本項もまた実用記事になってしまったが、これもまた建築をより深く味わうための一端なのである。コンセプト・設計・マネジメントから評論・写真まで、あらゆる角度から貪欲に建築を味わい尽くしたい。建築にはそれが出来るだけの多元的な魅力がある。

1

2

3

Twin-Cubes　（2016、東京都）

1、道路側外観を撮影したオリジナル画像。引きがないのでどうしても見上げた上窄まりのアングルしか撮れない（カメラ：オリンパス EM-1　+　レンズ：パナソニック 7-14mmF4）

2、写真 1 を PhotoShop の " レンズ補正 ..." で修正。大分建築写真らしくなる。

3、写真 2 をトリミングして電線を消し、壁の色調を整え、道路の白線を目立たなくする。少し不自然な気がするのは快晴で雲がないからかと思って、他の空の画像を加えてみた。もう少し自然に見えるよう調整する必要があるが、あれこれ悩むのも楽しいものである。

4、同上作品の中庭側。

二つの白いキューブを並置し、それを高天井のリビングでつないだコの字が中庭を囲む二世帯住宅。BBQ 好きの親子が炉を介して一つに寄り添う。5 mまで伸びるアンテナポールの先にカメラをくくりつけ、Bluetooth でシャッターを押し、外観写真と同様に修正した。

4

建築家の営業戦略‐1

建築家は、仕事がないことには始まらない。勿論自分で仕事を作ることは出来る。よく知られた話だが、事務所を始めた当時の安藤忠雄は仕事がなくて、近くの空き地に勝手に設計して地主に持って行き、けんもほろろに追い返されたが諦めなかったと言う。また１９６０年代のイギリスは経済停滞がひどく、エネルギーをもてあました若手が次々に壮大な空想を絵にして出版し、世界に大きな衝撃を与えていった。所謂アンビルト・イングランドである。

しかし建築の一番の面白さは、施主や敷地・プログラムとのせめぎ合いの中から、当初に想像していた以上の価値が生み出されるところにあるのであり、脳内自慰はむなしい。それにまた、自らの分身とも言いうる大きなボリュームが実際に建ち上がるダイナミックさが魅力なのだから、絵だけで終わってしまうのは、心寂しい限りである。

とはいうものの、人生に一度の大事業である住宅建設を、どこの馬の骨とも分からない若造に任せてくれる奇特な人は、なかなかいない。ましてや会社の命運を左右しかねない事業系の建築は、余程のことがない限り無理だろう。そこで普通は、実家や親戚の建替え、あるいは親の庭先の小さな自宅からキャリアがスタートする。でもそれはすぐ一巡してしまう。幸先良くその第一作が雑誌に掲載され、それを見た人から依頼が来ればしめたもの、その第二作を見た人や施主の紹介からネズミ算的に仕事が拡がって――と行けばサクセスストーリーなのだが、それも昨今は難しくなってしまった。まずは雑誌に載るのが難しい。建築家が面白い職業であることが知れ渡って設計事務所が林立し、そこそこ小綺麗な住宅ならウンザリするほど沢山できてきて、余程の画期的なアイデアでもない限り、編集者は振り向いてもくれなくなったからである。それなら今流にインターネットで幅広く見てもらおうと思っても、多少のSEO対策やグーグル宣伝くらいでは誰の眼にも止まらない。フェイスブックでバンバン仕事が取れるぞと言われた時期もあったけれど、結局殆どは友達同士の近況報告くらいではないか。

そこで活躍するのがお見合いビジネスである。インターネット上で敷地や設計条件を公開して案を募るものや、各地の会場で複数の建築家にパネルを展示させクライアント候補と引き合わせるもの、登録建築家の中から何人かを選ばせてコンペを行うものなど様々な試行錯誤がされているが、仕事の半分以上がこうしたサービス経由だという事務所もあるらしく、時代が変わってきているのを実感させられる。

だが、考えてみればこうしたサービスは、本来ならば建築家協会とか建築士会のような組織が、建築家と社会との接点を拡げるべく行うべきことではないだろうか。残念ながら現在は、これら組織は建築家同士の親睦サロンとしてしか機能していないかとさえ見えてしまう。姉歯事件を受けて建築基準法が改正され、確認申請業務が大混乱を起こしていたときでさえ何も動いてくれなかったし、大体、同じような団体が3つも4つもあること自体、可笑しなことだろう。

話しがずれてしまったが、建築家の受注ルートとしてもう一つ大きいのがコンペである。新進も老練も、個人も組織も誰もが公平な立場で案を競えるのが大きな魅力だ。とはいえ経営的には大博打である。黒川紀章は生前に「まあ4回に1つとれればトントンですね」と言っていたが、某大手事務所では10回に1つくらいかなとか、ともかく確率は低い。それなのに作業量は膨大である。大体、アイデアを練って案をまとめプレゼンテーションを作るのが苦しいながらも楽しくて仕方ないのだから、つい時間もコストもかけすぎてしまうのだ。負けが込むと、事務所の存続自体まで危うくなる。

それならばと最近は簡単な提出物だけのプロポーザル形式も増えてきたが、それはそれで大変だ。案ではなく人を選ぶという名目なので、当選後は一からやり直し。ある公共美術館では最初の打合せの時に、役所の担当者が「じゃあ床材は何にしようかなぁ」と勝手に決めだし、竣工までその調子だったという。

公平というのも怪しく、初めから裏で当選者が決まっている「出来レース」と噂されることもある。裏で審査員に金がばら撒かれたという噂さえ聞いたことがある。全くの公開コンペでは数百分の一の確率で宝くじ状態だし、指名コンペの仲間に加えてもらうには、相当の実績が必要だ。公表から〆切までたった二週間などという公共コンペなど、専門の営業職でもいない限り、存在すら分からない。また審査員の能力によっては、首をかしげるような案が通ることもある。特に個人住宅のコンペでは、その素人が良しと思えばいいだけだから、まさかこの案がというのが当選して唖然とさせられることも少なくない。

みんな苦労しているのである。ではどうするか?。

1、**鄭東新区（中国河南省鄭州）**
全体模型
2、3、真冬の鄭東新区

黒川紀章が 2001 年の国際指名コンペで勝ち取った中国内陸部の新市街。殆ど日本では知られていないが、マスタープランのみならず円形の人工池とそれを囲む繭形のホテル・卵形の美術館・傘形の展示場、そして 50 棟以上の超高層ビルを全部数年で設計したという壮大な計画。数年前に後継候補として招かれた際、折からの PM2.5 に霞んで、あたかも宇宙都市に迷い込んだかと腰を抜かした。こんな遠くで頑張っていたとは！ コンペでは、こんな途方もないことまで手がけられる可能性があるのだ。

建築家の営業戦略 - 2

輝かしい将来を夢見て、建築家は営業戦略を練る。しかし前項で書いたように、それは決して楽な道筋ではない。ホームページからの問合せは冷やかしが多いし、コンペは大バクチだ。お見合いサービスでは小住宅も多く、最近はその内部でも建築家同士の競争が激しくなっている。

やはり住宅という人生での最大の買い物、また企業の命運をかける社屋を任せてもらうには、奇策はないのである。何と言っても王道は、深い信頼を築いた知合いからお仕事をいただくか、そういう知人から紹介してもらうことだろう。所謂《人脈》である。

策士はそのために、まずゴルフを習う。なんだかんだ言っても、パワーある人々に近づくためにはそれが一番手っ取り早い。若いうちは金も時間もないが、投資として考えれば非常に高効率だ。あるいはロータリークラブやライオンズクラブ。爺の集まりはうざいし、そんなのの自慢話を聞くのもかったるいしと思うかもしれないが、そこで有力者に気に入られて可愛がられれば、一発逆転満塁ホームランも夢ではないのである。

あるいは知古を頼って役所のナントカ委員会に顔を出させてもらったり、地元の商店会や各種のパーティに出てさり気なく建築論を語り、面白いやつがいるなと覚えてもらうことも大切だろう。建築学科の同級生のなかで一番大きな設計会社を築きあげた大江匡は、卒業後すぐに経済同友会の最年少の会員になったと自慢していたが、今になってその意味が分かってくる。

また同級生というのも大切である。人格形成期を一緒に過ごした仲間というのは、多くを語らずとも一言でわかり合える信頼で結ばれており、感性も近いからスムーズに良い作品が出来る可能性が高い。彼らが社会を動かす地位に就く頃、あるいはそろそろ家を建てようかと考えだす頃に、テレビに出ているあの派手な建築家よりも、そうだあいつなら安心して任せられるなと思い出してもらえれば、それが最も強い力となることだろう。

加えて趣味の仲間というのも、いつのまにか強い絆を作ってくれる。幸い私は多趣味で、オーディオやカメラ・車・旅行の話で盛り上がっているうちに仕事が決まったことも多いし、ダイビング先の海外で知り合った人の住宅やその友人の別荘、また彼らの行きつけのショップのホテルを何件か設計させてもらってもいる。なお一番大切な人脈は、これまでのお施主さんだ。そこからの紹介が最も強い信頼を得られるのは言うまでもない。

そしてそういう人脈は、維持する努力も必要だ。こまめにSNSに写真や文章を上げるのも、そういう点では役に立つだろう。成功している建築家は大抵、何かにつけてまめに会ったり手紙を書いたり電話したりして、ご縁を大事にしているものである。

要は、深い信頼関係を広く築くことだ。そのために必要なことは、ためらわずに行わなければならない。ビジネス本には必ず書かれていることだが、「良いと思ったらすぐに実行し、続けること」だ。そのうち時間ができたらやろうなどと思っていたら、絶対に出来ないのである。ちょっと面倒だが今やろうと腰を上げるか否かで、将来は大きく変わってくるのだ。

しかしながら人脈さえ築けば万全という訳でもない。有力者は交友範囲も広くて、親しい建築家だって何人もいるからである。その中で自分を選んでもらわなければならない。そのために重要なのは、学歴や受賞歴だけでなく、建築家としての【ブランディング】である。自分は建築家として何が売りなのか、明確なセールスポイントをアピールし、自らを有名ブランド化することが大切なのだ。いわく「崖地のスペシャリスト」「狭小の巨匠」「地元産材利用の達人」「イタリア仕込み」「環境性能のプロ」「○○のタクミ」「別荘のカリスマ建築家」・・・黒川紀章も《共生》というキーワードで自分を売り込んでいたし、丹下健三も日本の柱梁の美学を売り物にしていた時期が長かった。「○○の誰々」という上手いキャッチフレーズで人々の記憶にがっちり食い込んでいれば、何かの時に想い出してもらえるし、安心して依頼してもらえるのである。(勿論あまりに狭い隙間分野を狙いすぎてしまうと、それを外れた仕事が取りにくくなってしまう。狭小！と叫んでばかりいたら、豪邸を作ろうという施主からは見向きもされなくなる。マーケティング戦略もなかなか難しい。)

と色々言ってはきたものの、最終的に重要なものは何かと考えると、結局はその建築家の人間性というところに行き着いてしまう。施主は社会的な成功者である。彼らは建築には素人でも、人間関係ではプロ中のプロなのである。自分の意向をどれほど汲んでくれそうか・どこまで斬新で妥当なアイデアで一生懸命に最高の可能性を切り拓いてくれそうか——それは簡単に見透かされてしまうし、誤魔化しはきかない。真面目で素直で才能があって目がキラキラ輝いて、そして愛される人間でなければならない。大建築家に接すると、彼らが例外なく優しくて心広く魅力的な人たちであることに気付く。けれど人間性を磨くには、一朝一夕にはいかない。日々の真摯な生活の賜と言ってしまえば身も蓋もないが、ここでもまた奇策はないのである。

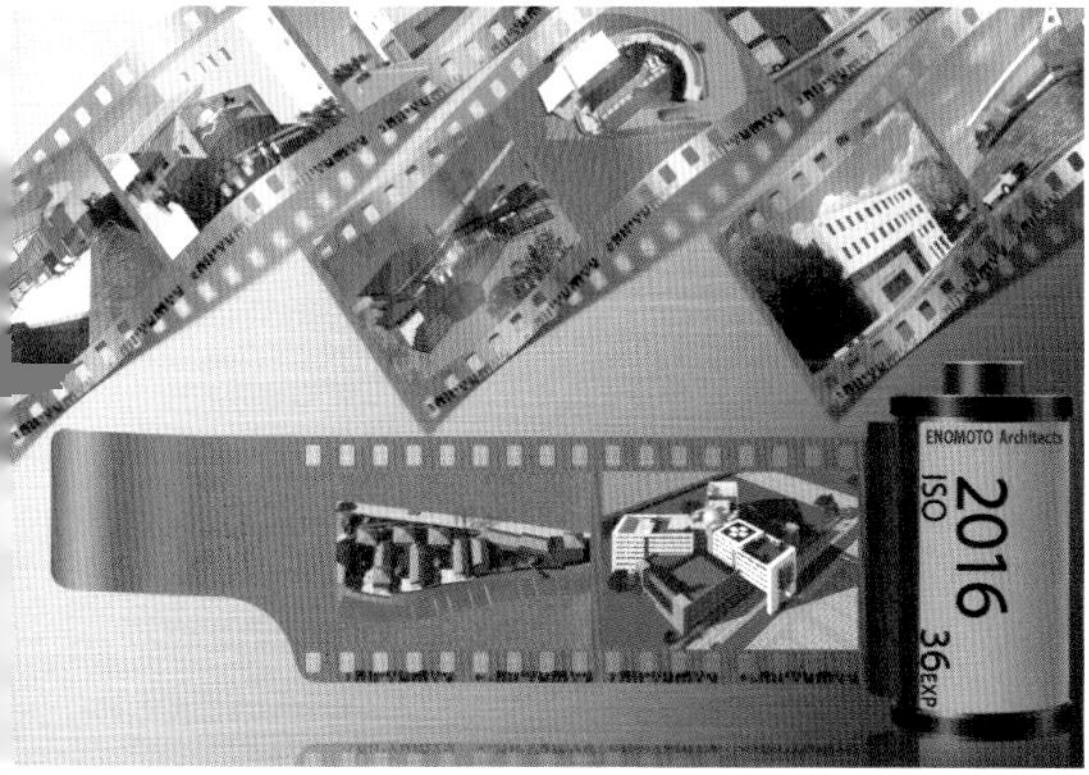

年賀状 2003 ～ 2022 の何枚か
いつも事務所の年賀状は、その一年間に作ったCGをいくつかアレンジして作っている。どれも全力投球で作ってきたなあと充実感を想い返しつつ、こいつに任せようと信頼してくれた施主への感謝の気持ちで一杯になる。

仕事を育てる

滅多にないことではあるけれど、目が覚めるほど素晴らしい仕事が持ち込まれることがある。絶景の広大な敷地にコストは余裕たっぷり、おまけに自由に設計してくださいとくれば、建築家冥利に尽きると言うものだ。

だが逆に、一見あまり食指が動きそうにない依頼もある。難しい敷地に厳しい予算ということなら、まだそれをどう克服するかで燃えることもできるだろう。だが、普通のものを普通に設計するのが一番施主のためなように思える状況だと、全身全霊を込めて挑むのが生き甲斐の建築家としては、逆に考え込んでしまうのだ。

そこで、まあ新人スタッフの練習用に引き受けるかなどと思ってはいけない。いい加減に流す仕事として軽い気持ちで受注するのは厳禁だ。と言うのは、どんな簡単そうに見える仕事でも、始めてみるとなんだかんだで難しい問題が湧き起こってくるものだし、そうなった時には苦痛が耐え難いからだ。是非とも実現させたい夢さえあれば、何があってもそれが心の支えとなるのだが、それもないのに難問に対処しなくてはならないのは参ってしまうのである。（大体、施主にとっては一世一代の大事業なのだから、流す仕事と考えるなど、もっての外のバチ当たりだ。）

あるいはかなり複雑なプログラムの場合、引き受けようかどうしようか、まずは本当に納まりそうな要求なのか一寸だけ考えてみよう、というのも危険なことだ。すぐに間取りパズルのドツボにはまり、難しければ難しいほどムキになって考えまくってしまう。そして上手く解けた暁には、その達成感で満足し受注してしまうのだ。ところが後からよく考えると、すべて破綻なく綺麗にまとまってはいるものの、ただそれだけ、ということにもなりかねない。

一見あまり面白みのなさそうな仕事でも、そこに挑戦するテーマを見つけなくてはならない。あるいはどんなに複雑な計画でも、綺麗に解くこと以上の魅力を盛り込まなくてはならない。そのために重要なのは、絶対に、すぐに手を動かさないことである。まずはしばらく腕を組んで漠然とイメージを膨らますことだ。根本に立ち戻って、そこでの人間の・建築の・社会のあり方は本当はどうあるべきなのか、広く考えを巡らすことがスタート前に必須なのである。

住宅ならば「LDKと寝室を敷地の中にどう上手く並べるか」ではなく、この家族がこの敷地でどう生き生きと過ごすかを、常識を打ち捨てて先入観なく妄想することだ。よく「寛《くつろ》げる家がいい」と言われるけれど、それだけの家だったら呆けてしまう。確かに疲れて帰ってきたご主人には寛げることは大事だろうが、主婦には気が晴れて溌剌と家事ができる拡がりが要るだろうし、子供には生き生きと将来を夢見る時間も大事だろう。そして何より家族全員にとっては、皆が自然に集まってきて和やかに雑談できる家の中心が必要なはずだ。さらにそこが外のテラスへ、そして空へと拡がって心が伸びやかに解き放たれれば、どんなに健やかなことだろう。

ホテルや別荘ならばどんな楽しみ方・時間の過ごし方が最高の夢見心地を生むのか、オフィスならどんな環境が忙殺される社員を救えるのか、病院なら心や体にダメージを負った人をどう暖かく包めるのかを、ゆったりと漠然と想像すべきである。

あるいはビルや集合住宅ならば、どんな建築のあり方が周囲に対して相応しいのか・より良い都市空間に貢献できるかが問われるべきだし、公共建築なら真っ先に、市民との繋がりをもっと豊かにするためにこれまでにないもっと良い方策はないか、と思い悩む必要があろう。そういう奮闘によって、よりやり甲斐のあるものへと【仕事を育てる】ことが、何よりも増して重要なのだ。

勿論建築は建築家のオモチャではないから、目指すべきテーマが見つからないからといって、無理矢理そこに勝手で妙な思いつきを押し込んではならない。ここで素晴らしいビジョンと勝手な思いつきの差を分けるのは、やはりアイデアの妥当性だろう。ごく当然のことではあるが、いかに思いやりある 真っ当で 将来性に富んだビジョンを描けるかどうかは、どれだけ広い視野と深い洞察力・常識に捉われない柔軟さを持っているかによるものである。そしてそのためには、幅広い好奇心の元に多くの読書・多様な体験をし、自分の頭で自由に考える訓練をすることだ。それこそが建築家の素養となるのである。

1、**ホワイトモノリス - 夕景**

（撮影：モダンリビング）

2、**ホワイトモノリス - 空撮**

（2005、長崎県）

夕陽が海に沈む絶景の斜面に別荘を作りたい ― 本当はすぐにでもスケッチを始めたいところだったが、敢えてここでの佇まい方をずっと夢想し続けた。その結果辿り着いたのはごく素直なイメージだったし、設計はそれをごくシンプルにまとめただけのつもりだったが、完成した建築はこれまでにないものとなった。初めて敷地を訪れた時に吹いていた、ふわっと身を浮かすような海からの微風が、今でも脳裏をかすめる。

3、**A ハウジング**　（2001、東京都）

親子兄弟の住む３住戸＋ピアノレッスン室というやや複雑なプログラム。普通ならラーメン４層の各階にそれぞれを押し込んで悩み少なくまとめるのかもしれないが、中央に奥の空へと抜ける穴を開けてメインストリートを貫かせよう、スキップフロアで滑らかに各部を繋いでゆこうという構想を実現せんと、かなりの試行錯誤をした。おまけに壁構造で柱梁のないスッキリした空間にしようとしたものだから、上下で耐震壁を重ねるために更に難易度は増したが、その方が燃えられたし、結果も納得のいくものになった。

1

2

3

政治のはなし

政治の話はキナ臭い。利益と利益のぶつかり合いこそが政治だからだ。不用意な発言をすれば曲解されるし、無駄に敵を作りかねない。出来れば避けて通りたい。しかしこのところ、どうも理解不能なことや納得できないことが多すぎる。物言わぬは腹膨るるわざなりと兼好法師も言うし、今回は敢えていくつか疑問を呈してみることとする。

まずは地球温暖化である。『二酸化炭素の排出によって地球は温暖化しつつあり、環境は壊滅的な打撃を受けている。我々は温室効果ガスの排出を減少させなくてはならないし、建築もエネルギー消費量を極力削減すべく、設備にも断熱にも配慮しなくてはならない』――誰もがそう考えている。今でも三百㎡以上の建築は省エネ法の申請をしなくてはならないし、もう少しすると住宅でも省エネ基準に適合することが必要になる。とても面倒だし費用も時間もかかるが、環境のためならまあ仕方ないかと、皆が受け入れている。

しかし、だ。実は温暖化はストップしているというのである。むしろ1998年をピークに地球全体の気温の平均は下降に転じているというのだ！まっさかと思って友人に勧められた本を読んでみると、出てくるわくるわ、温暖化《説》が虚偽であるという証拠が、延々と続いている。（※1）

温暖化《説》は、それによって利益を得ようという一握りの人たちによるでっち上げであり、寒冷化しているという調査報告は温暖化しているという報告とほぼ同数あるのに、すべて「政治的」に抹殺されているという。そういえば、排出権売買という発想が出てくること自体も、かなり怪しいと以前から感じてはいた。また省エネという錦の御旗の下に多くのビジネスが大儲けしているのも、我々は日々目の当たりにしている。アル・ゴアは2008年にノーベル平和賞まで

※1、『二酸化炭素温暖化説の崩壊』
（広瀬隆著　集英社新書、２０１０）

もらって、世紀のスーパーヒーローになった。だが『科学的事実』という大義名分のもとに、発展途上国から排出権という名目で金を巻き上げようと画策していたのは事実らしい。また全ての温暖化説の根底にある「20世紀になってから気温が急上昇した」という統計データが、実はねつ造された真っ赤な嘘だったというのは、２００９年にクライメットゲート事件として2度もすっぱぬかれた真実であり、欧米では大きく報じられていたという。

勿論こうした「反温暖化」説を唱えれば、センセーショナルな反響を呼んで、本もよく売れるに違いない。みんな話は上手いから、どちらか一方の話ばかり聞いていると、その方向に洗脳されてしまう。本当はどちらが正しいのか、訳が分からなくなる。両論をじっくり検討して自分なりの結論を導ければ良いのだろうが、そんな能力も時間もない。日本人はお上に従順だから、役人が語りマスコミが報じることは、盲目的に信じてしまう。世論を操作することなど、赤子の首をひねるより易しいのかもしれない。

無駄を省くことは良いことである。石油もいつかなくなるから節約しないといけないのだろうし、光熱費が減るのも有難い。だが、もしかしたらこんな省エネ法届出なんて七面倒臭いことが、地球環境を保全するのに何の役にも立っていないのかもしれないと考えると、やるせない気持ちになってしまう。

納得のいかなかったことと言えば、姉歯事件を受けての建築基準法改正時のドタバタも想い起こされる。政府は二度とこのような事件が起きぬよう、規制を大幅に強化した。しかし法改正の施行日になっても条文の細目がまとまらず、大混乱が起こったのは今でもはっきり覚えている。

施行前日の深夜に厚さ2センチ以上ある矛盾だらけのFAXが役所から各審査機関に届き、審査は事実上ストップして建築界はパニックに陥った。これは施行日を延期できなかった行政内部の問題に過ぎないかもしれない。だが、この混乱を眼のあたりにして、我々は如何に役所が責任逃れのために民間に苦行を押しつけることを何とも思わないでいるか、諸建築団体もいざとなると何も我々のために動いてくれないかを思い知らされたのだった。

でもこんなことは可愛い方かもしれない。米軍基地問題などは、果てしもない泥沼・暗闇のようである。なにしろ「アメリカは日本が敗戦して以来、日本に繁栄を約束する代わりに政治を裏で支配するシステムを維持し続けている。属国日本の官僚は、この「天の声」に従ってアメリカの意向を実現せんと、政治家を無視して粛々と日本を独裁している。その大元には、憲法より上位の日米地位協定と、公開はされないが正式に調印された密約法体系がある。」（※2）という話には恐れ入ってしまう。原発問題も途方に暮れる。いつまでたっても最終処分方法も未開発で、将来途方もない経費がかかるかもしれないのに、「今は安く電気が買える」ために原発が再稼働される。ウラン貿易で莫大な利益を得ている巨大企業も、日米原子力協定や密約の元に、原発廃止を強力に阻止する・・・

やはり政治のハナシはキナ臭い。学生時代からノンポリで今も支持政党なしの私が、最近ちょっと本を斜め読みしただけでこんな話しがざくざく出て来てしまう。ネット上で『田中宇の国際ニュース解説』を読んでも、愕然とする裏話ばかりだ。（※3）私には、こうした疑問を行動に移すほどの確信もエネルギーもない。だが、マスコミという大本営発表を盲信せず、両論のどちらにも傾かないように気を付けながら、自分なりに世界を見つめてゆきたい。建築家は、世界をどう捉えるかという独自ビジョンの元に、空間を生み出してゆくのが天命なのだから。

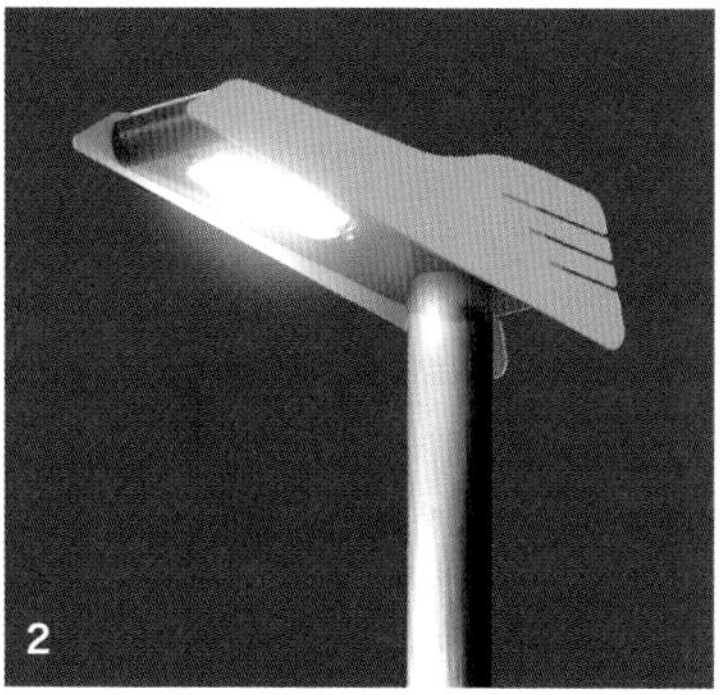

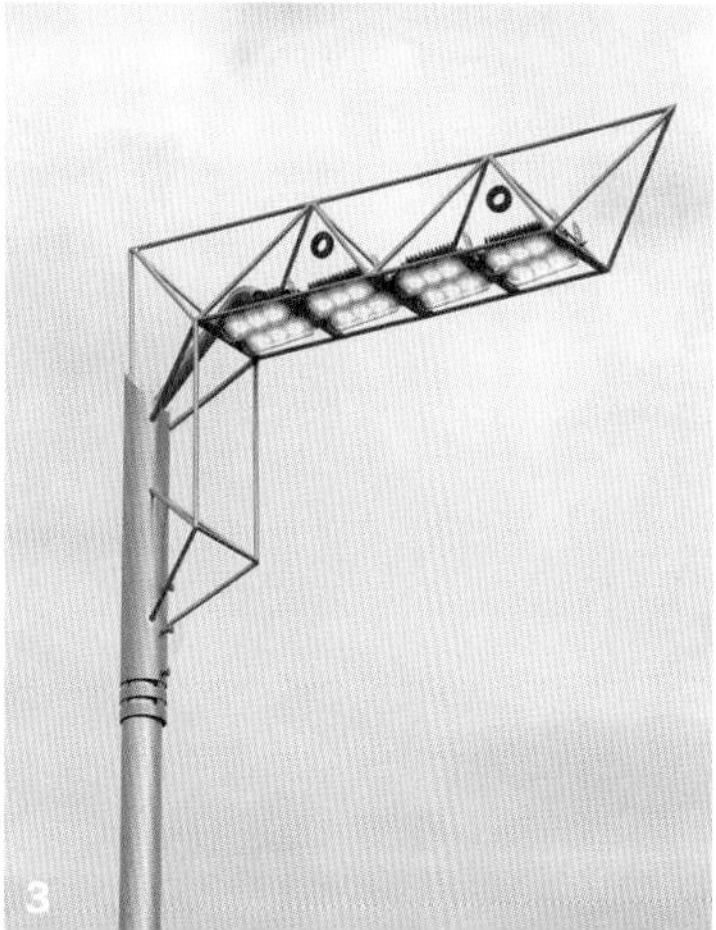

1、**三宿の住宅**　(1986、東京都)
30年以上前に作った自邸。内外打放シで屋根以外には断熱材など一切ないため、壁は冬はいつまでも冷たく、夏は夜中までじんわり暖かい。今日の設計では考えられないことだ。しかし空調の光熱費が2.3割高いだけのことで、全く不快感なく、快適に暮らしている。

2、**LED防犯灯**
A：上海万博に出品した朱鷺のイメージの灯具（2010）
B：トラス型街路灯（2009、鳥取）
ここ何年か、日本のあちこちに特注のLED防犯灯・街路灯をデザインしている。「温暖化防止に効果ありますよ」と謳っているわけではないが、暗黙のうちにその恩恵にはあずかっていることになる。人間は弱いものだ。基地や原発関連の設計を頼まれたとしたら、きっと悩むことだろう。

※２、『日本はなぜ、原発と基地を止められないのか』
（矢部宏治著
集英社インターナショナル　２０１４）

※３、https://tanakanews.com/

「人を創る」

幸せなことに、建築の設計というのは実に楽しい仕事なのである。施主から最初に相談を受ける時には、なんて難しい条件だろうと途方に暮れそうになることもあるが、悩みに悩んでその難問を逆手にとったアイデアが浮かんだ時には、天にも昇りそうなくらいに嬉しい。そしてそれを図面に纏めていくのも、模型を作るのも3Dを立ち上げるのも、夢中になって寝食を忘れてしまうほどだ。図面も細かく描込んでいけば、次々に新しいアイデアが浮かんでくるし、描いているうちに隠れた問題点が明らかになってきて、ああ現場が始まる前に気づいて良かったとほっとする。

設計とは一本一本線を引く毎に多角的な検証と判断を繰り返していくことだから、どんな細かい図面もおろそかにはできないし、人任せにはできないのだ。また現場も、着々と完成に近づいていくのを見るのはわくわくする。そして構成はもとより、仕上げからディテール・家具へと、隅々にまで自らの意思が染み渡った作品は、本当に可愛い我が子だと思えるほどに愛おしいものになるのである。

しかし問題はここにある。楽しいし細かく考えれば考えるほど良くなっていくのは明らかなのだが、それを全部自分で抱え込んで美味しさを独り占めしようとすると、圧倒的に時間が足りなくなるのである。そんなことをしていたら、設計事務所の経営は成り立たない。しみじみ趣味的に設計できたらこんな良いことはないが、小住宅でもない限り、それは無理な話だ。

そこで設計事務所はスタッフを抱えることになる。困ったことに若い人はスピードも遅くてもどかしいし、一寸したポカが後で大問題に膨らむ危険もある。経営上は、給与や社会保険料が固定経費となるのもきつい。けれどスタッフに設計意図を説明しようと言葉を選んでいるうちに、頭の中で漠然としていたものが明快になってくることも多いし、優秀なスタッフから新しいヒントが得られることも少なくない。上下関係を超えて、一緒に闘う戦友のような共同作業の喜びさえ味わうこともできる。

スタッフはだんだん自分の右腕になってくる。そうすると気持ちの上でも、事務所の運営上も、そして本人のためにも、上手く育っていってほしいと願う。あるとき施主である会社社長に、社員はどのように教育すべきかと聞いたことがある。「玉がまあるく大きくなっていくように育てていくんです」というのが答えだった。担当する作業だけではなく、スケジュール管理も下の人間の使い方も作業の環境整備も組織の運営も、そして財務も営業も、おおよそ会社に必要なあらゆることを満遍なく身につけさせる事だというのである。図面の清書しか出来ないドラフトマンとかCadオペレーターのような、単純作業のためのいびつな玉も存在価値はあるが、本当に良い完成品をスムーズに作るためには、すべてに配慮が行き届く人間が必要になるということだ。

けれど誰でもそうした均整の取れた玉になれる訳ではない。建築家から見れば、明るく元気で体力があり、素直で理解力が高いこと、そして才能と熱意が溢れていることが重要だろう。施主側から見れば、信頼できる誠実さ・真面目さが不可欠だ。またどちらにとっても「上手く反論できる能力」というのは欲しいところである。けれどそういう所謂「優秀な人材」はなかなかいない。アトリエ派事務所では、発表された作品に憧れて門を叩いてくる人か、常勤または非常勤で教える大学の教え子か、あるいは求人広告に応募してきた人の中から探すしかなかろうが、それもなかなか難しい。

しかしそういう優秀な人間を更に大きな玉に育て上げることができたら、それは建築家にとって大変な社会貢献となる。失礼な言い方にはなるのだが、そうした若人は、竣工した建築をも超える優れた《作品》となるのだ。言い換えればこうして「人を創る」こともまた、建築家の重要な役割の一つだということになるのである。


考えてみれば建築の設計は、床壁天井を作ることで空間を造り、その空間を通して、より良い人間生活を創ることを目指す。そういう点でもまた、間接的にではあるが、人を創るのである。だから責任は重大だ。要望は真剣に聞いて奥底を洞察し、最新技術を習得し、多様な空間と歴史を体感して優れた先人の知恵を学び、考え抜いて最高のものを造らねばならない。悩みは多いが、しかし本当の達成感とはそういう所にこそ生まれるものだろう。

1、**岩国ハウジング計画**（2012、山口県）
計500戸の賃貸住宅計画。メイン・アプローチの突当りにはシンボルとしてのショー噴水を置き、それと店舗をつなぐ長円形の公園を核としてロータリーを構成し、その廻りに各住棟を配することによって、明確な動線と伸びやかな構成を目指した。

この程度の配置計画までなら一人の頭の中で案を纏めることはできるが、次の段階からはチーム編成が必要になる。幸い事務所を長くやっていると、独立した元スタッフがたくさんいて、そういう気心の知れた連中と組んで仕事をすることは多く、固定経費は抑えつつも納得のいく建築を作る態勢ができる。

2、**鶴岡の住宅**（2020、山形県）
雪多い庄内平野のゆったりした敷地に立つ二世帯住宅。大きくても小さくても住宅は、私と担当するスタッフの二人で最初から最後まで進める。ひとつ完成すれば、スタッフは基本的な考え方や進め方を体で覚えるから次からはスムーズにいくはずなのだが、毎回毎回違った問題や意外な状況が出現して、いつも一筋縄では行かなくなる。

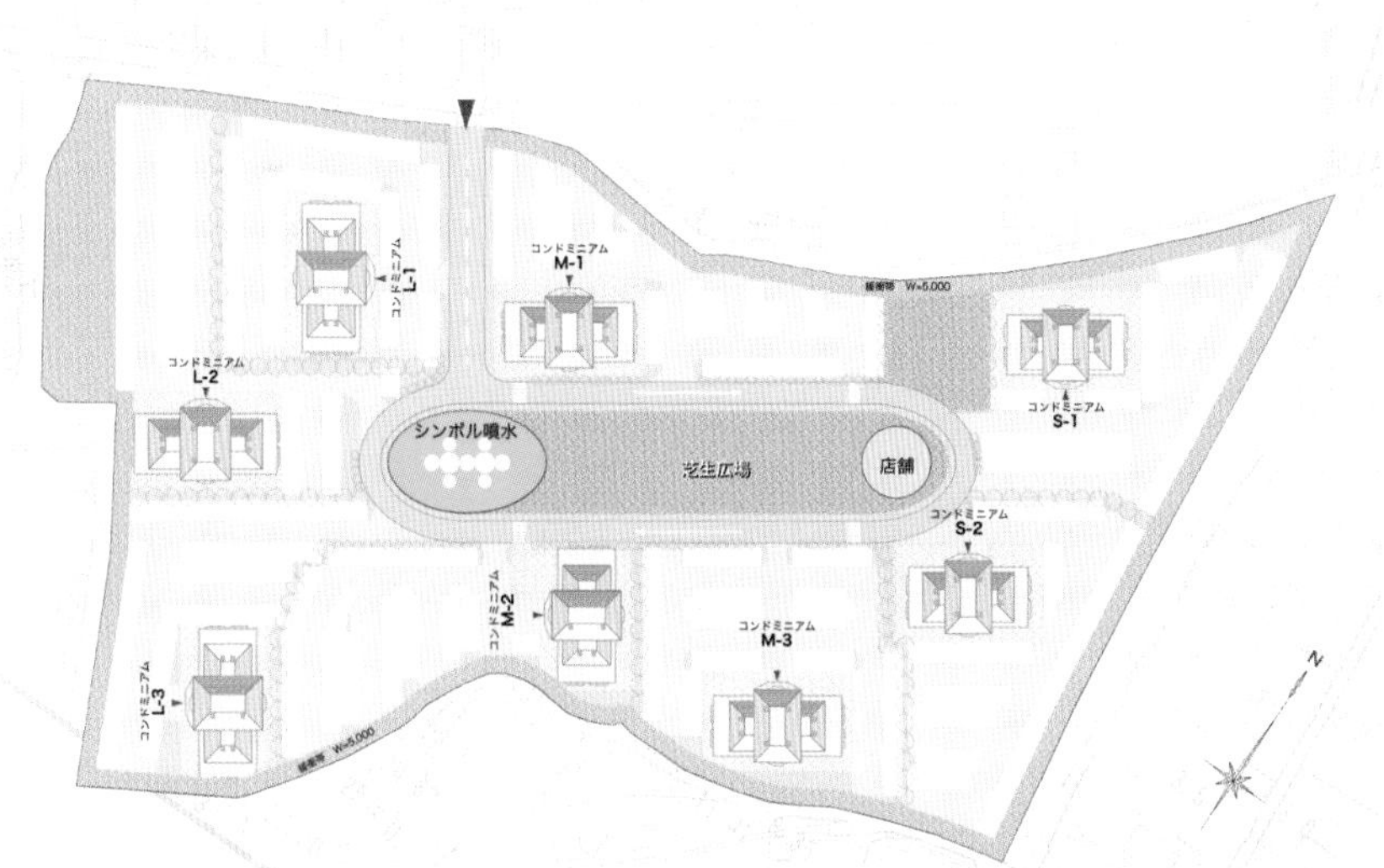
コンドミニアム
L-1
コンドミニアム
M-1
緩衝帯 W=5,000
コンドミニアム
L-2
シンボル噴水
芝生広場
店舗
コンドミニアム
S-1
コンドミニアム
S-2
コンドミニアム
M-2
コンドミニアム
M-3
コンドミニアム
L-3
緩衝帯 W=5,000
N

1

2

保存の問題

毎週BS放送で「建物遺産」という5分番組が放映されている。また日曜には「百年名家」という1時間番組もある。どちらも日本各地に残る古い名建築を紹介しているのだが、意外なほど多くの建築がきちんと修復・保存され、今日まで生き延びていることに驚かされる。その手間や費用は大変なものだろうし、カフェやギャラリー・博物館等に利用されるにしても、維持費用に見合うだけの収益が上がっているのかどうか、いささか心配ではある。とはいえ建築が人々に永く慈しまれ続けている姿を見ると、こちらまで暖かな気分になってくる。深く考え抜かれ、緻密にデザインされ、しっかり施工された建築が、長い風雪に耐えて風格を増し、時代を超えて語りかけてくる姿は素晴らしいものである。

サスティナブル！と叫ばれて久しい。日本人は従順だから、地球は温暖化している・そしてその原因は人類の放出するCO_2だ、という地球温暖化人為説を頭から信じ込み、完璧に洗脳されている。（※1）確かに省エネ化すれば光熱費が減って助かるし、再生可能エネルギーが普及すれば石油枯渇も先延ばしにできる。CASBEEでSランクを獲得すれば地球環境保全に貢献するヒーローになれるし、ゴア元副大統領のようにノーベル賞だってもらえてしまう。

だがそうやって目前の利を得たとしても、その建築が耐用期限を全うすることすらなく解体されてしまったとしたら、それはとんでもないロスだ。建築資材の原料を精製し建材化し組み立てるエネルギー、そして解体するエネルギー、廃棄するエネルギーの総量は、ちょこっと節約した省エネの比ではないのは当然である。逆に言うなら、永く保存されながら使われ続けることができれば、それが最大の、そして本来の意味での「サスティナブル＝持続可能な」建築ということ

※1、172ページ「政治のはなし」参照

になるのである。

なんでこんな当たり前のことを書いているかというと、現在作られている建築が、果たして将来保存され続けるような質を持っているのかどうか、疑問に思えることも多いからである。私の事務所から眺める渋谷駅周辺の新しい超高層ビル群にしても、あと数十年して少しでも効率が時代にそぐわなくなったら、誰にも惜しまれずに呆気なく解体されてしまいそうな気がしてならないのだ。

建築の寿命を決めるのは、まず第一に構造だろう。次に設備だ。しかしこのどちらも今の技術からすれば、耐久性も更新可能性も十分にある。三番目はディメンションか。赤坂プリンスは、階高が低すぎたために、どれだけ改装を頑張っても高い天井を持つ新興の高級ホテルに太刀打ちできないという理由で、40階のタワーがたった28年で解体されてしまった。なんと勿体ないことか。（皮肉にも、すぐ傍で１９３０年の木造の旧館がまだ保存され活用されているのと対照的だ）逆に明治時代の銀行などは、威厳のために不必要なまでに高くされた天井のおかげで、何にでも転用でき、各地でいきいきと余生を謳歌している。

だがそれ以上に建築の寿命を左右するのは、建築への愛なのである。愛されていればこそ、補修や補強に相応の負担が必要でも、時代にそぐわない部分があっても、しっかりと残る。たとえ多少効率が落ちたとしても、保存運動が起きて、皆が守ってくれるのだ。建築はかくありたいものである。

それでは、保存運動が起きるような建築への《愛》は、どこから来るのだろうか。まず明快なのは、【記憶】だろう。十数年前のことになるが、品川区の住民が当時の美智子妃殿下のご実家：旧正田家住宅の解体に対して反対運動を起こした。これは建築そのものという以上に、我が町に妃殿下のお生まれになった家があるという、記憶と誇りからくるものだろう。日本各地には、こうした故事来歴の記憶が色濃く染み付いた建築が、数多く綺麗に保存されている。

しかしやはり最も重要なのは、建築の意匠である。未来を志向する伸びやかな外観、人を暖かく迎え入れる豊かな空間、そのシークエンス、場の密度を高める繊細なディテール——そうしたものが無意識のうちにも訪れる人々を魅了し、いつの間にか欠け替えのない街の重要な構成要素となってゆけば、建築は心から愛され、議論の余地なく保存されるはずだ。そしてそれらの集積たる都市も、どんなにか素晴らしいものとなることだろう。建築に携わるものとして、そうした素晴らしい未来に、少しでも貢献したいものである。

1、2、**旧甲子園ホテル**

外観・および製図室

（設計：遠藤新、1930、兵庫県）

ライト式の壮麗なホテルは、創建時から関わる大林組が徹底的に修復し、風格ある威容を保つ。さらに嬉しいのは、全体が武庫川女子大の建築学科の校舎として、いきいきと活用されていることである。この濃密な空間の中で、学生たちはさぞや豊かな建築の素養を育むことだろう。

3、**リヤド・フェズ**　（モロッコ）

モロッコでは100年以上前に建てられた豪邸が数多く改装され、素晴らしいホテルとなっている。中庭を中心として広がる濃密な空間、床壁天井を埋め尽くす圧倒的な装飾は見事に修復・保存され、時代を超えて訪れる人を魅了する。

4、**旧香川県立体育館**

（設計：丹下健三、1964、高松市）

いかにも滑り出して行きそうなこの体育館も、また菊竹清訓の都城市民会館も、そのダイナミックな構想が皆に愛され保存運動が幅広く行われた。結果的には泣く泣く解体が決まってしまったが、心から残念に思う。葛西臨海水族館も解体に反対するシンポジウムが行われたが、日本の建築文化の未成熟さとスクラップ・アンド・ビルドの悪弊が、これらを契機に、少しでもいい方向へ向かうことを願うばかりである。

1

2

3

4

エネルギーの源泉

建築家には、途方もないエネルギーの持ち主が多い。いくつもの現場を駆け廻り、事務所に戻ればスタッフが打合せの順番待ちで列を作り、複数の大学で教鞭を執り、、、というだけでも大変なのに、更に本は書くわ建築家団体で役員は務めるわコンペの審査はするわと、まさに八面六臂の働きだ。このエネルギーは、一体どこから来るのだろうか。

勿論人間には個人差があるのであって、気力・体力の多寡や意欲の強弱も、背が高い低いと同じく生来のものである部分も多かろう。しかしそう言い切ってしまっては元も子もない。また元々タフな人は少なくないが、それだけでは超人的なパワーは出てきはしない。世に秀でる人は、天賦の才能に加えて、いくつもの要因でエネルギーが更に増強されているのである。

その要因の第一は、自分に刺激を与え続けることだ。素晴らしい建築を見て感動すれば、建築の更なる可能性が輝いて見えてくるし、そうか自分ならもっとこうしてやろうと次なる意欲が湧いてくる。建築に限らず優れたアートは、人間や自然や社会に対して新たな希望と可能性への予感を与えてくれるのだ。目前の仕事に忙殺されていても、そんなことにはお構いなしに精力的に見学し展覧会に出向き人に会い本を読んで、自分を感動させ鼓舞する——そもそもエネルギーがないとそんなことも出来ないのだが、この努力がますますパワーを増大させてゆく。ただしそのためには、常に強い好奇心を、あらゆるものに対して持ち続けていなければならない。

この好奇心とは、若い頃の体験から来るものだと私は思う。何かに興味を持って冒険してみたら、想像を遥かに超える素晴らしい世界が一気に開けて心から感動した、という体験を小さい頃から重ねていれば、いくつになっても性懲りもなく新しい世界に挑んでみたくなるのである。ここに教育の重要性がある。お勉強させることだけが教育ではない。感受性の豊かなうちにどんどん多様な刺激を与え、未知の世界に飛び込んでいく醍醐味を叩き込むことが、真の教育には不可欠なのである。そうした経験の多寡によって、未知らぬ世界に不安が高まり怖じ気づいてしまうのか、逆にわくわくしてエネルギーが漲ってくるのか、世界観に大きな分かれ目が生まれてしまうのだ。

教育といえばもうひとつ、達成感という麻薬も繰り返し叩き込みたい。苦しくても頑張ればきっと良い結果が出て、小躍りしたくなるほどの喜びが得られるのだという成功体験を若いうちから味わってくれれば、多少の苦難にもへこたれない不屈の魂が出来上がるのである。(※1)

ただどんなにタフな人でも、下手をするとパワーを減じてしまうことがある。一つには疲れ、もう一つは飽きだ。そうならないためには、ストレスの多すぎる仕事や、儲けるために同じような仕事を数でこなすような仕方を止めなくてはならない。つまり、やり甲斐のある面白い仕事だけがやってくるような環境を作らねばならないのである。そのためには自らの個性と売り物を明確にして「○○といったら誰々」と広く知られるようにブランディングし、様々な形で発信を続けるというメディア戦略も重要になろう。またターゲットとなる層を見定めて、八方手を尽くしてそこに人脈を広げるのも必須なことだ。(ただし知り合うだけでは不十分である。こいつは面白い奴だと可愛がってもらえるように、自分を元気で明るく意欲的な人間に見せ、独自の世界認識を磨いてアピールせねばならない)

そうやって創作意欲・モチベーションを意識的に高めていけば、ランナーズハイのような境地

※1、 また幼少期の影響としては逆に、コンプレックスが強大なパワーの源泉となることもある。経済的に困窮していたり、S.ジョブズのように家族に恵まれなかったり、背が低かったり異性にモテなかったり、というのをバネにしての必死の頑張りは、負けず嫌いを通り越して、鬼気迫るものさえ感じさせる。

反対に、そこそこ苦労せずに育ったボンボンは、強烈なハングリー精神を維持し続けるのに苦労することも多いかもしれない。

になって（他人からはワーカホリックと呼ばれるかもしれないが）飽くことなくパワフルに活動できるようになる。考えることは楽しい。そうしてもっと良いもの・もっと画期的なものをと意欲し、敢えて安定した手法は打ち棄てて新しい材料や構法や形態に挑戦して、もって次の時代を切り拓いてゆけば、それを見た人が更に悩み甲斐のある仕事をくれるという良い循環が生まれてくる。

建築家には長生きが多いし、安藤忠雄・高宮眞介・故黒川紀章ら大建築家が内臓を幾つも摘出してもなお精力的に活動できるのは、こうした循環のなかで臨界に達したエネルギーが病魔をも撥ね飛ばすからだろう。元気に長生きしたいものである。

１、**淡路夢舞台**

（設計：安藤忠雄、1993 ～ 99、兵庫県）

気力・体力に生来の個人差があると言っては元も子もないと書いたが、安藤忠雄は例外、生まれつきとびきりの怪物だ。ケンカ好きが嵩じてボクサーを目指した闘争本能の塊は、内臓を５つ全摘したくらいでは屁の河童。六本木の安藤忠雄展は展示も圧倒的だったが、大半の人が買う展覧会図録にすべて直筆スケッチが付いていて最後にまたびっくり。一体何万冊になるのだろうか。

昔は会う度に「いやぁ大変やね～、しんどいからあと５年したら建築は止めるわ～」と言っていたのに、今年来た年賀状には手書きで「人生 100 年、まだまだ先は長いです」とあった。まさにそのエネルギーにはたじろいでしまう。

２、**奥湯河原「結唯」《離れ紫葉》**（2017、神奈川県）

見事な渓流に面した温泉旅館の離れ。35 ～ 60 坪の木造４棟。１棟がそれぞれひとつの客室で、慾った純和風・超高グレード・急傾斜地・崖沿といううえに、全棟を異なったコンセプトで変化を付けよう、各棟に露天大浴場を設け、スキップフロア・吹抜・水盤・四阿・大開口・足湯バーベキューテラスを付加して、これまでにない圧倒的な感動を味わってもらおうと意気込んだものだから、かなりのエネルギーを要した。しかしそれを支えてくれたのは、頑張ればきっと納得のいくものができるという若い頃からの成功体験だと思う。

３、**日月潭風景管理処**

（設計：團紀彦、2010、台湾）

目眩がしそうなほど複雑な二次曲面を、打放し技術のない台湾という異国で実現させた驚異的なエネルギーには、ただただ恐れ入るばかりだ。

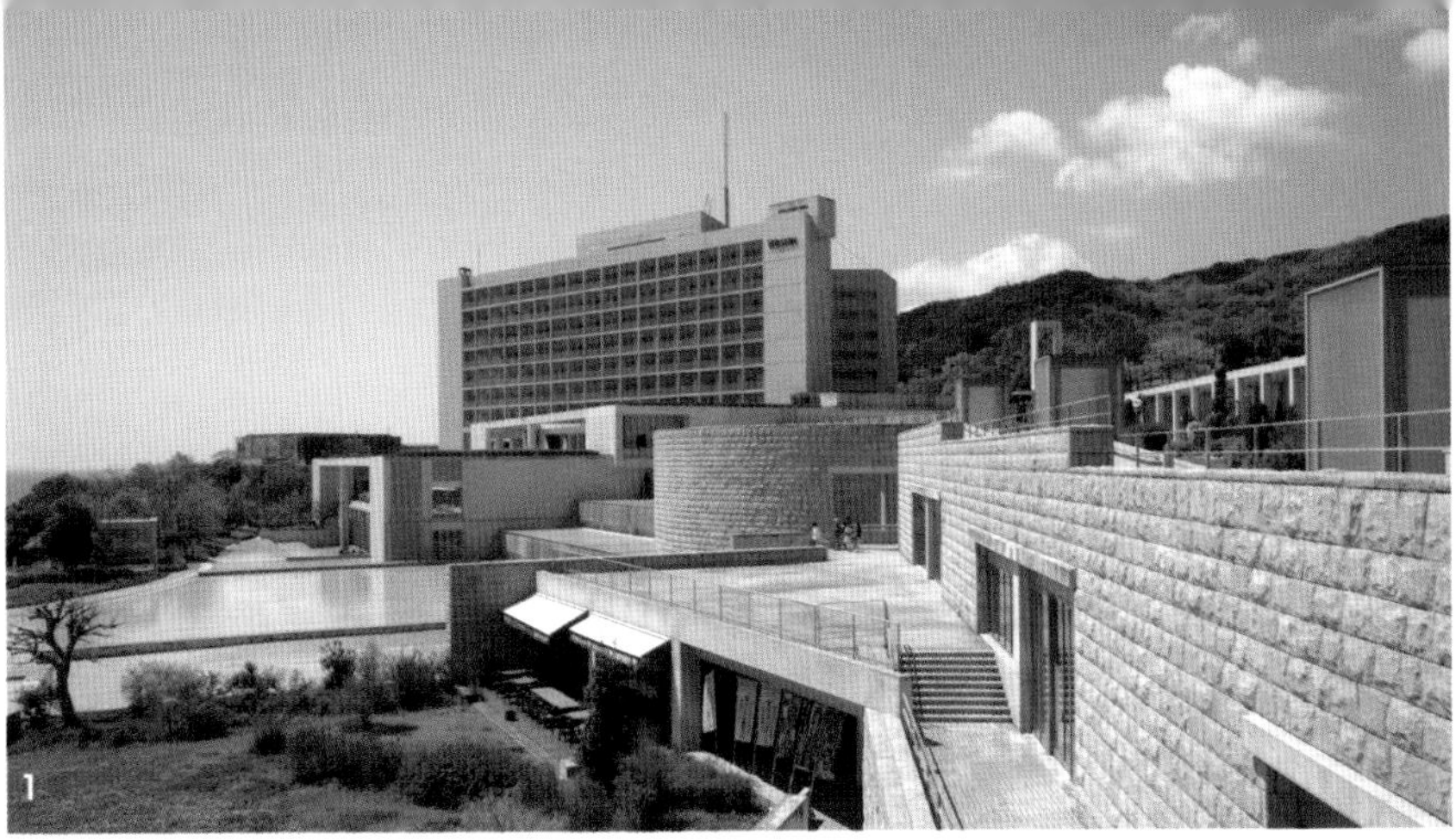
1

2

3

建築ジャーナリズムの問題

建築を書籍の中で正しく伝えるのは、極めて難しいことである。なによりもまず建築は立体空間であり、それを写真に撮って二次元の平面に矮小化した段階で、立体の特性は大半が失われる。ならば立体メガネでもかけて遠近感を得れば良いかと言えば、それでも建築空間に『包まれる』感覚は味わえない。

それにまた、時と共に日射が移ろいゆったりと表情を変える姿も、伝えることはできない。

さらに建築は、入口から奥へ・次の空間へ・吹抜を上がってと、人が時間と共に三次元的に動き回って感じる空間のストーリーの中にこそ、最も魅力的な展開をみせてくれるものである。これは空間の三次元に時間を加えた四次元に、さらに人間の三次元的動きを加えた七次元とも言い得る世界であり、その動きと拡がりは、とても二次元では表現できる訳がないのである。

それでは書籍という枠を超えて、半球形のスクリーンに包まれたりヘッドマウント・ディスプレイを被って立体の動画を見れば、建築空間の特質をフルに味わえるかというと、それでもまだ不完全だ。私はスーパーコンピュータ6台で駆動された上下左右前後の六面CGの部屋に入り、ジョイスティックで自在に移動できるシミュレーションを体験したことがあるが、それでも違和感は強かったし、実物の空間が味わわせてくれる空気感には程遠かった。場面にあわせて臭いが出る映画館さえあるらしいが、こうしたバーチャル化は、どこまで行っても限界は大きいことだろう。（映画「トータルリコール」のような、脳の中に直接イメージを結像させる技術ができれば別かもしれないが、、、）。

それでも建築ジャーナリズムは、情報を売らねばならない。また建築家も、自分の作品を最大限にアピールしなくてはならない。そのための媒体は、今だに書籍という形が主役である。これほどインターネットが発達したとはいえ、建築のサイトも殆どは書籍を模した写真と文章の構成にすぎない。そうした写真文化の中で、出版社の売上と建築家の営業という二重の思惑が生み出すのが、思わず目を引く《凄い》写真である。壁はうねり床は宙を舞い、ホントにこんなものが出来るのかとビックリさせれば、思わずページをめくる手が止まる。グラフィカルな平面パターンを纏ったファサード・目新しい材料・ありえなさそうな構造・奇異なディテール・コントラストの強い内装・鮮やかでダイナミックな光景が目を奪う。「もしかしたら、新しい建築の可能性がここにあるかもしれない」と思わせれば、本は売れるし建築家は注目を浴びるのである。そして、いつのまにか建築とは、アクロバチックで無茶と無理と奇抜さが評価基準となる突拍子もない建築家の遊びだ、と勘違いさせてしまう写真が、誌面を覆ってゆくのだ。「人間生活を包む静かな、しかし力強い背景となる」という建築の本来の目的をじっくり追い求めた作品は、渋い写真しか撮れず、掲載すらもおぼつかなくなる。こうした雑誌ばかり見て育った学生は、建築を見る目も歪んでしまうのではないか。そして写真写りの良い作品を作ろうとしだしたら、それこそ本末転倒というものだろう。

とはいえ逆に、建築ジャーナリズムとは刺激を受けるための道具にすぎない、と割り切ってしまえば話しは簡単になる。少なくとも、私にとって建築雑誌はそういう位置である。毎月掲載される数十もの作品をいちいち想像して追体験している暇はないが、ぱらぱらっと頁をめくって目を刺激してくれるものがあれば、それを契機にして自分の中に新しい着想が生まれてくるのが楽しいのだ。猿真似はしない。ある部分の解決に頭を悩ませているときに、誰かの全く異なる部分へのアイデアが思わぬヒントをくれたり、「こんなことができるのか、じゃこんなことも可能になるかもしれないぞ」と、意外な閃きを与えてくれたりするのが魅力なのである。情報はむしろ不完全な方が、観る者の想像の幅を拡げてくれて好都合である。

だがしかし、やはり若い人には、写真を見て空間を想い描く訓練をしてもらいたい。そのためには、先ず図面や写真を見てじっくり空間を想像してみる。その中を歩き回る自分をイメージする。その後に実際に出かけて空間を体感し、先程の想像とどう違うかを比較する。それを繰り返すことで、創作能力までもが磨かれるのである。なぜなら設計とは、自分の描いた図面が実際にどんな空間になるかを想像することだからだ。そうした中から建築雑誌は、空間の想像と新しい刺激という二重の喜びを与えてくれるようになるのである。

1、**空中露天風呂（伊浜の別荘**/1999、静岡県）
全体構成の中ではさほど大きな位置を占めていなかった空中露天風呂だったが、ひとたび雑誌に掲載されるや、結構な反響を呼びおこした。何誌もの表紙を飾ったし、今だにテレビの取材依頼も来る。「夕陽の露天風呂」というのは、日本人にとってイメージし易く、メディアとの馴染みが良いものなのだろう。　撮影：遠藤純

2、**空中露天風呂（ホワイト・モノリス**/2005、長崎県）
自分としてはガラスの浴槽というのは、空中に浮かんだ湯の塊の中に入って最高の浮遊感覚を味わおうという、かなりスムーズに出てきたアイデアだった。しかし、裸を見られてしまいませんかという反響ばかり。実際に入るとこの上ない開放感に幸せを感じられるのだが、やはり写真には限界が大きいのかとつくづく考えさせられた。

1

2

建築家と設計教育

まず第一に、優れた建築家は、同時に優れた批評家でもある。というのは設計の過程において建築家は、自ら引いた一本一本の線を、これは機能的・空間的・意匠的・構造的・設備的・法規的・コスト的に本当に妥当なのか否か・もっと良い解決はないかと多角的に批評し続け、修正し続けて最終的な設計完成に至るからである。そうした眼で見るから、他人の設計に対しても的確な批評ができるのだ。

だから優れた建築家はまた、優れた教育者でもある。事務所のスタッフが引く線の一本一本が妥当かどうかを批評し、妥当でないとしたら、どう指導すれば次から正しい判断基準を身につけることができるかを、常に悩み試行錯誤しているからである。しかしそれだけではない。施主や社会に対しても、よりよい建築・よりよい家族・よりよい社会とはいかにあるべきかを提案し説得するという点では、ある意味で啓蒙家であるともいえるだろう。

どの世界でも「第一線を退いて後進の指導にあたる」というのは良く聞く話だが、建築設計においては、第一線のトップランナーが最良の教育者となっている。これは、建築の世界がめまぐるしく進化し続けているからだ。建築を取り巻く技術は、材料も構造解析法もサスティナブル技術も、次から次へと新しくより優れたものが開発される。空間を捉える概念やデザインの手法もどんどん変化し、流行（ファッション）とすら呼びうるほどに大きく波打つ。そして社会そのものも急速に変化し、要求される空間自体も一昔前とは少なからず様変わりしているのである。学生もそうした動きには敏感だから、旧態依然とした設計を指導していてはそっぽを向かれてしまう。今この瞬間の技術と社会をふまえ、時代の最先端の空間を提案して社会を動かしている第一線の実務家でないと、次の世代の建築界を担う若者を育てることはできないのである。

こうした中から、プロフェッサーアーキテクトというカテゴリーが生まれてくる。大学は看板教授として有名建築家を招聘し、建築家は安定した地位と収入、そして人脈・名誉を獲得する。数多くの大プロジェクトを抱えながら研究の道も極め、一人一人の学生の設計も指導するというのは驚異的なエネルギーだ。しかしそのエネルギーこそが、学生にとっては一番の刺激となることだろう。

だが職業としての「大学教授」は、決して良いところばかりではない。自分の事務所を維持していくのもしんどい中で教職を得たのはいいが、入ってみたら大学というところは白い巨塔——非生産的な会議に忙殺され、引きこもり学生の面倒や愚にもつかない学内政治に翻弄され、気がついてみたら本来の研究や教育に回せる時間は1・2割、、、という話も良く耳に入ってくる。

そこへいくと非常勤講師として週に一度学生の設計を個別指導するのは、建築家としては悪くない。ボランティアと考えないとやっていられぬくらいしか給与はないが、日頃悩み抜いている事務所の仕事をすっかり離れて、経験の点でも知識の点でも圧倒的に優位な立場で学生に向かうのは、精神衛生上きわめてよろしいことである。学生の思わぬアイデアに刺激を受けることもあるし、20人の学生を担当すれば、20人のスタッフで20のプロジェクトを設計しているようなもので、結構わくわくできる。同学年を教える建築家同士で仲よくなって、情報交換も有意義だし、人には言えない共通の悩みで盛り上がる。

私もいくつかの大学で30年近く教えてきた。その中で強く想うのは、まずは学生には《考えることの楽しさ》を知ってほしいということである。難しい条件の中から素晴らしいアイデアを着想したときの「これだ！」という喜びと、それを膨らませてゆく過程での期待感、そして上手く課題として完成できたときの達成感を体で味わうことができれば、社会に出て難しい局面に遭遇しても、それを戦い抜く勇気が湧いてくるのである。

もうひとつは、建築を好きにさせることである。スライドショーや輪読や見学会で素晴らしい建築に接し、空間の持つ力に感動することができれば、意欲と大きな目標を持たせることができるだろう。

逆に気をつけねばならないのは、建築を嫌いにさせない事だ。どの大学でも最初は線の引き方やトレース課題・パースの描き方から始まるが、この難しく苦痛な作業で、多くの学生が建築を嫌いになる。勿論大学は一級建築士受験の予備校的な、職業訓練校的な一面も持つから仕方なくはあるが、作業のさせ過ぎは良くない。また楽しみながらできる工夫も不可欠だ。設計課題にしても、要求条件は学生の能力に合わせて難易度を変化させうる柔軟さが必要となろう。

こうして育った学生は、可愛い我が子のような存在になるし、建築家の社会貢献のひとつとなる。だからこそ我々は、忙しさを極めた中でさえも、教育に情熱を見いだすのである。

城北埼玉学園・近藤記念ホール

（2002、埼玉県）

正門前という校内で最も目立つ場所に建つ多目的ホール。感受性の豊かな中学・高校時代に、建築設計というもののもつ大いなる力を心に刻んでほしいと願って、外観にダイナミックな造形を与えた。　（撮影：黒住直臣）

設計のコモディティ化

技術の進歩はすさまじい。特にここ20~30年の動きは目を見張るほどである。例えばコンピュータ。１９８０年代に私がはじめて手にしたPC98は、確か８MHzというクロック周波数だった。それが30年もしないうちに３GHz超にまでスピードアップしたのである。なんと四百倍――ICの集積度は18ヶ月ごとに倍になるというムーアの法則が何の疑問もなく信じられ、未来は無限の彼方まで拡がっているように思われていた。

ところが、である。３GHzというスピードは、もはや一般人にはオーバースペックな域にまでに達していたのだった。また時を同じくして、様々な技術的要因からこの進歩はストップしてしまう。おまけにソフトウェアも、必要とされる機能・思いつく限りの便利なオマケも全て網羅してしまい、ハードもソフトも行き着くところまで行き着いてしまったのである。

テレビはもっと極端だ。高精細や大画面化を競って必死に技術革新を重ねた結果、どの会社の製品も独自性はごく僅かになった。今や液晶パネルとチューナーと電源装置という部品さえ仕入れてくれれば、誰でも十分な性能のテレビ・メーカーとなれる時代になったのだ。

こうした状態をコモディティ化という。全体として質は高いレベルに達するが、誰でも同じようなレベルのものが作れるようになると、価格やブランドイメージ、あるいは買い易さくらいでしか差別化出来なくなってしまう。最先端で輝いていたものが、今や小豆やトウモロコシのような均質な商品相場（コモディティ）上のものと化したのである。

こんな知られた話を長々と書いたのも、わが建築設計の世界にも似たような動きが見られるようになって来たからだ。もはや優れた建築作品はネットに溢れ、それらの断片をコピペして寄せ集めれば、新卒の若者でも一寸見にはかっこいい設計は出来てしまう。さらに工務店も技術力を高め均質化してきたから、住宅レベルならヒヨッコ建築家の単線図面からでも、なんとか住めるものを作ってくれるようになった。中国や東南アジア建築家の能力向上も驚くほどである。

なお、弁護士の世界も厳しくなるらしい。AI（人工知能）化で過去事例の検索は瞬時に可能となり、交渉の落としどころもデータが溢れているから、多くの場合もう弁護士の「先生」は必要なくなるという。生き残れるのは安い顧問料で親切に悩みを聞いてくれる身近な弁護士か、特殊でややこしい大事件を扱う大先生くらいのものかという話さえあるほどだ。

同じように考えると、住宅なら余程特殊な敷地やプログラム・趣向でない限りは、きっとハウスメーカーが今よりもっと上手いAIシステムを構築するだろう。そしてより多くの人々に、そこそこの満足を与える設計をまとめられるようになるに違いない。

そこで建築家はどうするか？ 設計料のダンピングという話は聞かないが、まずは町の建築家となる方向があるのだろう。地域に密着し、家族や生活や暮らしの悩みを親身に聞き、それを反映した住宅や店舗をこつこつと作って喜んでもらうのは意義あることである。あるいはそれを拡大してネットで集客し、親切住宅を数で稼ぐ設計事務所というのもありえよう。またはメディアやサイト戦略を練り、自らをブランディングしてカリスマ建築家という虚像で売っていく方向もある。

しかし建築家には、意欲に燃えた職人気質が多い。もっともっと人がいきいき出来る空間を創りたい・惚れ惚れするほど美しい建築をそびえ建たせたい・これまで見たこともないような新しい建築の可能性を切拓きたい——一般的レベルでは技術的にもデザイン的にも行き着くところまで来てしまったかのように見える建築設計の限界を打破しようと、皆もがいている。

ここでまたテレビに戻ると、なんとか行き詰まりを打破しようとひねり出されたのが4Kとか8Kと言う超高精細画像だ。だがそれは従前の志向の延長上にしかなくて、いかにも日本的だが、ビジョンに欠けぞっとしない。自動車の世界では、燃費競争からバトンタッチして自動運転というのが新しい救世主とあがめられだした。数年後にはハンドルもブレーキもない完全自動運転車を量産すると各社が宣言するのには驚くが、EV化も含め確かに時代を変える大きな可能性はある。

建築に振り返ると、省エネ・サスティナビリティ化にも似たような悲願が感じられる。地球温暖化に乗っかれば一儲けできるぞと、皆がこぞって参入したのは記憶に新しい。しかし木材の大規模な使用や一部のオフィスビルに新しいデザインの方向性を与えた以外は、何ら発見的な形態や構成・空間を生み出すには至らなかった。逆に、断熱材や高効率設備機器・省エネ計算の強要等々という制約としての影響の方が大きいようにさえ感じられてしまうところである。

「マーケティング」と称して一般人の希望を聞いても始まらない。故スティーブ・ジョブズは言う。「人は大抵、自分が何を望んでいるのか、目の前に差し出されるまで分からないものだ。」本当に人が望んでいるもの・新しい時代を切拓ける概念、それはジョブズのように考えに考え抜き、全てにこだわり抜いた末にしか見えてこないものかもしれない。それは36ページにも書いたような新しい【ヴィジョン】と呼ぶことが出来るだろう。そのためには、できうる限り既存の考え方・設計手法を棄てて、ゼロから人間生活を考え直すしかないのではないか──そこにこそコモディティ化の下での、建築家の生き方の真髄がありそうだ。

キアオラ・リゾート　コテッジ11の専用ビーチ
（設計者不明、ランギロア島／タヒチ）
2011年に28億円かけて大改装されたリゾートホテル。費用をかけすぎたのが災いして星野リゾートに泣きついたとの噂だが、かけすぎただけあって建築は良く出来ている。決して豪華さを目指してはいないし、バリ島などにはもっと面白いホテルが山ほどあるが、ここはリラックスするのに全く完璧で、十二分に極楽を味わえる。いつもリゾートに滞在していると「良いけれど、こうすればもっと良くなるだろう」と新しいアイデアが湧いてくるものだが、今回の滞在ではそれが少なくなってしまった。リゾート設計も行き着くところまで到達してしまったのだろうか、、、それを乗り越えるにはただ一つ、新たなヴィジョンを築き上げることしかないだろう。

建築との出会い

「どうだ弘之、これは俺が十年前に塗った壁だ。」――しかし祖父が指さす先にはただ平らな土壁が広がっているだけで、小学生にもならない私には、何が良いのかまるで分かるべくもなかった。ただ、祖父の誇らしげな顔だけがくっきりと脳裏に焼き付いた。

昭和30年代の世田谷は、まだ小さな畑や森もここそこに残る静かな郊外住宅地だった。父は入り婿で、私はよく母方の祖父の自転車に乗せてもらって、色々なところへ連れて行かれたものだった。とはいえ連れて行かれるのは、決まって左官の頭領だった自分の作品がある家ばかり。遠くに行けるのは嬉しかったけれど、土壁を見させられても面白いはずはない。しかし子供心ながらに、自分の分身のような作品があちこちにいつまでも残っているのは凄いなあと、祖父を眩しく見上げたのは、今でもはっきり頭に残っている。

他方、父方の祖父は大工の棟梁だった。中学2年生の時に実家を建て替えることになり、私は大衆向けの住宅雑誌をしこたま買い込んでは、設計のまねごとをするようになった。といっても方眼紙に6畳や10畳の四角を描いては上手い纏まりを探すという全くのパズル遊びにすぎなかったが、展開図のようなものまで描いた記憶はある。工事が始まると、建て方の時にはあっという間に大きな全体形が出来てゆくさまに度肝を抜かれたし、祖父がいともたやすく太い材木を切り、信じられない精度でぴったりと組みあげてゆくのを見るのが面白くて、学校が終わると現場に通うのが日課となった。完成した家に引越した日などは、もう夢でも見ているかと思えるほどに嬉しかったのが、昨日のことのように想い出される。

こうした体験からか、大学では何のためらいもなく建築学科に進んだし、悩み多くはあっても設計製図は楽しくて仕方なかった。いつの日か自分の設計した建築が立上がったらどんなに素晴らしいだろう、そして日本中に分身がたくさん出来たら親や子供に見せてやるんだと、祖父の顔を思い浮かべながら製図板に向かっていた。

大学院に進むと、オイルショックの影響をもろに被って凄まじい就職難となったが、当時友人と始めた学習塾が大当たりしたのもあって、何処かに勤めることなど考える気もしなくなっていた。そんな中で、同級生とは「みんなで設計事務所を始めよう♪」と、まるで当てもなく幾度も夢を話していたものである。しかしある時、当時研究室の助手をしていた富永譲氏にこの話を聞かれてしまう。「もしそういう気があるなら、事務所の名前を決めて名刺くらい作っておかないと、仕事が来ても取れないぞ」という言葉にそそのかされるようにして出来たのが《設計組織アモルフ》を言う名前である。実際の仕事がそう簡単に来るはずはないとは思いつつも、名前が決まると不思議に気持ちに張りがでて、必死に仕事を探し回った。このとき、未来に不安はなかった。

こうして数ヶ月後、いくつか話が流れたあとで、仲間が現実の話を持ってきたのである。「将来大先生になってしまう人達が一丸となって設計してくれるなら、こんな名誉なことはない」との言葉に有頂天になって、基本設計はなんとか完成した。ところがどこにも勤めたことのない若造には、実施設計や申請の世界は全く分からないことだらけの真っ暗闇である。恥も遠慮もなく指導教官やツテを辿って何人もの建築家に教えを請うた。特に安藤忠雄氏には大変お世話になった。そうして図面や申請書の書き方を教わる中から、建築に対するもっと重要なことを様々に学んでいったのである。建築とは小さなミスも大きなトラブルになりうる非常に厳しい世界であること、デザインも施主の意向もコストもディテールも構造も設備も法規も近隣の迷惑をも考え合わせ、全てを完璧なバランスで組上げていく必要があること、、、しかしこうした難しさと同時に、実現したときには天にも昇らんばかりの達成感を得られる、信じられないくらい素晴らしい世界でもあることもまた、体で感じさせてくれたのだった。

いまスタッフや学生達、また若い読者の方々に、自分が両祖父から感じた素晴らしさと、様々に教えを請うた人々から教わった真摯な態度、そして自分で一から組み立ててきた建築観、更には竣工時の天にも昇る達成感を、なんとか上手く伝えたいものだと思う。細かい設計の技術よりも、その方が将来ずっと若い人たちを勇気づけられるはずだと信じているから。

代官山ヒルサイドテラスＣ棟

（設計：槇文彦、1973、東京都）

建築との出会いという点で、もうひとつ忘れられないのが、建築学科に進んで最初に見学に訪れたこの中庭である。歩道からごく自然に引き込まれて４段上がると、いつも突然、意外なほどの高揚感に包まれてしまう。純白とオレンジの床タイルはきらきらと目映く華やかで、空の青さが一気に心を開かせてくれる。暖かく包まれつつも伸びやかな拡がりを感じるのは、心地よいスケール感からか。建築とはこんなにも素晴らしいものかという驚きが、私の進路への想いを一層強いものにしてくれたのだった。

「日傘の女性」

美術評論家の山田五郎が日本各地の美術館や名建築を廻って、平易な言葉で見どころを解説する「ぶらぶら美術・博物館」というテレビ番組がある。先日はその10周年記念として、この10年で最も印象に残った作品は、モネの『散歩、日傘をさす女性』だったと、熱く語っていた。

（この作品は）２０１１年国立新美術館で行われたワシントン・ナショナルギャラリー展で見たものですが、意外に私は印象派が好きなんですよ。

これ１８７５年に描いてるんです。モネがまだ30代だけれどまだ全然売れなくて、パリは家賃が高いから近郊のアルジャントゥイユってところに住んで、それでお金ないんだけど結婚もして子供も生まれて、仲間たちとその前の年に印象派展を立ち上げて、大して売れなかったりしたんだけれども、一番やる気に満ちて幸せだった頃の作品なんです。

で、その後モネは売れ始めるんだけれど、その直前にこの奥さんは次の子を産んだ直後に亡くなっちゃうわけですよ。

そのあとパトロンの奥さんが６人連れ子を連れて転がり込んできます。で、その連れ子の女の子をモデルにまたもう一回同じ構図でこれを描くんですが、でももうその時に顔は描けなかったんです。その後モネは人物を描かなくなって、積み藁やら睡蓮ばっかり描くようになって、これは多分モネの一番幸せだった時の思い出だと思うんですよ。こんなこと私は若い頃わかりませんでした。この歳になってわかるんで、これ多分、人間このへんが一番幸せなんですよ。売れる前、売れてやろうと思っている時で、子供がちっちゃくて、大して金がない時、この辺が一番幸せだってことがすごくよくわかってきて、、、それもなんか「どやワシいま幸せやねん」ていうことじゃないんです。むしろ俺こいつらにもっと良いもん食わしてやりたいな、と思いながら描いてるんですよ。その時は切ない思いで描いてんですよ多分。だけど結果それが一番幸せだった。そういう絵なんだと思ってね。私も平気でこういうことが言えるようになりましたよ。枯れたね、、、

山田五郎はこのとき61歳、「枯れる」にはまだ早いが、評論家として多くのアーティスト人生の酸いも甘いも見てきた末に、若くて意欲に燃えている頃の、苦しいが充実した日々の幸せこそが、この10年間で最も印象に残ったというのである。それは意外なほどにインパクトある話だった。

私も六十代、これまでは目前の仕事をどうしたらもっと良くできるかばかり考え、過去を振り返る余裕などあまりなかった。だがこうして山田五郎の言葉を聞くと、そういえば若く燃えていた頃はなんと生き生きしていたことかと、駆け出しのころを想い出す気になってくる。甘酸っぱい感傷と笑われるかもしれないけれど、輝きに満ちた「青春」の初心が眩しく蘇る。

学生時代から事務所を開いたころ迄のことは、前項の「建築との出会い」に少し書いたが、設計組織アモルフという事務所を開いてからも、ずっと無我夢中の日々だった。どこにも務めた経験なく大学院の同級生同士で独立するなどという無謀な若造が、幸い現実の仕事にも巡り会えてメディアからも注目を浴びだした１９８０年代前半――まだ設計で生計を立てるには程遠かったし、数年後にバブルが膨らんで建築界が大好況になるなど想像だにできなかったけれど、夢と

希望に溢れて徹夜も遠回りも空振りも苦にならず、事務所は熱気に溢れて、ただひたすらに建築と格闘していた。

その中でも、格別熱く燃えたのは、自宅の設計だった。29歳で結婚してすぐに、実家の庭先に建てようと無茶な野望を抱き始める。金はないから公庫や銀行や親から借りまくろう、だが返済は？ 設計事務所の給料では、喰っていくのさえままならない。散々悩んだ末、一部をアパートにすることにした。試算してみると、幸い世田谷だと三分の一を貸せば家賃がローン返済とトントンになりそうだ。1階は基壇のようなものだと思ってそこを貸せば、上階の自宅部分は形も自由だ！

そうなるとますます夢は膨らんでゆく。建築家として一生住む家なんだから、あれもやりたいこれもやりたい――画期的なコンセプトをぶち上げよう・打放しで大きな吹抜が欲しい・その床は光溢れる白大理石だ・屋根はヴォールト・シャワーはイタリア製・間接照明とトップライトで豊かな広がりを、などと夢想していると際限がない。設計はどんどんグチャグチャになってゆく。

だがある時ハタと考え直す。強さが一番だ、そのために一つだけを求めよう。それはキューブの求心性と、そこから剥がれてふくれ出る皮膜の膨張性の対比だ！

こうして完成した自邸に三十年以上住み続けている。幸い収納物が想定以上に増えた以外は全く飽きず快適に過ごしているが、モネの話を聞いて、久しぶりにあの若き日々が蘇ってきた。あの頃は我武者羅だった。その後も格闘は続いてきたし、今でも建築への熱意は変わらないが、ややもすると手慣れた手法でまとめてしまえと悪魔の声が囁くことがある。だがそんな安易なことでは心の底からわくわくできないから、次々に行く手を遮る壁を乗り越える勇気が湧いてくるはずがない。そういう時には初心に返れば、若い熱意とハングリーさが蘇って新しい挑戦の意欲が湧き、この勇気を増強させられるだろう。たまにはモネでも眺めて気分をリフレッシュし、自分を鼓舞するのも良さそうだ。

1

1、**クロード・モネ**
『散歩、日傘の女性』1875 年
（この画像は、ワシントン・ナショナルギャラリーの公式サイトから、パブリック・ドメイン画像としてダウンロードしたものです）
暖かな日差しのなか、見上げると妻と子供が穏やかに歩いている。腰のあたりの布が陽光を受けてきらきらと輝き、幸せな日々の煌めきを眩しいほどに感じさせる。手前に落ちる影は「もっと良いもん食わしてやりたいな」との切ない想いを漂わせるかのようだ。モネは後年この自作を振り返って、若い頃をどう想い返したことだろうか。

2

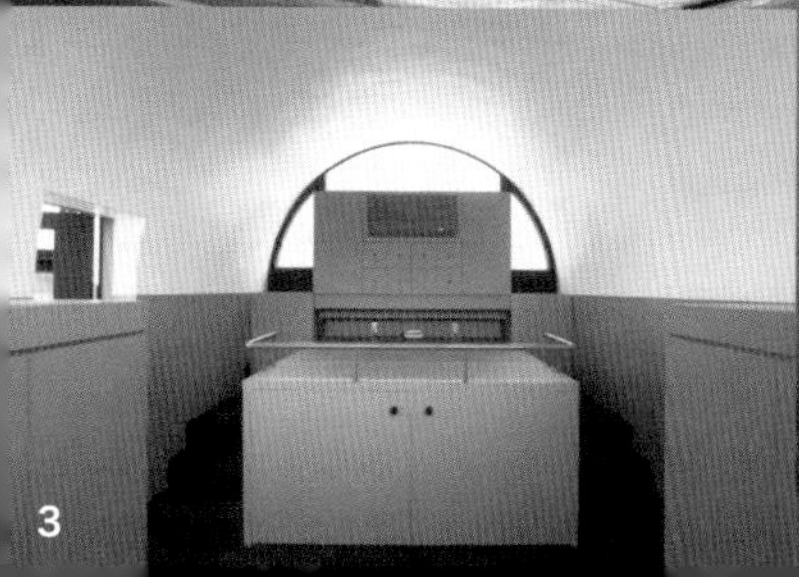

3

4

2、3、4、**三宿の住宅**
（1986、東京都）

我武者羅な熱意の結晶として生まれた拙宅は、壁を撫でつつ設計当時を振り返ることで初心に返らせてくれる。

建築家の発想は多種多様、建築雑誌に次から次へと尽きることなく新しいアイデアが羅列される様には、半ば呆れるほどである。逆に私自身も、良くまあこんなこと考えつきますね、と言われることも多い。本人としては決して奇を衒《てら》っているわけではなく、大真面目に悩み抜いた結果なのだが、ゼロから考え直した末にまったく違う解決に至るのは、かなりの達成感があって、これが建築の醍醐味かとも思えてくる。

発想の源泉

発想は大抵の場合、問題解決からスタートする。設計はいつも難しい。複雑なプログラム・不整形な敷地・ややこしい要求・少ない予算・厳しい法規制――それらがさらに絡まり合って、最初は途方に暮れてしまう。しかし縺《もつ》れた糸玉もふとした角度から糸口が見つかるように、ある角度からの見方に固執せず、できるだけ異なった方向から見ようと意識することで、難しい条件も、逆に新しい発想への素晴らしい糸口となりうるのである。

最も基本的なのは、土地からの刺激だ。素晴らしい眺めや見事な緑・美しい起伏は、これをどう活かそうかと考えるだけでわくわくする。逆に不整形だったり日当たりも悪く隣の建物の圧迫感が酷いなどというときには、それをどう克服するかが良い取っ掛かりになる。日本の敷地は皆狭く、それと格闘しているうちに、私もいつしか《広く明るく伸びやかに》というテーマのもとに、さまざまなアイデアを展開させるようになってきた。

土地と同じく、プログラムも良い刺激となってくれる。展望ラウンジとか空中庭園・大吹抜といった面白い機能や空間が必要とされればやはり楽しいいし、逆に、解決策がどうにも見つかりそうもない難問には、熱く燃えることができる。上手く解けたときの快感が頭に浮かぶからだ。

異なる用途のスペースを上手く組み合わせて美しい全体を目指すのは、パズルを解くのに似ている。ただお仕着せのパズルと違うのは、ルールを自らが設定するという点だ。どうしても解けずに行き詰まったときには、無意識のうちにもどこかにつまらないルールを決めつけていることが多い。《Aという機能にはBが隣接していなければならない》《C室もD室も南面させねばならない》といった実は優先度の低いルールを外したとたん、一挙に全体が纏まる。無意識に自らの首を絞めている拘束を見つけ出すことこそが、設計では最も重要なことのひとつなのである。

最近では、材料や新しい構造の考え方、新構法なども想像力を刺激するよいネタになる。さまざまな材料のルーバー・ベニヤの帯を編んだ板・ステンレスの裏面・土のブロック・アスロックの断面――ふとしたことで接した材料の面白さや意外な思いつきも、自分をわくわくさせるにはもってこいだ。新しい構造解析プログラムや新工法の話を聞けば、未知なる可能性も閃めいてくる。

他人のアイデア・先人の知恵というのもまた、相当な刺激を与えてくれる。ただし、困っているときに誰かが上手く解いたアイデアを猿真似する、という安易な解決ではない。雑誌を見て、ああ、なるほど上手いな、そうか、でもこうやればもっと良いんじゃないか、否オレだったらもっとこうするな、これをあそこに応用すればこんな可能性も広がるんじゃないか――だから我々は忙しい中でも雑誌を見て、旅して名建築を堪能するのである。

しかしながら、外界からの刺激をもとに発想し創作するのには限界がある。本当の発想とは、その場の諸条件を目にする以前の段階で自らの内に築き上げたものが、現実に触れた結果として出てくるべきではないかと思う。建築とは・社会とは・人間生活とはこうあるべきだと大袈裟に【テツガク】するのもいいし、行為や生活や空間について無意識のうちに漠然とした、しかし強いイメージを抱くのでもいい。それらが現実の諸条件のもとでさまざまな形で現れて来るのが、真に力強い建築を生むのではないか。発想貧困なパソコンメーカーがいくら小手先で頑張っても使い物にならなかった十数年前のスレート・パソコンも、スティーブ・ジョブズはマーケティングを無視し、人とコンピュータとの関係はどうあるべきかとずっと温め続けていた思想を盛り込んだ結果として、iPad の大ヒットを生んだに違いない。

最後にひとつ、「発想」についての大事なポイントに触れておきたい。それは発想の強化という点である。血のにじむような思いのもと、手塩にかけて練り上げたアイデアであっても、現実に上手く適合するとは限らず、施主に認められないこともある。その悔しさ！いつか実現させてやろうという想いは日に日に強まり、暖めているうちにアイデアはさらに熟成される。そしてついに実現の場を与えられたとき、最初にすんなりと出来上がってしまうのよりも遥かに力強い形で、その発想は生を得るのだ。安藤忠雄が臆面もなく『連戦連敗』（※1）と語るのも、コンペに負けることこそが、逆に発想をより強化するという真実をよく分かってのことだろう。

鮮やかな発想は、本当に見事だ。しかしその裏には、こんな苦闘が秘められているのである。

※1、『連戦連敗』
（安藤忠雄著
東京大学出版会２０１１）

『スパニッシュ・ブリーズ』
(2012、神奈川県)
1、 エントランス前室
2、 エントランスホール
「自宅の二軒隣に別荘を作ってくれ」というのが、施主からの要望だった。びっくりするようなプログラム、だが結果的にはそれがよい刺激となった。数十秒で着ける中で、別荘へ行くという気分の切り替えを最初のテーマとしたのである。

一度、まずは暗くて細長い通路を通す──その不安感、しかし次の瞬間には一気に5層吹抜の目映いグランドエントランスに身を投げ出される──それが短い距離にもかかわらず、それまでの日常生活の憂さを断ち切って別世界へと至る儀式とならないか、と考えたのである。

3、 屋上
同作品の屋上から海を遠望する。初めはスペイン風に作って欲しいといわれ腰が引けたが、確かにこのくらいテイストを変えないと、二軒隣からは違う世界だと感じられないだろう。

外部空間の設計

建築は、重層した複合体である。まずは素材が複合されて大きな《面》ができる。面は、壁や床・天井という意味を与えられて何枚かが組み合わされ、一つの空間を囲い込む。空間は、機能や構成原理の下にいくつかが配列されて建築となる。建築は、必然的にその周囲に外部空間をつくる。この建築と外部空間が複数集合して、都市空間ができるのである。建築家はその全てのレベルで、部品のあり方・複合のシステム・複合された全体形のあり方、という三つのポイントを考えねばならない。どのレベルのどのポイントをないがしろにしても、建築は不完全なものにしかならない。

しかし日本の街を歩いていると、予算も心の余裕もないためか、ただ内部空間の充実まで考えるだけで精一杯の建物が殆どであることに気が沈む。空間の集合体たる建築は、その「全体形のあり方」としての《外観》などお構いなしに、ただ内部構成の結果としての姿を晒すのみだ。それが作る外部空間も、建物の建っていない残りの場所・敷地の残余でしかない。

これは全く勿体ない。外観はさておいても外部空間は、上手くアイデアを込めれば素晴らしい豊かさを与えてくれるのに、坪何十万・何百万円という土地が、建蔽率制限のためだけに捨てられているということだ。土地は目一杯有効に使わなくてはならない。

芦原義信教授が『外部空間の構成』を上梓したのは、１９６２年のことだった。現在でさえ後回しにされてしまいがちな外部空間に、今から60年以上も前から着目して緻密に研究を進め、駒沢オリンピック公園やソニービルを初めとする実作で見事にその有効性を実証してきたことは、驚嘆に値する。

私も学生時代に芦原研究室の大学院生としてその素晴らしい先見性には目を見張っていたが、しかし豊かな可能性を実感したのは、自分で実際に設計活動に入ってからだった。最初のきっかけは、別荘の設計である。旧軽井沢の千坪の敷地にしばらくたたずんで、どうやったらこの森の爽快さを最大限に味わえる部屋を作れるかと思い悩んだ末、辿り着いたのは、無理に室内に閉じこもらなくたって良いじゃないか、という結論だったのである。そう思えたとたんに筆は進み、骨格は一気に纏まった。完成した作品は、新建築住宅特集の吉岡賞をいただくことになる。審査員評に「普通、建築は内部にいい空間があるということをいう訳ですが、ここでは外の空間がいい空間になっています。」と書かれたのには、大いに励まされた。また同時に、自分が芦原研究室の血を受け継いでいることに誇りを持ったのだった。

こうして外部空間に注目し出すと、そこに次々と可能性が見えてくるのが面白くなる。内部空間は機能的にも構造・設備的にも制約が多く、展開のバリエーションも限られてくるが、外部空間は相当に自由だ。雨の日は使えないが、空調も機密性も無関係、法規は緩いしパーゴラや小屋根程度なら柱も細い。天井は無限大の吹抜だし、風も空も緑も陽光もぐっと身近で、自然と濃密にまた多様に接触できる。室内では厳しいが外部なら水盤も作れるし、バーベキュー炉も耐火レンガを積んで簡単だ。基本的には床と塀や手摺・植栽程度だから、コストも内部空間の何分の一かですむ。

加えて外部空間は、建築の内部を利するものともなる。内外の一体化を目指したデザインで、内部空間に実際以上の拡がり感を与えることが可能になるのである。具体的には、内外で床の材料を揃え段差を極力小さくしサッシュのディテールを工夫して、内部の床が外にずっと伸びていくように見せるという手法である。天井と軒天・内外の壁でも同様のことは可能だし、数段のステップや手摺り等といった目につきやすい特徴的な要素で内外を貫くことによっても、目が外に導かれてゆく。また外にベンチやテーブルを造り付けてあるのが見えれば、中で縮こもっている人を外に引きずり出すこともできるだろう。

こうした可能性を頭に置くと、私の場合設計は、魅力的な外部空間を建築でどう囲い込むか、といういささか逆説的な意識からスタートすることも、実は多い。特に魅力的な自然のある別荘・リゾートや、逆に猫の額でもいいから庭がほしいといった狭小地の住宅である。そこから普通とは逆に、建築の外形↓各空間の構成↓面のあり方↓素材へと思考が展開することも多いのだ。それが部分からの発想と止揚して、複合体の重層はより高い完成度を目指すのである。

1、**軽井沢の別荘**
（1987、長野県）
1000 坪は、最初は広大だと思っていても、いかに魅力的な外部を作ってそれを幾何学的に構成しようかと考えていくと、もう少し広いともっと良いんだがと贅沢を言いたくなってくるものである。（『新建築』誌　第４回吉岡賞受賞）

2、**「南へ北へ、そして上への伸びやかさ」**（2011、神奈川県）
敷地は頂点が真南を向く直角三角形。その頂点付近に残された８坪の土地は、普通は木の 2.3 本でも植えてちっぽけな庭にするのだろうが、ここではベンチとバーベキュー炉・パーゴラを設けて「外の部屋」とし、内外で床を連続させて内部の拡がり感を高めようと、積極的に利用した。

3、**アリラ・ヴィラズ・ウルワツ**
（設計：WOHA Design、2009
バリ島 / インドネシア）
視覚的に床を内外で連続させようと、サッシュレスでガラスを溝にコーキング止のみとする嵌殺窓の納まりは私もよく使うが、ここでは写真の右半分・青線部分が引戸なのである。ガラスが吊られているのは分かるが、引戸の下框がなくてガラスだけが下に伸び、赤矢印で示した数ミリの溝の中をスライドするのだ！その結果の内外の連続感は、見事というほかない。

1

2

3

第三の道

建築の設計は難しい。解決しなければならない問題が多すぎる。施主からの要求だけでも多岐にわたるし、法規も構造も設備もディテールも材料も、それぞれに悩ましい検討項目が山積し、更には自分で課したテーマが首を絞める。

だから「設計とは優先順位を付けることに他ならない」と言われるのである。たしかに膨大な問題を全て綺麗に解決することは不可能に近いし、仮に出来たとしても今度はコストというもう一つの難問にぶち当たってしまうから、大事なことから優先させざるを得なくなる。100％を追い求めて結局着工できなかったら0％なのだから、80％でも好しとせざるを得ないと一般的には考えられているのだ。

だが実は「この設計の場合には何が最も重要か」と悩むことは、とても意義深い。何を重視して何をさておくか、深く洞察してひとつひとつ判断する。それが設計だ。設計とは判断の連続なのである。それは最初の段階から【意識して】取組むべきことだ。煮詰まったら一息ついて、少し離れたところから他人事のように客観視してみる。逆に、こうして問題点の優先順位がはっきりしてくれれば、設計もかなり進んだことになる。そしてここぞという所を狙って、コンセプトを組み立て直すことが可能になるのである。

とはいえ、優先順位の高い問題同士がコンフリクトを起こすこともある。矛盾はしているがどうしても両立させねばならない、どちらも棄てられない——二者択一という訳にいかないのは苦しい局面だ。けれどそれはチャンスなのである。最後まですんなりと出来てしまえば仕事としては楽だが、発見的な作品にはなりにくい。苦しんで解決する中からこそ、新しい展開、すなわち第三の道は拓けてくる。

例えば、良くあるのはサイズとコストの問題だ。広いスペースがほしいがカネはない。コストがないから狭くていいでしょうとか、広い空間がほしいならもっと予算を増やして下さいとは、口が裂けても言えない。そんなことを言ったら即クビだ。このどちらでもない道を探す——即ち第三の道を探すことこそが、設計の醍醐味なのである。少ないコストでいかに広く作るか、と考えれば工法や材料のアイデアに至るかもしれない。あるいはいかに広く「感じられるか」と解釈すれば、内外を一体化して空間が外にまで拡がるように感じさせるとか、他の空間との連続感を模索するとか、材料や照明や鏡などという所にも方策は拡がりうる。決して中途半端な妥協ではなく、対立する二つの問題を別の視点から止揚させることが、新しい一歩を生むのである。

建具の工夫というのも、この第三の道の好例だろう。二つのスペースを繋げたいが、分けたい時もあるという相反する願望を、建具は両立させられるからだ。そのつなげ方・分け方を細かく吟味していく先に、面白い発想が待ち受けている。あるいは、例えば予備室がほしいがそんな予算も容積もないというときに、諦めましょうとか他の部屋を削りましょうというのではなく、必要な時だけ建具で仕切ってスペースを作る、というのも建具による第三の道だろう。分かりやすくするためにシンプルな例えを書いたが、こういう類の所にこそ建築家の腕の見せ所はある。

考えれば考えるほど、悩めば悩むほど良くなるのである。両立なんて無理さと干渉する片方をあっさりと切り捨ててしまったり、あるいは「こんなもんだろう」とそこそこの妥協案で見切り発車してしまえば、その後の進歩はない。それは考えるのを諦めたということだ。ある社長さんに、大成功の秘訣は何ですかと聞いたことがある。「それは絶対に諦めないことです」というのが答えだった。「諦めたらそこで終わりですが、諦めなければ、いつの日かきっと夢は叶います」と。もっと良くしよう、もっと上手く両立させようと倦まず弛まず悩み続けていれば、いつか必ず新しい地平は開ける。同じ方向からばかり考えていては堂々めぐりだし胃が痛くなるだけだから、出来るだけ多角的に考えることだ。そのためにはリラックスしていなければならない。私は旅行帰りの機内でアイデアが浮かぶと前にも書いたが、それも一時悩みを放り投げた後に、突然違う視点からの第三の道が見えてくるからだろう。若い頃は、本当に解決できるんだろうかと不安になることも多かったが、ある程度経験を積んだ後は、「頑張ればきっと良い解法が見つかるはずだ」という自信のようなものが沸いてくる。問題点同士が干渉するのは悩むための良い契機だ、と思えるようになる。難問に突き当たる度に「これはチャンスだ」と思うのはマゾヒスティックですらあるが、それまでもを愉しんでしまおうという楽天的な境地に至ることが出来れば、建築家としては一人前ということになるのかもしれない。

上下枠 断面図

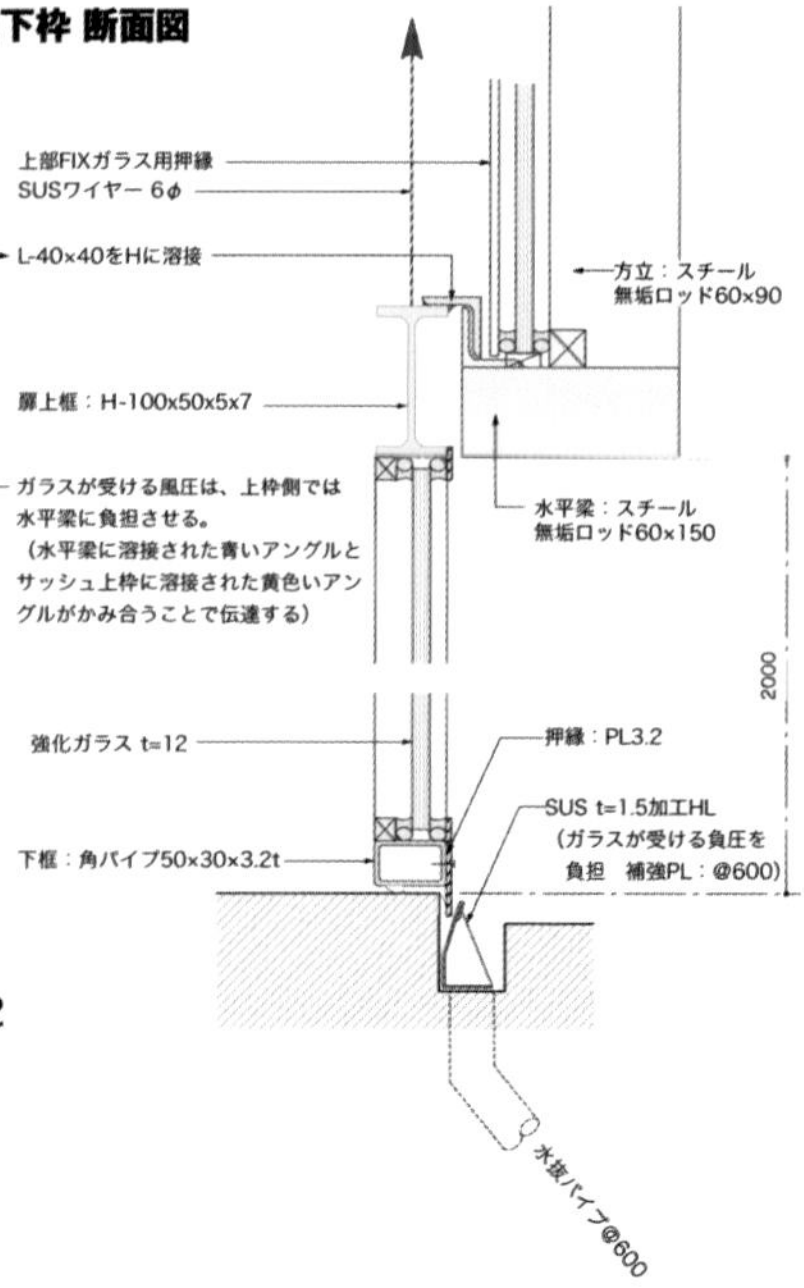

2

1、**ヴィラ海光町**

（2016、静岡県　撮影：仲佐 猛）

2、同上　断面詳細図

絶景に向かっては、折戸や引戸をパタパタ大きく開けて外の空気を精一杯入れたくなるが、そうすると閉めたときに方立がたくさん並んで目障りだ。閉めているときが多いなら、大きな FIX ガラスで遮るものなく見せた方がいいのか、けれどいくら大ガラスとはいえ開け放せないというのは息苦しく鬱陶しいなと、いつも悩むものである。

この計画では、この方立の林立か大 FIX かのどちらでもなく、第三の道として、大きく開くのにもかかわらず、閉めた時にも方立のない大ガラス窓を模索した。

扉内のガラスは突き付けとし、マリオン代わりに強化ガラス 12 ミリの半分の 6 φの SUS 丸鋼を、突付コーキングの中に埋込んで隠している。これで閉めているときでも眺めは邪魔されない。

扉の質量は 500kg を超えるので電動で上下させることにしたが、この機構はクレームを怖がってなかなか施工してくれるところがなかった。散々探した結果、舞台の緞帳システムを扱う会社が引き受けてくれた。

7 m幅の扉は、スムーズに動くよう耐荷重 1t の SUS タイヤ 4 ヶをはじめ 12 のタイヤで側面を支えている。テストでしずしずと開き切ったときの圧倒的な開放感、その感激は忘れられない。

最高の住宅の作り方 - 1

「建ててしまった人は読まないでくださいい、ショックを受けますから」──なんと上手いコピーだろう。こんなことを書かれたら、建てようと思っている人は、一応はこの本に目を通しておかざるを得ない気持ちになる。しかし内容はご存知の通り、外断熱と結露対策をきちんとしておけば住み心地の良い家になるという話だ。そんな簡単なことなのだろうか。それはまるで燃費さえよければ素晴らしい車だ、と言っているようなものではないか。

たしかに国産車売上のトップはプリウスやアクアといった超低燃費のハイブリッド・カーである。地球温暖化防止に貢献し、財布にも優しいとくれば、売れるのも分かる。しかし売れているのはそれだけではない。三百馬力四百馬力・五千cc6千ccの大型外車も、都心では掃いて捨てるほど走っている。燃費は良い訳がない。しかしそれを大きく超える魅力があるからこそ、一千万円オーバーの車が売れているのである。加速感・安定性・安全性は目を見張るほどだし、乗心地・内部の広さや上質な仕上は、極上の安らぎをもたらしてくれる。疲れ方も全く違う。だがそれ以上に重要なのは、使いもしない超高性能や素晴らしくスピード感溢れる美しい外観、あるいは重厚感たっぷりのデザインから来る「イメージ」である。カッコいい車への憧れと、そこに乗り込んだときの充実感は、燃費の多少など忘れさせてくれるだけのパワーがある。スタイリングを眺めているだけで、ハイウェーを駆け抜ける姿が、あるいは高級ホテルの前に降り立つ自らの姿が浮かんできて、思わず高揚してしまうのだ。そして所有欲が刺激される──「フェラーリに乗ってるオレってスゴイ！」──車の善し悪しには、こうした高揚感までが含まれるのではないだろうか。

例えが長くなってしまったが、建築家にとって燃費が悪くないのは当たりまえなのである。結露対策を忘れずに外断熱さえ採用すれば良いだけなら、さほど苦労はしないのだ。ついでにいえば、コストを抑えたうえに使いやすく作ろうと努力するのも当たりまえだ。それらは最低条件にすぎない。それらを踏まえた上で、いかにしたら【建て主の生活を最高に豊かにする空間】を作れるかが問われるのである。

しかしひとくちに【豊か】といっても、そのあり方は多岐にわたる。住宅なら先ず誰もが「安らげる」空間がほしいという。ゆったりしたリビングで仕事の疲れを癒やしてくれる「安らぎ」の空間は、確かに一つの大きな豊かさだ。しかし安らいでばかりいたら惚けてしまう。疲れて帰ってくるご主人にはいいが、主婦は一日中安らいでばかりはいられない。子供も住宅の中で、未来に向けて羽ばたく準備をする。住宅においてはむしろ、精神を高揚させいきいきとした活力をみなぎらせる事の方が、ずっと重要なのではないだろうか。空間が力強く拡張し、人が自己実現を目指して元気に、そしてわくわくと意欲できるような建築であるべきだ。例え狭くとも視線が外に伸びてゆけば心が開くし、自然の変化が様々に感じられれば、豊かな情感に包まれる。空間がダイナミックな動きを感じさせてくれれば、気持ちも躍動感に包まれるだろう。そうした中で、人間らしくいきいきと元気に住まいたいものだと思うのである。

それでは最高の住宅を作るには、どうすれば良いだろうか。家作りには、一般的にはまず住宅展示場に向かうのだろう。しかしハウスメーカーの住宅は、制約の多いイージーオーダーに過ぎない。しかも実際の工事は、工費の何割かを大会社にピンハネされた残りで、地元の小工務店が苦しさをこらえながら行っているだけだ。それでは優秀な工務店に頼めば良いのかというと、設計力には優劣あれど、工費には適正な利益がしっかりと見込まれており、素人が交渉してもごく僅かの値引きがあるばかり、、、やはり建築家に依頼するのが一番だと私は考える。

建築家の仕事は三つある。一つは勿論デザインだ。優秀な建築家は、施主と何度も何度も話す。そうして表面的な要望の裏に実はどんな願望が隠されているか、自分でも意識していないが本当はどんな生活を夢見ているのか――一見雑談にしか思われないような言葉の行間から、鋭く見抜いてゆく。そして悩み抜いた末に、最新の技術と経験とアイデアとセンスで計画をまとめ上げるのである。

二つ目はコストコントロールである。本書140～147ページに「最大の難関」であるコストとどう戦うかを書いてきたが、膨らむ夢と限られた予算のすりあわせは、設計以上に重要な役割である。設計の工夫と工務店との交渉で、少なくとも設計料ぐらいは軽く浮かせられのである。しかし工務店にギリギリまで価格交渉をした結果、下手をすると手抜きをされかねなくなるため、工事をきちんとチェックすることが不可欠となり、それが三番目の役割となる。この三つはどれも他に劣らず重要であり、優れた建築家は、この三つの仕事の元に、安く快適で元気の出る家を生み出すのである。

それでは自分にぴったりの優秀な建築家は、どうやって探したら良いのだろうか。またその建築家に良い仕事をしてもらうにはどういう心構えが必要か――それは次項でじっくり考えてみることとしよう。

1

2

1、**三宿の住宅**

（1986、東京）

31才の時に親の庭先に作った拙宅は、厳しい予算のせいもあって壁は内外打放し。断熱材は屋根に申し訳程度。だが幸い300mm近い壁厚のせいで結露はないし、冷房も普通よりは設定温度を2-3度下げねばならないが、全く快適である。そしてふと気がつくと、今だにトップライトからの光の移ろいには、季節の変化にときめきを感じるし、視線は空へと伸びて心が開く。

2、**ベンツのエンブレム**

車の売れ行きを決める重要なクライテリアは、ステータス感である。メルセデスは良く出来た車だが、その良さ以上に「ベンツに乗っているワタシってステキ♪」と、自分に酔うことができるように、各社はブランド戦略を磨いてきたのである。ベンツ・ロ一レックスの神通力に疑問が出てくれば、BMWやTUMIが「よく分からないけど買って安心・みんなが良いもの持ってると分かってくれる」ブランドとして君臨する。そして、今や建築家も自らをブランド化する時代が来つつある。

最高の住宅の作り方 - 2

住宅を建てるには建築家に頼むのが一番、と前項で書いた。しかし建築家もごまんといる。ホームページを見れば、雑誌を賑わす有名建築家も、任せて安心そうなベテランも、意欲たっぷりの若手も、それぞれが自らの魅力をアピールするし、最大級のお見合い組織ASJには、三千人近い建築家が登録している。その中から自分にぴったりの一人を探すというのは、かなり途方に暮れる話だ。まるで婚活である。

探すべき建築家に要求されるのは、高い能力と誠実な人間性、そして建て主との相性という三点である。まず第一に【高い能力】というのは、状況と課題を正しく認識し深く洞察できる力、それに対する斬新な問題解決力、優れたデザインセンス、そしてまた構造・設備・材料や納まりなどの技術力である。これに欠けるようでは話にならないが、課題を正確に捉えず凝り固まった頭で他人の生活をこうに違いないと適当に決めつけ、おざなりの解決を占い知識のもとに進められてがっかりというケースも少なくはない。

次に【誠実な人間性】というのは、字義通りの意味である。今の時代、昔のような難しい哲学を振りかざす偉そうで気むずかしい建築家など珍しい。何年も継続して設計事務所をやっているような建築家は、ちょっと見には優しくて物腰が柔らかく、話が上手くて《好い人》ばかりなのである。しかしその奥には、実はちゃらんぽらんだったり、自分のやりたい事を無理強いしたりする困った性格が隠れていたりする危険があるので要注意だ。遅刻しない・約束は守る・スタッフ任せにしないと言った点からも大凡は察せられようが、話が上手すぎる建築家と盛り上がって舞い上がるのは、気をつけた方がいい。

三番目の【建て主との相性】についても、手慣れた建築家は建て主に上手く話を合わせてくるから、気が合うなと勘違いさせられることがある。まずは自分から話し出さず、何を良いと思うか・どんな進め方をするのかという話を最初に建築家にさせ、それを聞いてから自分の価値観と合うかどうかを判断するべきだろう。建築家とのつきあいは建物がある限り続くのだから、自然に話せて価値観の近い人を冷静に探す必要があるのである。

こうした三点を高いレベルで満たす建築家は、なかなか身近には見付けにくい。仕方なくホームページをあちこち見たり、住宅雑誌をめくったり、お見合いサービスに申し込んだりするのだろうが、これぞという候補が絞り込まれてきたら、まずは事務所に押しかけていってじっくり話を聞くことだ。そして信頼できると思ったら、ベストと思える一人に絞って第一案を依頼すべきである。それがどうしても気にくわなかったら、曖昧な言葉でいいから理由を説明してもう一度案をつくり直してもらうか、別の建築家に換えるかということにすべきだ。

最近はコンペと称してタダで何人もの建築家に案をつくらせ見比べようという人も多くなっているようだが、それは止めた方がいい。何人もに同じ話をするのは大変だし、その労力があったら一人の建築家とじっくり話し合った方が、ずっとよい案ができるはずだからである。前項でも書いたように、建築家は時間をかけて何度も建て主と話をしているうちに、建て主が無意識のうちに求めている真の要望を探り当てるからだ。そうやってこそ、一生の器に相応しいものが出来上がるのである。勿論プロだから一度話を聞いただけで、そこそこ魅力的な案はつくれる。だが一度案が纏まってしまうと、建築家はその案に思い入れが出来てしまい、余程のことがない限りは大幅に変えたがらないものだ。だから、少しの話しを聞いただけでつくった案がコンペに当選してしまうと、その後細かい話をしていくうちに、「ああこの話をもっと早く聞いていればよかったのだが、今となっては直せないなあ」と建築家も悩むことになってしまうのである。

さて次に、そうやって決めた建築家には、どうやったら最高の仕事をしてもらえるかを、しっかり考えておく必要がある。身構えて「居間は何帖・浴室は1階に・・・」などと具体的すぎる要望を並べるのは良くない。また説明なしに雑誌の切り抜きファイルをどさっと渡すのも止めた方がいい。「寝室は広く！」と言われただけでは建築家は、書斎コーナーがほしいのか・幼子と一緒に寝たいのか・ただ狭苦しいのが嫌なだけなのか・・・解釈を色々悩んでしまう。具体的すぎる仕様ではなく、何をしたいのかを漠然と言うべきなのだ。また写真を見せられても、写っている仕上げが良いのか広さが良いのか明るさが良いのか、コメントなくしては誤解の元となる。

前項でも書いたが、最も大切なのは「これはいいな、あれは嫌い、こんな時が幸せ」といった雑談を気楽にすることだ。その話から建築家は、建て主の隠れた望みを洞察できるからである。また要望は、できるだけ早いうちにどんどん出さなくてはならない。後になって「実はこれも」といわれても、一寸のことのように見えて実は大変更が必要になることが多く、「最初に言ってもらえれば簡単に盛り込めたのに、今からだと無理です」と言われてしまう事が多いのである。それゆえ一番良い方法は、細かいことでも曖昧な言葉でも何でも良いから思いついた要望はどんどん列挙すること、そして各々に、必須なことか単なる思いつきか、重要度を◎○△の三ランクに分けて印を付けることだ。こうしたリストがあると、建築家はスムーズに施主の意向を理解で

バリ・スタイル in 熱海　　(2011、静岡県)

施主と建築家の関係は建築のある限り続くのだから、相性は重要である。この施主夫妻とは一緒にバリ島に視察に行った時から益々親しくなり、今や親友のように私からは感じている。毎年秋に開いてくれる竣工記念パーティも今年で11年目になったが、いつも最高に楽しい酒を味わえるのは、なんと幸せなことかと想う。

き、間違いや手戻りが起こりにくくなるのである。

と、以上の文章は建て主側へのアドバイスという形で書いているが、逆に見れば、建築家が如何に建て主と接触すべきかを示すマニュアルとも読めるはずである。何をおいても、建て主と建築家とのコミュニケーションをどれだけ広く深く取れるかが、一生を包む空間の完成度を最も高めることができるのだ。

問題は、建築設計という仕事が、普通に作るだけでも充分難しく、充分楽しく、また無事に完成すれば充分達成感があるという点である。敷地も施主もプログラムも毎回大きく異なるし、法規もコストも常に大きな障害となってくるから、特別な試みをしなくても、きちんと纏めるだけでもとても大変なのである。

だから、とりあえず綺麗に第一案ができた段階で、まあこんなものでよしとして見切り発車してしまえと、悪魔が頭の片隅でささやく。いくつも別案を考えたところで設計料が増える訳ではないのだから、経営的にも効率良くやる方がいいのは明らかだ。そうやって数をこなして儲ける設計事務所があるのも確かだろう。

建築の「新しさ」

しかし、やはり納得がいかない。もっと良くなるはずだ、と悩み続ける。もっと伸びやかに、もっと格好良く、もっといきいきとできる場を、もっと感動できる空間をと考えあぐねる。それにはかなりのエネルギーが必要だ。その総量が建築の質を決定する。寝ても覚めてもウダウダと考えスケッチを繰り返し、これだ！とぬか喜びしたり欠点が見つかったり——未知の材料や構造や工法を求めて探し廻り、ヒントや刺激を得ようと古今東西の建築を見て廻る。SANAAでは模型を百個以上作っては壊すというし、隈もここでサボってはいけないと言う。〆切もあるからいつまでも悩み続けている訳にはいかないが、菊竹清訓はコンペ提出直前にも大修正を指示してスタッフが青くなったというし、「所長の案を現場で実現させるだけの所員は帰ってこなくてよい。工事監理の中で更に様々な別案の検討を重ねろ」とまで言っていたという。

しかしそうやって悩み続けていると、遂には、これまで見たこともなかった画期的なデザインや考え方・材料の使い方・構成・システム・工法等々が生まれ出ることがある。それは、これまでなかったものだから、「新しい」。この【新しさ】は、その建築単体だけの特徴として終わってしまうこともあれば、その建築家のなかで様々に展開されてゆくこともある。また時代の要請や感性に鋭くマッチして大評判となり、次々と真似され広く影響を与えて、次の時代を切り拓く力となることもある。後者となれば、まさしく建築家冥利に尽きるということになるだろう。

しかし、こうして脚光を浴びる【新しさ】を目の当たりにして、そうかそれじゃオレも一発やってやろうと野心を抱き、必要もないのにただ「見たことのないもの＝新しいもの」をひねり出そうと挑戦する動きも出てくる。こういう自己目的化した【新しさ】を追う建築家について、伊東豊雄がテレビ番組で次のように言っていた。「自分も若い頃そうだったかもしれないですが、ずっとカッコいい建築を作りたいと思ってきて、じゃあそれを誰に自慢したいの？って言うと、結局建築家は（施主や社会ではなく仲間の）建築家のために作っているんじゃないか、メディアで発表して『オレこんな凄いのことやってんだぞ』みたいな・・・」。

昔はこうした志向を「奇をてらった」建築としてさげすむのが普通だった。しかし前にも書いたことだが、ドバイやアブダビに行くと、奇をてらったビルのオンパレードに近い。ギョッとするほど、目立てば目立つほど商業的に成功するらしい。日本でも、話題性が高ければメディアへの露出が高まり次の仕事が取りやすくなるとばかり、営業的にも奨励される。

勿論、新しい材料や構造から刺激を受けて、それじゃこんなことも可能になるなと想っているうちに、たまたまそれがぴったりはまる仕事の依頼が来て、新しい建築が生まれることもある。また他人の作品を見て「上手いな、でも自分だったらもっとこうやるな」というところから新しい世界が開けることもある。

このように「新しさ」は様々な経緯の中から生まれてくるものではあるが、しかしそれでもやはり、最初に書いた形での新しさが本筋なのである。そこで悩むのが建築家の本来の愉しさなのだ。

駅の近くに事務所を構えていると、ふらっと遊びに来てくれる人がいる。先日立ち寄ってくれた先輩は、大手信託銀行の役員を経て現在は不動産ブローカー、大きな案件をバリバリ動かすエネルギッシュな84才だ。彼が言うには、引退するとみんなどんどん惚けてきて「あの天才と言われた男が、、、」と驚くことが多いし、絵画だ囲碁だと多趣味な人でも、のんびり楽しんでいるだけでは、やはり頭は錆び付き衰えていくとのことだ。元気でいるのは、仕事でも趣味でも必死に悩んで格闘している人だけだと言う。苦しんでもがいている人だけが、溌剌と人生を謳歌できるのである。ストレスは万病の元と思っていたが、挑戦するアドレナリンは、それをも封じ込める百薬の長ということだ。建築家も悩んだ末にこれまで以上のもの＝新しいものを生み出そうとする何としんどい商売かと思うが、実はそれが幸せというものなのであり、そこにこそ、生きている実感はあるのである。

1、**ルイ・ヴィトン財団美術館**
（設計：フランク・ゲーリー　2014、パリ）
パリ郊外ブローニュの森に突如出現したガラスの帆船。圧倒的な迫力だが、これを「建築のあり方を突き詰めた末に辿り着いた【新しさ】」と見るか、「奇をてらった商業建築」と見るかは、見解の分かれるところかもしれない。

2、**同：屋上の塔屋**
何気なく通り過ぎてしまいそうになるが、実は余りにも複雑な曲面の重合。一体どうやって構想し製図し施工したのか、想像すらできないが、こんな所にまで込められた途方もないパワーには唖然とする。

ゲームとしての建築

ゲームとはルールの体系である。飛車は前後左右にしか動けない・歩は一歩前進のみ・敵陣に入ると成ることができる・・・というのが将棋だし、シンプルなテトリスにしてもブロックは左回転のみ・左右に動かせる・上には戻れない、という具合に複数のルールで構成されている。これらは《プレイする時の制約条件としてのルール》と呼べよう。しかしルールはそれだけでない。9×9のマスの中で平面的に駒を動かすこと・縦長の画面の下部で7種のブロックを組み合わせること、といったゲームが行われる《場》のあり方を規定するベーシックなルールもある。この《ゲームの場のルール》の出来が良いほど多彩なプレイが可能になり、面白い結果が生まれてくる。将棋は長い年月を掛けて少しずつ洗練の度を高め、丁度よいバランスの9×9が完成したのだろうし、テトリスは天才的なゲームデザイナーが様々な試行錯誤の上に、全体の枠組を発明したのだろう。

そう考えると、建築もまた一つのゲームだと思い至る。建築の設計は実に複雑だ。住宅にしても玄関は道路際に、その次はリビングで寝室は奥に持ってこなくてはならない。居間は南面させて、コストは予算をオーバーせぬよう、法規はすべてクリアして、施主の要望は最大限に満たさねばならない。さらに建築家としての理想やアイデアも盛り込みたい・・・これらは皆その作品を作るために自ら設定したルールであり、設計はそれらの元に解く相当難解なパズルなのである。

しかしこれら要求項目は、《プレイの制約条件としてのルール》だ。このゲームには、それを支える《ゲームの場のルール》が必要である。その最もシンプルにして良く練り上げられた形のひとつが、日本の三尺グリッドによる「間取り」システムだ。三尺角が二つで便所や玄関タタキに、4つで浴室・12で六帖・長く並べて廊下や階段という具合に、方眼紙に四角を描いて平面図がとりあえず出来上がる。中学2年の時に実家を建て替えたときも、そうして私が間取りを考えた。全くのママゴトではあったが、ルールが洗練されているお陰で、現在でも両親が苦痛なく暮らす木造住宅がスムーズにできたのだった。

こうした《ゲームの場のルール》、換言すれば設計システムは古今東西、様々に存在する。西洋では「手で運べる大きさに切った石を積み重ねてできる形で構成すること」、アジャンタは「岩山を掘ってできる横穴を部屋とすること」、リートフェルトは「ピュアな平面を離散的に配すること」、またコルビュジェのドミノもそうだろう。西洋様式建築のオーダーもまたしかりだ。

しかし日頃の設計活動を振り返ってみると、要求項目という《プレイの制約条件としてのルール》が、余りにも複雑で多岐にわたり、相互に背反しあうことも多いため、既存の設計システムにどっかり乗っかって「何とか解けた」だけで満足してしまうことが多いのに気づく。解くだけでも大変なのである。しかしそれだけでは限界が大きいこともまた、深く感じる瞬間がある。

本当に求めているものを実現しようとゼロ（タブララサ）から考え直してゆくと、あるいはこれまでにない建築のあり方を突き詰めてゆくと、新しい設計システムが生まれることがある。例えば安藤忠雄は、空間の質を問い詰めた末に材料とディテールのシステムを組み上げ、様式とまで言えるほどに体系化した。そして少しずつ洗練の度を高めながら、各作品というゲームを解いている。あるいは伊東豊雄。構造柱の透けた架構：仙台メディアテーク、水平なスラブのない建築：ぐりんぐりん、アーチ壁の交錯：多摩美大図書館、ひいては台中オペラハウス――彼は新しい設計システムを開発・発明することに生涯を掛ける。そこからは、未知の建築の可能性が生まれうるだろう。それが将来大きく展開する汎用性を持つものか否か、惚れ惚れするほど素晴らしい空間ができるかどうかには余りこだわらない。ひたすら開発し続ける。近代までの芸術が感性を揺さぶるのに対して、現代アートは知性を刺激するとするならば、彼はまさしく後者のためのルールを追い求めているという見方もできるだろう。

かつて槇文彦は、生産的建築家と表現的建築家という言葉を使った。ゲームでいえば、前者は既存のルールの下に各作品を解くことを目標とするが、苦労して綺麗に解けてもせいぜい敢闘賞の「上手い」作品ができるだけだ。それに対して後者は、これまでにない表現・未知の可能性を求めて、新しい《場のルール》を構築しようとする。

なかなか一朝一夕には新しい場のルール、即ち新しいゲームは作り得ない。しかしその意欲は持ち続けていたい。少なくとも、自分は今どんな《場のルール》に基づいてゲームに挑んでいるかは、常に意識しておくべきことだと言えるだろう。

1、**TERRAZA**
（2014 竣工、神奈川県）
実は独立後 35 年目にして始めて作った木造賃貸住宅。三尺グリッドにどっかり乗っている割には、横浜は規制が異常に厳しく、さらに「全戸庭付・南向き」としよう・屋根にはリズムを持たせて全体形に変化と統一を持たせようというプレイのルールを自ら課したため、かなり複雑なパズルゲームを解くこととなった。

2、3、**台中オペラハウス**
（設計：伊東豊雄 2014、台湾）
オーディトリアムは客の動線と出演者の動線など難しいプレイ・ルールが多くて大変なものだが、それにさらに模型すら手では作れない複雑怪奇な架構システムという《ゲームの場のルール》が重なっていたわけだから、設計ゲームをプレイした設計担当者は、さぞや気の遠くなる思いだったに違いない。

1

2

3

パーソナル・スタイル

大抵の場合、設計は問題解決からスタートする。狭い敷地・少ない予算・複雑なプログラム、あるいは絶景の最高の楽しみ方・美術作品の素晴らしい展示方法・快適な労働環境——それらは殆ど論理的に解いてゆけるものばかりだ。鮮やかな切り口・見事な発想・斬新なアイデアが適切な解法を生み出してゆく。

しかし解決に向けて徹底的に悩み苦しみ続け、夢を見続けてゆくと、あるとき突然、新しい表現手法が生まれてくることがある。これまで見たことのなかったデザインが生まれる。それは論理的に思い悩んでいるなかで、心の奥底に秘めていた感性的な志向が、無意識のうちに、問題解決策と渾然一体となって、形態の中に現れ出てくるからではないかと思う。

たとえばザハ・ハディドの流線型だ。香港ピークのコンペで、多様な機能の複合のさせ方とそこへのアクセスを突き詰めていくなかで、いつしか新しい時代のスピード感への憧れが大きく膨らみ、あのようなダイナミックな曲線を生み出したのではないか。そしてひとたびその有効性に気付くや、今度はその独特のスタイルを意識的に操作して、可能性を展開し出す。一度成功すると、次々に新しいバリエーションが見えてくるし、どんどん洗練されてもゆく。こうして《パーソナル・スタイル》とでも呼びうるデザイン体系が出来上がる。そして建築家個人の代名詞として、売り物となるのである。

こうした例は枚挙にいとまがない。古くは機械の美学を取り込もうとしたル・コルビュジェ、和の柱梁をコンクリートでの表現に持ち込んだ丹下健三、すべてを正方形で覆い尽くそうとした磯崎新、ちょっと前には様々な材料でルーバーを作った隈研吾、多面体屋根を展開する横河健、グネグネ曲面のSANAA――しかしこれらの中には、パーソナルの枠を超えて大きな流れにまで達する「様式」となるものもある。例えば安藤忠雄の打放しコンクリートだ。元々は仕上費用に苦しみ、仕上材の厚みすらも勿体ないと感じる狭小ローコスト住宅を、いかに豊かに堅固に作るかを悩み抜いた末に生まれた苦肉の策だったのかもしれない。だがひとたび世に出るや、その素肌の美しさとPコンの澄んだリズムは日本人の感性にぴったり馴染んで、大好評を博する。安藤は更に、そのミニマリズムの魅力を手摺やサッシュ・照明や家具のディテールにまで浸透させて、まさに一つのデザインの体系・様式を完成させたのであった。そして初めは安藤のパーソナル・スタイルに過ぎなかった打放しは、瞬く間に日本中に伝播して二十世紀後半の日本の大潮流となったのである。

最近目に付くのは、《ランダム》デザインである。かつては坂倉準三の渋谷駅ファサードが美しいランダムさで有名だったが（※1）、最近では、SANAAのツォルフェアアイン・スクール（2006年）がブームの発端と言えるだろう。ランダムなサイズの正方形の窓がランダムに散らばる姿は、当初はまあ目新しいなと言う印象に過ぎなかった。しかし暫くすると、国内外の有名無名建築家が次々にファサードに採用し出す。最初は恥ずかしげもなく良く真似するなと思ったが、次第にあちこちで見かけるようになると、ああこれも初めはパーソナル・スタイルだったものが、一つの様式として21世紀初頭に定着したんだなと思えてきた。

けれど考えてみると、実はこれは非常に便利なデザイン手法だったのである。今更全面ガラス

※1、107ページ参照

でもないし、同じ窓が均一に並ぶのも退屈だ。部屋によって必要な窓のサイズは異なるが、このバラバラの窓を上手く綺麗なファサードにまとめ上げるのには、相当な苦労がある。ところがランダムデザインではあっさりと、そこそこの外観ができてしまう。まさに渡りに船だったということだ。

そうした眼で見ると、最近は窓に限らずランダムな手法がよく目に付く。たとえば手元に写真があるところだとバリ島のアリラ・ヴィラズ・ウルワツ。柱形や欄間には石が不規則に凹凸して豊かな表情を作り、四阿はランダムなルーバーで軽やかに身を包む。思えば十九世紀までの様式建築は手の込んだ彫刻で豪華さを演出していたのに対し、近代建築の白く平坦な壁は貧相だった。それを打破したのがバルセロナパビリオンの壁に張られた、大判の縞メノウのゴージャスさだったと言われている。その後モダニズムはシンプルさを究極まで研ぎ澄ましてミニマリズムに至り、力強さと高い精神性を獲得した。そしてここにきて、ランダムデザインがシンプルな材料を使いながらも、新たな豊かさへと至りつつあるように見受けられるのである。

突き詰めた先に、プライベートスタイルが生まれる。それが時代の雰囲気に上手くマッチしたときに、大きな潮流となって歴史を変える。全ては、目の前のこの仕事を悩み抜くことから始まるのだ。

1、2、**アリラ・ヴィラズ・ウルワツ**
（設計：WOHA Design、2009、バリ島 / インドネシア）
モダンでありながら貧相にならないためには、これまでは豪華な材料に頼るか、逆に徹底的にシンプルさを研ぎ澄ますという方向も多かったが、近年ランダムデザインが大きな潮流になりつつある。

3、**フライイングスラブ@宮古島**
（2005 年竣工、沖縄県）
4、**上尾の住宅**
（2003 年竣工、埼玉県）
「上尾の住宅」を設計する中から生まれた「宙を舞う白いスラブの伸びやかさ」というテーマは、施主の希望や新しいバリエーションへの閃きから何作かに繰り返され、私なりのスタイルにもなりつつある。

1

2

3

4

『分からない自分を愉しむ』

先日はまた、出張帰りに豊田市美術館に寄ってきた。58ページで書いた土門拳記念館と並ぶ、谷口吉生の代表作である。――巨大なコロネードが敷地の段差をまたぐように左右に伸び、その両端を閉じたマッスが押さえこむ。コロネードの向こうにはガラスのキューブが煌めいて、アプローチ路を歩むとともに期待が高められる。内部では、歩き回るにつれて変化する空間のシークエンスが、驚きと興奮と小休止の心地よいリズムで身を包む。カフェからは、中庭と向こうの水盤がコロネードで絶妙に関係付けられているのが眺められ、ゆったりとした拡がりで火照った心を落ち着かせてくれる。ミニマルなディテールは一分の隙もなく完璧で――とベタ褒めになってしまったが、学生時代からこうした構成の方法論を目指して設計の道を進んできたのだから、咀嚼しやすいのは当然かもしれない。

しかし分からなかったのは、たまたま企画展で見たブリューゲルである。葉の一枚一枚が点描のように細密に描かれた風景画は、確かに素晴らしい。絵の中の世界に引きずり込まれるようだ。しかし、なぜ細密に描かれていると魅力を感じるのだろう。細密なのが良いのなら、高精細なデジカメ写真の方が繊細さの点では勝るはずなのに、とてもそうは思えない。絵はいいのだが、どうも釈然としない部分が残り、分かった気になれないのである。

分からないと言えば、コロナ禍前に行ったケニヤもそうだ。良いだろうとは思っていたが、こんなに心を掴まれるとは思っていなかった。数えると世界40ヶ国を旅してきたが、これまでとは全く異質な魅力に溢れていた。だが何がそんなに良かったのか、上手く説明できないのである。確かに猛獣は凛々しく、草原は果てしなく拡がり、大地がじわじわと盛り上がって遥か彼方のキリマンジャロ山まで達する壮大な光景には圧倒される。しかしそれだけではない何かに、もっと強く心を掴まれた。それが何かどうにも分からず、もどかしいのである。

思えば若い頃からずっと、建築に感動すると何がそんなに良かったのかと、ずっと自問し続けてきた。はじめはピンとこなくても、想い返したり写真を見返したりしているうちに、そうかこの透明性に心を打たれたんだなとか、この対比の緊張感がグサリときたんだなと思えるようになってきた。そしてそう反芻し続けることが、自分の設計にとっての芸の肥やしになると信じ、学生にも「ただ漫然と見ているだけでは勉強にならないぞ」と諭してきたのだった。

しかし逆に、そうした解釈で分かった気になるのは、危険な点があるようにも思えている。分からないのは不安で嫌なのだが、だからといって単純な説明で分かった気になってしまうと、それで安心し、思考がストップしかねないのである。建築・アートに限らず世界は本来すべて多義的なのであり、その重合性の中にこそ真の魅力があることも多いはずだ。一応分かった気になっても、まだまだ奥があるかもしれないと問い続ける必要があるのである。

あるいはブリューゲルやケニヤのように、どうにも分かった気になれないというのは、逆にチャンスでもある。豊田市美術館のように分かる部分が多いということは、理解のための基盤が自分の中にあるということであり、堪能はできるが自らの大きなパラダイムの革新には繋がらない。ところが良さの理由が釈然としない、あるいはまったく良さが分からないという対象を問い続けていれば、いつの日か、これまでの自分にはなかった新しい評価基準が見えてくる可能性がある。心の琴線に触れると言うが、悩み続けていれば、心の琴にもう一本新しい弦を増やすことができるかもしれないのである。その暁には、これまで気付かなかった新しい世界にも、心の弦を共鳴させることができるようになることだろう。これはかなりわくわくできることである。

先輩に仙人のような釣り好きがいる。「いつも思うように釣れる訳ではありません。でもそういう時にでも、《釣れない自分を愉しむ》ことはできるんです」と彼は言う。その言葉自体、分かったような分からないようなところがあるが、それになぞらえれば《分からない自分を愉しむ》とも言えるかもしれない。分からないけれどもきっと何かがある、いつか分かるときが来るかもしれない、あるいは豊穣の海を眼前にして、分析はできないけれどその豊かさを丸ごとそっくり受け入れてしまおうと思えれば（※1）、それもまた幸せなことなのかもしれないと思うのである。

1、**豊田市美術館**
（設計：谷口吉生　1995、愛知県）
空間と構成の最高傑作に痺れることができるという幸せは、ずっと建築をやってきたお陰に違いないと、感謝の気持ちすら湧いてくる。

2、**ムパタ・サファリクラブ**
（設計：エドワード鈴木
1992、マサイマラ／ケニヤ）
ケニヤ自体も良さを上手く説明できないのだが、その中に建つエディさんのホテルも、実際に泊まるまでは、まるでピンとこなかった。新建築の写真を見ても、黒い丸太が林立するばかりで、どうにも空間がイメージ出来なかったのである。編集者の小黒一三が気の遠くなるような苦労を重ねてこのホテルをオープンまでこぎ着かせた実話も、伊集院静が『アフリカの王』という小説にまとめていて感動ものなのだが、設計したのが大阪のボクサー上がりの建築家（と言えば安藤忠雄以外考えられないだろう）になっていたりと、全く事実と異なる部分があって、読者を混乱させる。
しかしそんな疑念は、訪れた瞬間に吹っ飛んでしまった。空間の豊かさ・拡がりと温もりは息をのむほどに素晴らしく、遙かな大自然の只中に自分が居ることの幸せを心底感じさせてくれたのである。そして、日本ではよく分からなかったこの良さが、今やしっかりと掴めるようになったという点にもまた、喜びを感じることができたのだった。

※1、 先日親しい同級生を亡くし、弔辞を依頼された。どう話したものかといろいろネットを探していたなかで、赤塚不二夫に向けたタモリの弔辞に巡り会い、感動した。「あなたの考えはすべての出来事、存在をあるがままに前向きに肯定し、受け入れることです。それによって人間は、重苦しい陰の世界から解放され、軽やかになり、また、時間は前後関係を断ち放たれて、その時、その場が異様に明るく感じられます。この考えをあなたは見事に一言で言い表しています。すなわち、**【これでいいのだ】**と。」

なぜ良いのかどうしても分からなかった末に、全てを前向きにまるごと受け入れ「これでいいのだ」と達観できれば、それが最高の味わい方なのかもしれない。

1

2

きれいなもの・新しいもの・愛されるもの

「きれいなだけの絵も建築もなんら意味はない」と原広司は言う。これは大江健三郎が「きれいな文章はすぐ書ける。」（しかしそれだけでは文学にはならない）との言葉に呼応しての発言だが、それにしても「なんら」とはかなり攻撃的で驚く。だがまあ確かに建築雑誌を開くと、毎号毎号「凄い」建築のオンパレードである。きれいなだけの建築は殆どない。これは出版社の営業方針として、あっと驚く「目新しい」作品が溢れていないと読者の興味を引かず売上も伸びない、という思惑もあるのだろうが、それにしてもビックリ満載だ。

かつて槇文彦は、建築家には生産的建築家と表現的建築家の2種類があると書いていた。確立された形式で手堅くきれいに建物を「生産」してゆく建築屋ではなく、新しい世界認識とビジョンをもって次なる時代の表現を切り拓いていきたい、という意気込みを表出した文章だったように覚えている。

ヘルツォーク・ド・ムーロンも、「後を追う建築家に真似されないために次々と作風を変える」のだと言うし、隈研吾も、同じ手法をただ繰り返す建築家を「あいつはもう終わったな」と切り捨てる。

音楽の世界もそうだ。ロマン派のクラシックが美しい旋律と安定した構成を極め尽くした結果、それに続く世代は、先人に強い憧れを抱きつつも、どうやっても美しさの点では彼らを乗り越えられないという壁に圧倒され、やむなく別の土俵を目指す。先日ショスタコーヴィッチを聴きに行ったが、現代音楽のはしりとして、不協和音と半音・短調の不快さの中から、新しい可能性を見出そうともがいている姿が印象的だった。「美の追求」から自由になって、世界の別の部分を表現しようとする響きは、不思議としか言いようのない心の拡がりを感じさせてくれたのである。これは現代絵画の世界でも、似たようなことが言えるだろう。

どこの世界でも、「新しい」ものを目指している。それが、これまでにない表現の可能性を切り拓く。まさに文化の発展である。それは営業的にも重要なことだ。新しい試みで世界をあっと言わせる建築家の元には、時代の最先端を走り抜くクライアントから挑戦的な仕事が次々と舞い込む。コンペだって「きれいなだけの建築」では、到底勝ち目はない。

しかし、である。心の片隅にはいつも、新しいだけなら良いのか、という疑問がくすぶっている。建築は音楽と違って、ひとたび竣工すれば、良くも悪くも数十年は地球の一角を占領し続ける重い塊である。初めは新しくても少し経つと、一寸新しかったがゆえにかえって古臭いお荷物になることもあろう。新しい試みのために敢えて切り捨てられる部分があったり、施主に不便や余計な出費を強いても良いものか。芸術至上主義とばかりに、目新しさを押し出しただけの奇抜キテレツ建築でも永く存在価値はあるのか。新鮮ではあっても「だから何なんだ？」と説得力を感じられない「作品」に、大金をつぎ込ませていいのか。『建築は兵士ではない』とは鈴木博之の著書タイトルだが（※1）、まさに作品を自らの主張を戦わせるための兵士にしてしまっても良いものか。

勿論のことだが、原広司の言うように、きれいにまとめただけの建築には、確かに大きな魅力

※1．『建築は兵士ではない』
（鈴木博之著、鹿島出版会 1980）

は感じない。昔「心優しい『好いひと』は大建築家にはなれない」と言った皮肉屋がいた。施主の意向と財布を心底大事にしてしまうと、萎縮して画期的な試みは出来なくなってしまうという意味かもしれない。だが、それではまずい。施主の意向と財布をきれいにまとめただけで精魂尽きた、というのではなく、そこからさらにもう一段階努力しなくてはならないのである。

これまで何度も書いてきたが、設計は本当に大変である。敷地と予算と法規と施主の意向という四方からの制約の中で、それをきれいなひとつの形に纏めあげるのは、並大抵のことではない。だからそれができたら、とりあえず職人・あるいはプロとしての達成感はある。プロフェッショナルとは、どんな時にも一定以上の質の作品を生み出せる能力を指すからである。しかしそこに満足してはいけない。もっと美しく磨き込み、深い洞察の元にこれまでになかった説得力ある「新しい」提案を盛り込み、更には永く愛されるほどに魅力的に練り上げるべく、こんなもんでいいさと諦めずに悩み続けなければならないのだと思う。

すなわち、きれいなことも・新しいことも・そして永く愛されるほどに心を掴むものとすることも、全てを求めなくてはならないのである。だがそれは苦行ではないはずだ。きっと実現できるはずの夢を求めての、生きている実感に溢れた建築家の愉楽なのだから。

1、**ヴィトラ消防署外観**
(設計：ザハ・ハディド　1993、ドイツ)
ザハ・ハディドの実作第一号。【歪んだカタチのスピード感】というただ一点で時代を画したザハが切り拓いた新しさ。

2、3、**同上扉・内部**
しかし挑戦的な形状にも関わらず、平行四辺形の引戸や仕上端部も意外なほどきちんと納まり、イベントや展示スペースとして使われるようになった今も、建築として美しく、高いクオリティを保っているのは立派だ。

1

2

建築の意味 - 1

仕事柄出張は多いし元々旅好きだから、観光地に立ち寄る機会は多い。息を呑む絶景・素晴らしい建築・見事な美術工芸品――じっくり見ていると心が洗われる。しかし、いつも疑問に思うことがある。それは建築の解説についてである。解説員の話しを聞いてもパンフレットを見ても、まず出てくるのはそこでの故事来歴ばかり。誰が生まれた家だとか、誰が建立した寺だとか、誰と戦った城だとか、そんな解説が延々と続く。確かに説明しやすいし、間違いではないし、大したことなんだろうし、何となく分かった気にはなれるけれど、結局は「へぇ～↘」と語尾が下がる感嘆詞しか出てこないことが殆どだ。その名将の足跡を辿ってここに来た旅人には、しみじみと嘗ての名場面が脳裏に浮かんで、深く感慨にふけることも出来るのだろうが、さほど歴史に造詣の深くない人間には、ああそうですかと右から左に流れてしまう。ましてやインバウンドには、まったく興味の湧かない説明だろう。そして「いわく」の話が終わると、今度はディテールの細工のおはなしになる。これまた余程工芸に興味のある人以外は「へぇ～↘」と語尾が下がるだけだ。元々の建築が良いから見て感激はするが、解説を聞いても全く得心がいかないのである。

本当は、建築の解説には、空間や構成の話が真っ先に出てくるべきだと思うのである。建築の道に進んで四十数年、趣味と実益を兼ねて国内外の名建築を巡礼してきた身としては、深く心を揺さぶられた記憶は、この空間と構成からのものが圧倒的に多い。ローマのパンテオンの暖かくゆったりと包まれた空間での多幸感・バルセロナパビリオンの一分の隙もない構成の清澄感がまずは頭に浮かぶし、サボア邸の衝撃は建築や空間のあり方についての新しい概念に起因すると思われる。出雲大社の気高さ・トロネの崇高さ・アマヌサの伸びやかさも、空間や形態の特性が直接的に感じられたものだ。静けさの中に温もりが溢れるベルンの街の素晴らしさは、変化と統一という構成に関する特徴から来るものであろう。即ち建築の魅力とは、建築それ自体の中にある抽象的な特質そのものなのである。

ところが多くの『芸術』では、目の前の作品「そのもの」ではなく、それを通して自分の頭の中に想起されるイメージに、人は感動する。絵の具の一筆・小説の一文字には何の価値もなく、それらの配列から、ふくよかな肌や逞しい心意気を観者が自分流に想像して、そこに感じ入るのだ。抽象絵画ですら、塗りたくられた絵の具は、その色彩や構成・テクスチュアを楽しむためのものではない。その向こうに、絵の具ではない何か別のものを想起するように仕組まれているのである。

こうしたアートは、いわば媒介的・間接的芸術とでも呼びうるだろう。それら作品は言葉での解説が非常にしやすい。この天上からの光はマリアの受胎を現しているのですよ・冒頭の描写は主人公の苦悩を暗示しているんですよ――そう言われれば分かった気になれるし、的確な解説ならばより深い鑑賞を可能にしてくれる。そしてそれは、文字情報として書籍やネットで正確に伝達することができる。世に美術評論家・文芸批評家が多出する所以である。

それに対して建築には、媒介芸術的な性格が少ない。勿論、神が超越的な存在であることを思い知らせるためのカテドラルや、王の権威を誇示するための宮殿のような「建築以外の何か」を象徴する建築はある。これは明示的な意味と言うことができる。圧倒的に高い天井と遙かな高窓からの光はたじろぐほど強烈なインパクトを与え、これが神様のお力なのですよと擦り込まれ続けた結果、西洋人は教会を見て《神》という明確な意味を受け取ることになる。

あるいはハイテクな本社ビルは先進企業のイメージを与えるし、大理石貼の「豪華」マンションはリッチな生活を感じさせる。これは暗示的な表徴である。しかしこうした《意味》あるいはシンボリズムは、建築にとってはあくまでも付加的な属性であり、本来的内容とはまた少し違うところにあるのではないだろうか。建築はあくまでも形態・そして空間として存在し、その特質や構成が《雰囲気》としか言い得ないような抽象的な作用を生活に与えるという点こそが本質ではないか。（※1）

ところがこれは説明しにくい。言葉にできない微妙なニュアンスも多いし、感じ方には個人差もある。なによりある程度の経験と教養がないと、感じようという気にもならない。そこで名所の解説は故事来歴ばかりになってしまうのである。

この状況はどうしたら打破できるだろうか。それはあらためて次項で考えてみることとしよう。

1、**バルセロナパビリオン**（設計：ミース・ファン・デル・ローエ　1929、スペイン）

極めてシンプルではあるが、じっと中にたたずんでいると、その構成の緻密さと完璧さに、言いようのない清々しさと力強さがじわじわと感じられてくる。建築が語りかけてくるものとは、まさしくこのような抽象的な感覚であろう。（解説書には、ミースの苦労話や高価な縞メノウの壁の説明がたっぷり書かれているのかもしれないが､､､）

2、**パルテノン神殿**　（アテネ）

神殿のモチーフは、為政者の権力を象徴するアイコンとして強力な意味を発し、多くの建物の正面に貼り付けられて威厳を与えてきた。しかし今日、少なくとも日本人の私には、完璧なプロポーションと絶妙なエンタシスによるりりしさ・気高さ、そして「究極の美」という本質的価値こそが、このうえない魅力として迫ってくる。

※1、『モラリティと建築』
(デビッド・ワトキン著
鹿島出版会 1981、 榎本弘之訳)
ワトキンは、近代以降の建築史においては、建築が「建築以外の何者か」を表現しているという視点から説明されて来たことを、多角的に実証してみせた。

建築の意味 - 2

名所旧跡に行っても建築の解説が故事来歴や細工の話しばかりなのはおかしい、私自身の経験からしても、建築の真の魅力は空間や形態構成という《建築そのもの》の本質的魅力から来るのだから、解説はそれを味わうためのものでなければならないはずだ――これは即ち文化の問題である。文化とは積み重ねられた認識方法の体系とも言えるからだ。建築からは、微妙だが素晴らしく豊かな内容が語りかけられていることを、もっと世の人々に分かってもらいたい。そのためには教育が手っ取り早いだろう。しかし残念ながら、建築の空間や構成を味わうための美学の体系は全く整っていない。ましてやそれを教える教員を養成するシステムも皆無である。

ふと振り返ると、音楽という芸術も似たような側面がある。標題音楽と呼ばれるジャンルがあるとはいえ、基本的に音楽は、時と共に移ろう音の連なりがある一定の雰囲気・気分を呼び起こすものである――歌詞の意味が分からなくても、ビートルズの曲に夢中になれたように。さらにまた人は、誰から教えられるでもなく《音》の連続を《楽》しむことができる。縁遠い人からは小難しそうに思えるクラシックでさえも、何度か触れているだけで、何の解説もなしにその世界を堪能できるようになる。

「音楽は流れる建築であり、建築は凍れる音楽である」とシュレーゲルやゲーテは言ったという。ならば建築も、その本来的な内容を皆が楽しもうとすればいいのではないだろうか。巨大化学工場の無骨で繊細で力強い夜景を愛でる趣味を《工場萌え》と呼び、一部ではかなり盛り上がっていると聞くが、建築についても、その空間的魅力を無心に楽しもうという《建築萌え》あるいは《空間萌え》というブームが湧き起こってくれば、建築の本来の魅力も理解されるようになるのではないか。

ここで少し具体的に、その楽しむべき魅力をまとめておこう。まずは、建築は床壁天井が組み合わされて部屋を造り、それが集合して建築となり、それが連続して街となる。このそれぞれの段階で、各要素の集合の仕方には、地域や時代や建築家によって様々に特徴的なシステムがある。リートフェルトのような独立した面の構成もあるし、列柱の快いリズムや、シンメトリーの力強さ・雁行する桂離宮書院の自然との馴染み良さ・白川郷の同じ向きに並んだ合掌屋根の変化と統一感等々、並べ立てればきりがないほどの個性と魅力が、建築の意味として、部分の集合のシステム即ち【構成】には埋め込まれているのである。

次に【空間】の魅力とは、柔らかく包み込まれる安らぎや、外部にゆったり拡がってゆく伸びやかさ、あるいは上昇性、また歩を進めるにつれて狭くなったり広くなったり暗くなったり明るくなったりと変化してゆくストーリーの驚きと楽しさ、のようなことが第一にあげられよう。

この両者のうち【構成】の面白さは、かなり抽象的ではあるにせよ、比較的伝えやすく分かりやすい。論理的に分類・分析して言葉で明快に解説することもできるし、上手く撮れば写真でも伝わる。さらに実際に体験すれば身に染みて分かる。影響力のある人が様々なメディアでこうした構成の面白さを力説すれば、《建築萌え》がブームになってくれそうな気がしてくる。

ところが【空間】というものの認識へと導くには、もう少しハードルが高い。抽象の度合いは一段と高くなるし、写真や動画でも三次元の拡がりは分かりにくい。勿論経験を積んだ建築家なら、写真からでもありありと空間を想像することはできる。しかし空間を意識して生きてこなかった一般の人々は、写真を見ても眼は「モノ」だけ見てストップしてしまう。

空間は、実際に体験して、その時にその三次元的な拡がりの特質を、適切に解説してもらわないとなかなか分かるようにならない。この時注意しなければならないのは、視界の中央部分を凝視してしまうと、モノしか見えなくなってしまうことである。空間を感じるには、視界の周辺部分を無理して意識的に感じようとしなくてはならない。そうすれば、自分を包んでいる周囲の空気が感じられてくる。そして、その後に写真で想い返すことによって、未知の空間であっても写真を見て想像することのできる能力が養われてゆくのである。

建築はこんな風に見ればとても楽しめるものだという適切な指南があれば、建築への愛が芽生えるだろう。今は、建築への形容詞は豪華・洒落てる・奇抜の3つだけ、空間の形容も広い・明るいしかないプアーな文化だし、マンション建築も、広さと安さと豪華さだけが判断基準となってしまっているが、それも打破できるのではないだろうか。そうした末にこそ日本の文化は、一段と厚みを増すことになるのである。

1、白川郷の合掌造り集落

誰が見ても見事な景観、しかしその解説は「左右均等に雪が解けるように、屋根はみな妻側が南を向いています」と言う技術的説明だけ。もしそこに「この統一と変化という街並の構成自体が魅力の源なのです」という説明が加わって、それを堪能できる文化が浸透してゆけば、現代の街にも纏まりある景観を作ろうという意識が、いつの日にか沸いてくるかもしれないと思う。

2、バリ・スタイル in 熱海　2011、静岡県）

漫然と写真を眺めただけでは、テーブルの木目や垂木・露天風呂などの「モノ」しか見えてこない。しかし一生懸命意識して想像力を巡らせると、内外を一体化する外周壁に緩く包まれる感じや、浮いた屋根に軽く覆われる感覚が分かってくるようになる。そして、この後者の方が断然魅力的なことが感じられてくるだろう。

1

2

庭の意味

これまで二項にわたって、建築が語りかけてくる《意味》の有り様とその味わい方を書いてきた。今項では「ニワ」あるいは外部空間の意味について考えてみたい。庭には、建築と同様な内在的意味とともに、逆にまったく異なる形式の意味という両面があるのが興味深いからである。

建築は敷地の上に建つ。しかし敷地一杯には建てられないから、周囲にスペースが残る。この残余を残余のまま残してしまうと、外部空間の最もネガティブな形となる。普通はここに木でも植えて、とりあえず庭にする。それだけでも室内からの眺めには彩りが加わるし、庭に出れば気分も変わる。

少し面積が拡がれば、そこに建築的な操作が加わってくる。鬱蒼とした木々に囲われた親密な空間と、明るく伸びやかな芝生との対比は魅力的だ。広い・狭い、明るい・暗い、クールな素材・ウォームな仕上げが隣接した空間で対比されていれば、それぞれの良さがより強調されて感じられてくるのである。また列植された樹木のリズムや、歩き回るにつれて少しずつ変化する空間のストーリーも楽しい。築山を造って高さの変化を加えることも出来るし、ダイナミックな滝や渓流さえ作れる。水盤は木々や空を写して拡がりを増すし、パーゴラや藤棚・四阿も、緩く囲われた感覚を作るのには最適だ。そしてこれらが生み出す空間や構成それ自体の魅力が、庭の《内在的な意味》となって我々の心に響いてくるのである。建築に比べれば庭の主な機能は、せいぜい散策する・眺める・ぼーっとたたずむ・くつろぐ・お茶をするといった程度しかないが、空調や防水・法規などの制約がなくコストも低い分、建築よりも遥かに多様な場を作ることが出来るのだ。さらに緑・光・水・風といった要素は、視覚だけでなく香り・頰なでる触覚・葉擦れの音などどして五感に働きかけてくるから、それを活かせば魅力のバリエーションは更に拡がってくる。また露天風呂や寝椅子・バーベキューコーナーなどを設ければ、庭のアクティビティも増すことだろう。

次に、庭はまた建築と深い関係を持つ。これまで何回も書いてきたことだが、内外で仕上げを揃えガラス枠のディテールを工夫すれば、内部にいても外部までが一体の空間として感じられ、実際以上の拡がりと伸びやかさが得られる。庭は内部空間の特質を高めてくれるのである。さらには庭を積極的にデザインして《外の部屋》とし、建築の一部とすることもできる。

あるいは建築の引き立て役としての意義もある。パルテノン神殿は、アクロポリスの丘にあってはじめて完全な意味を持つ。丘の上は今ではゴツゴツした岩原でしかないが、周囲に無の空間を従えることによって、神殿はますます孤高の存在となって威厳を高める。さらにそれが街から見上げる高みに位置することで、崇高な存在にまで達するのである。

しかし建築とも共通する右記のような意味以上に特徴的なのは、建築とは全く異なり、庭には、「庭以外の何物か」を明確に想起させる媒介芸術的な側面がある、という点である。それは即ち【自然】という意味へのシンボリズムだ。

とりわけ日本人は、小さな盆栽の中に大きな松がゆったりと枝を広げる姿を想い浮かべ、盆景の中に雄大な山並を「見立てる」文化を育んできた。庭の一本の松も周囲に白砂利を敷けば浜の防風林になるし、土を盛れば富士山だ。溝に砂利を敷けば枯山水だし、池端に平たい小石を撒けば州浜になる。これらは観者の頭の中で、本物への憧れの下に創りあげられる仮想的なイメージなだけに、本物よりも本物らしいエッセンスとなる。京町家の坪庭でも緑に生命を、風に季節の移ろいを視る。ほんの小さな庭にも、想像力次第で大いなる自然を凝縮しうるのである。

昨年私は、小川治兵衛の作庭をまとめて見る機会があった。平安神宮の庭では、構成の建築的シークエンスが素晴らしかった。そして無鄰菴からは、山縣有朋のほのぼのとした夢を感じることができた。殊に後者では、山縣と小川が慣習をうち棄てて、まだ見ぬ理想の野山を実現しようと試行錯誤した軌跡に感銘を受けたのだった。遙かな東山を借景とし、奥の滝から湧く渓流が、広く明るい草原に流れ出る。殊更に存在を主張する奇岩や焦点は廃し、ただ豊かで伸びやかな拡がりが心地よい。こんなゆったりした自然に抱かれたいという大いなる夢が、暖かく共有されてくる。

想えばプチトリアノンの庭園にしても銀閣寺や桂離宮にしても、苛酷な現実を逃避して誰にも邪魔されずに「夢の世界」としての「理想の自然」に包まれたい、という想いのもとに生まれたものだった。翻ってみると、我々は機能やコストの前に、チマチマとした希望で満足してはいないかという疑念がわく。建築も外部空間も、もっとこのようにスケールの大きな夢を膨らませることはできないものだろうか ── 庭を見ているとそんな想いも浮かんでくる。

1、**清流亭庭園**（小川治兵衛作、1920、京都）
林の中へと誘う小径。ここを通って自然の懐に抱かれてゆきたいというしっとりした風情が、明確な意味として伝わってくる。これは理解のための基盤が共有されている、ということによるものだ。（しかしこうした「自然への憧れ」という理解の基盤は、日本人だけのものではない。かつてローレンス・ハルプリンが、自然の様々な姿を観察する中から多くの優れた作品を作ったように。）

2、**無鄰菴庭園**（小川治兵衛作 1894-6、京都）
誰にも邪魔されずに自分だけの《理想の自然》を創りあげようとした山縣有朋の心意気に、観る者も心を躍らせる。

考える愉しみ ― トレッカーの幸福

電車の中で皆が一斉にスマホを覗き込んでいる光景はとっくに見慣れているが、その大半はゲームだ。それも上から落ちてくるブロックをフリックで消す「落ちモノ系」が多い。これは反射神経を競って爽快感を得ようとするだけの単なる暇つぶしだが、中にはスマホや本で「数独」にハマっている人もいる。これはご存知9×9マスのなかにいくつか数字が書かれていて、シンプルなルールのもとに残りのマスを埋めていくゲームだが、これが確かに面白い。完成したからといって大した達成感があるわけでも、ましてや賞品がもらえるわけでもないのに、夢中になってしまう。挑戦している最中はなかなか上手くいかなくてイライラし、後戻りの必要も出てきてストレスも溜まる。できないのが悔しい。なのに、悩むのが楽しいとは、考えてみればなんとも不思議な話だ。

だがこれこそは、まさしく純粋なる【考える愉しみ】ということなのである。何も報酬がなくとも、答えを求めてあれこれ考えること自体が楽しくて、心を奪われてしまうのだ。

建築でも、その素晴らしさに取り憑かれると、同じ幸福に包まれる。複雑・難解なプログラムを解くのも、こうあるべきだと確信できるコンセプトを練り上げるのも、難しいディテールをまとめるのも、いつも四苦八苦して悩み抜くけれど、実はそれを考えること自体が愉しみになってくるのである。

本書の最初の項は「登山家の幸福1」というタイトルだった。そこで書いたのは、登山家にとっては「登頂成功」という一瞬への期待感があるからこそ、それを心の支えにして、わくわくしながら苦行を物ともせずに頑張れるのだ、ということだった。そうした想いは今も変わっていないけれど、氷河を渡りガレ場を進む苦しい一歩一歩それ自体の中にも、実は素晴らしい愉しみが待ち受けているのである。それは次々に現れる絶景に感嘆しながらグレートヒマラヤトレイルを走破する、まさしく【トレッカーの幸福】とでも呼びうるものなのだ。

ただし考えること自体に喜びを感じるためには、多少の素養が要る。明治大学の斎藤孝教授が、まさに我が意を得たりという文章を書いていたので、多少長いが引用させていただく。

わたしはよく学生たちに、「君たちは将来、考えることがストレスになる人と、ワクワクして考える人にわかれるんだよ」と伝えています。

仕事、家族、人間関係など、人がおよそ人生で直面する困難やハードルを乗り越えるには、まず「考える」ことが求められます。考えるのが習慣になっていない人は、なにか起こるたびにストレスが溜まり、やがて心身が疲れ果ててしまうでしょう。

かたや、様々な種類の本を読んで、幅広く勉強をしてきた人は、思考習慣が身についています。どんなものごとに対してもワクワクしながら考え、挑戦できるのです。

人の脳内で働く神経伝達物質のひとつに、βエンドルフィンがあります。友人と会話したり、美味しいものを食べたりして、快感を得たときに分泌されます。そして、もっともβエンドルフィンが分泌されるのが、困難を乗り越えてなにかを達成したときです。

考えることが習慣になると、つねにチャレンジして困難を乗り越えることができ、どんどん気持ちよくなっていきます。

エンドルフィンとは、「体内性モルヒネ」を意味する略称です。まさに、勉強をして「思考中毒」になると、一生ワクワクしながら生きることができるのです。》（※1）

まあそんなに頑張って「勉強」しなければならない、という訳ではないと思うが、パズルでもいいし、彼女と仲良くするためにはどうすればいいかでも、何でもいいから「考える」ことの愉しさに触れることができたなら、その時に「そうか！考えることは愉しいんだ」と意識的に想うことだ。

かなり昔のことになるが、友人の住宅が竣工した時に、その友人が「あ〜あ、今迄ここはどうしよう、あそこは何を貼ろうと皆で散々議論してとても充実してたのに、完成してしまうとそれがなくなって寂しいな」と言ってくれた事がある。まさに建築を考えることの愉しみを実感してくれたのが、私はとても嬉しかった。それにひきかえ、考えるのが面倒だからと住宅展示場をちょこっと廻って無難なイエでいいやと決めてしまう人が多いのは、何と勿体ない事かと思う。こんなに愉しめるはずなのに、人生愉しまなきゃ損なのである。

小学生の頃はプラモデルばかり作っていて、小遣いを使い果たすと紙で模型を作り、その後はオーディオやカメラや車やパソコンや海外旅行と、いつもどう楽しもうかと考えることにわくわく夢中になってきた。この夢中という麻薬にどっぷり浸かって中毒になっている私にとって、建築という迷宮は考える所だらけで、まさに天職なのである。

※1、『考えることがストレスになる人とわくわくできる人の決定的な違い ---- 思考中毒」になれる簡単な方法』プレジデント・オンライン
https://president.jp/articles/-/44234

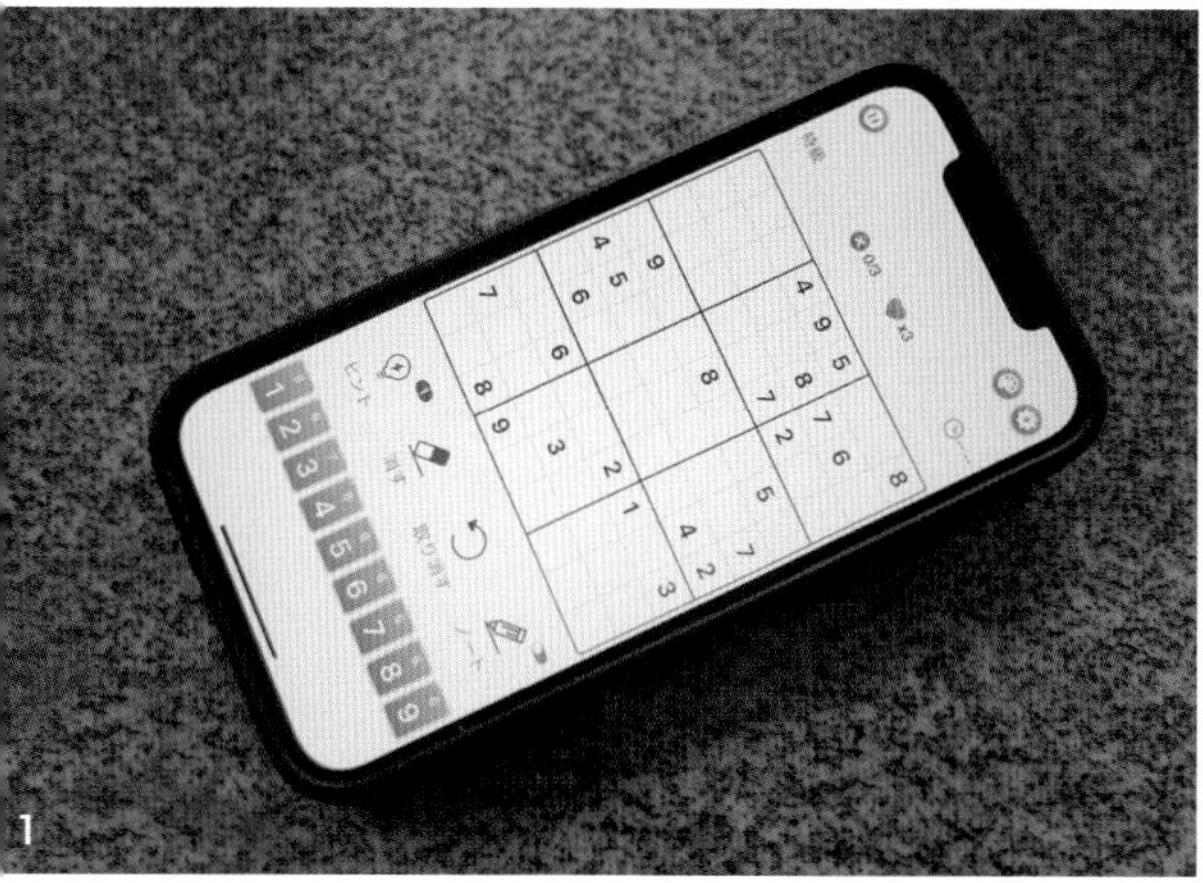

1、**iPhone 上の数独**

2、**熱海 - 湯海亭**（2023 年竣工予定）
太平洋への絶景が広がる崖上の別荘。要望は数多く難しく、それら相互の調整も複雑だが、どれも納得のいくことばかりなので、なんとか実現しようと考えるのがとても愉しい。諸室を二艘の船としてまとめ、その間に吹抜のラウンジが海へと吹き抜ける。カタマランの構成。

未来の夢のために

アブダビ・ルーブルに行ってきた。凄い。素晴らしい。感動した。ヌーベル作品の中でも、断突の最高傑作と言えるだろう。

平面図を見ると、大小様々な四角い箱が隙間を空けてランダムに並び、それを扁平な巨大ドームが包んでいる。ちょっと見には金沢21世紀美術館のように各ギャラリーに自由に行ける形のようだが、実は全てが一筆書きで繋がった通常の美術館の形式である。残念ながら500億円で落札されたダビンチ作《サルバトール・ムンディ》は展示予定が遅れていて見られなかったが、内部も良く出来ていて展示も見応えがある。

しかし、実は帰りが素晴らしかったのだ。一通り見終わって最後の扉を開けると、四角い箱群の隙間に出る。白い箱はアラブの集落か蜃気楼のように幻想的で、壁のランダムなパターンも美しい。その間の迷路をゆったりと彷徨うのは、浮遊感さえ感じられてとても心地よい体験だ。そして天空には、全体をあの有名なドームがふわっと覆う。枝のようなパターンのスチール製フレームは8層にも重なり、その隙間からランダムにこぼれる木漏れ日は、静かで和やかで暖かい。何故だか、見たこともないのに懐かしい空間、立ち去りがたい夢のようなひとときだった。

全体面積は約7300坪、工費は1000億円以上。単純計算でなんと坪1400万円！それも多くは出口を出た後の空間に割かれている筈だから、卒倒しそうなくらいの壮大なコスト感覚である。（さらにフランスに払うライセンス料等が年100億円近いという、、、）

翌日はドバイでブルジュ・ハリファに昇る。828m、言わずと知れた世界一の超高層だ。見上げると頂部はどんどん細くなり、最上部はごく僅かの床面積しかない。その小面積のためにエレベーターも給排水もはるばる1キロ近くを昇る訳だ。坪単価を計算するのも馬鹿馬鹿しいくらいのコスト、しかし世界一の名の下、経済効果は充分すぎるほど取れているという。

さて、そこで想い出すのが、2020東京オリンピックの新国立競技場騒ぎである。ザハ・ハディド案はかなり画期的と思えたが、最初の「外苑の緑を壊すな、巨大すぎて景観が無茶苦茶になる」という批判は、いつもまにかコスト批判へと変容してゆく。水泳もボートもバレーボールも、どの会場も軒並みオリンピック立候補時の予算の倍以上に達しているのにもかかわらず、国立競技場だけが矢面に立たされ、2500億円という数字が一人歩きしだす。安保法案の採決で支持率が急落した安倍総理は、その目くらましのために設計の全面見直しを宣言する。こうして「高価すぎる」という大合唱の中でザハ案は葬られ、そのあおりもあったのか、ザハ自身も命を落としたのだった。

ミシュラン三ツ星の基準は、「わざわざその店のために旅行する価値があるか否か」だという。ザハ案であれば、そう感じる人は多かったのではないか。私も是非見てみたかった。しかし現行案ではどうだろう。確かに木材の多用や外壁の植栽は時流に乗ったものだが、どれほどのインパクトを感じられるのだろうか、どこまで記憶に残るものか。

予算や工期が厳しすぎるときには、とにかく最小限恥ずかしくないものに仕上げるので精一杯、ということは私にも経験がある。設計側も施工側も厳しい枠の中で頑張っているのだろうから、やはり問題は大局を見ない発注者・企画者・政治利用しようとする者達ではないかと思う。

振り返ってみれば1964年の代々木オリンピックプールも、設計完了時には当初予算の2倍にもコストが膨れてしまったが、丹下健三が大臣に直談判して実現の運びとなったという。それが当時の若者に果てしなく大きな夢と希望を与えたのである。あの勇姿に憧れて建築を目指した者は数知れない。しかし今回、せっかく若者に大きな夢を与えられた筈のものを、たかだか1000億円をケチって弱体化させてしまったとしたら、何と勿体ないことか。

シドニー・オペラハウスもそうだ。ウッツォンの設計で始まった工事は10年も遅れ、当初700万ドルだった想定予算が、結果として1億200万ドルへと爆発、なんと14倍以上にもオーバーしたという。あげくの果てにウッツォンも辞任へと追い込まれたが、それでも無理矢理完成させたお陰で、いまやシドニーと言えば、誰もが真っ先にあのシェル屋根を想い浮かべるではないか！

北京オリンピックの鳥かごだってそうだ。私企業の収益物件ならいざしらず、オリンピックという国を挙げてのお祭りのシンボルが、コストを口実にした世論操作と政治に負けていいのか。

日本企業の生産性が他の先進国より3割も低いのは、より良いものを求める社員の我武者羅な意欲が衰えているからだという。学生に接してもそれは如実である。バブル崩壊後の失われた30年の中で夢と希望を見失ってしまった若者に、どうやったらエネルギーを注入できるか、もしかしたら大阪万博2025には期待できるのか・次の世代に大きな夢を与えられるのか——莫大な予算を掛けて大成功したアブダビ・ルーブルの帰りに、そんなことを思うのだった。

1、2、**アブダビ・ルーブル美術館**
(設計：ジャン・ヌーベル　2017、アブダビ
／アラブ首長国連邦)

所詮はオイルマネーの為せる業だ、と片付けたくはない。私はこの素晴らしく不思議な浮遊感覚の中から、新たな意欲をもらうことができた。若い人にも是非見て感動してもらいたい。**【次の世代にどれだけ大きな夢を与えられるか】**、それが建築家の使命のひとつなのである。安藤忠雄氏の去年の年賀状には「建築をもっと社会的にしてください」と手書きで書いてあった。どういうことかとずっと考えあぐねてきたが、もしかしたらこういうことなのかもしれないと思う。

3、**ブルジュ・ハリファ**
(設計:SOM　2010、ドバイ／アラブ首長国連邦)

施工中にもろにリーマンショックの雷撃をうけ完成が危ぶまれた世界一の超高層は、隣国アブダビの援助で何とか竣工した。普通に考えたら採算が合う訳はないのだが、世界一という夢のお陰で、超高額のオフィスもほとんどが埋まっているという。そして国全体が大きなプレステージを獲得した。二位じゃダメなんでしょうか、などど言っている場合ではない。目先の算盤勘定ではない壮大なビジョンが、未来のエネルギーを沸騰させる。

天邪鬼の慧眼

近年話題になった本のなかに『コルビュジェぎらい』という一冊がある。（※1）著者の吉田研介は出版時に齢82、そうかその歳になると怖いものなしで、なんでも思ったことがズバズバ言えるんだなと思ってページをめくると、明快な根拠の下に、幅広い視点からきちっと問題点が指摘されていて面白い。一気に読める。

サヴォア邸では、コルの近代建築5原則の代表作と皆が言うが、最初に見える道路側の立面はピロティではないし、1階は湿気が多いから寝室は置くなと文章では大言しているくせに、実は3つもあるぞ云々と指摘する。母の家では、某有名建築家は5原則が体現されていると言うが水平連窓と屋上庭園しかないぞ、水回りはいかにも不便だぞ、湖の水位の変化で地下が浮き上がって壁にクラックが入るのを予見できなかったのはミスだろうと、次から次へとアラ探しは続く。

だがこれらは、一度でも見に行ったことのある人なら、薄々は感じていたようなことも多い。ただ普通は、あれっ？と思ったとしてもそれを無意識のうちに封印し、コルビュジェ大先生マンセーと無理矢理に賞賛しようとしてしまうのである。だからこの本は、私には権威主義への揶揄と読めた。特に日本人はお上と権威に弱いから付和雷同的に忖度し、偉い人が言ったことは無批判に鵜呑みにして、都合の悪いことは「臭い物に蓋」で目をつぶってしまう。

ショッピングでは、高価なものを買った人ほど満足感が高いという。これは「高かったんだから絶対いい物のはずだ」と自分を説得して正当化するかららしい。食事だって超高級レストランでは、こんなに高いんだから美味いはずだ、感激できないのは自分の舌がおかしいんだ（体調が悪かったのかな）と決めつける（実際は新鮮な食材を使った田舎の地味な店の方が旨い事も多いのに）。

※１、『コルビュジェぎらい』
（吉田研介著
自由企画・出版　2020）

※２、『つくられた桂離宮神話』
（井上正一著　弘文堂　1986、
講談社学術文庫　1997）

だが建築家は、本当はそれとは少々違うはずだ。それは日頃の思考回路が違うからである。建築は、常識に則って既存の言語を組み合わせていけば、とりあえず一定の質のものはできるかもしれない。だがそれを越えようとすると、常識を捨て、生活の内容を・構造の作り方を・空間の在り方を疑い、できる限り一から考え直そうとする。「こんなもんでいいか」と見切り発車してしまえば簡単だが、自分のスケッチの難点をつつき出し、とことん納得がいくまで考え直す癖がついてくると、ちょっとした違和感にも敏感になってくる。そこに新しい発想のヒントが隠されているかもしれないからだ。だから建築家には、ひねくれ者の天邪鬼が多いのである。そしてそうした藪睨《やぶにら》みは自作だけでなく、他人の作品にも向かう。常に自分の平面図をもっと良くしようとアラ探しをしている人間には、他人の平面図にもツッコミどころが嫌が応にも見えてきてしまうのだ。吉田研介も、そうした眼で名作への違和感を暖め続けたに違いない。

本書の「日本の町並みについて」という項で、『日本の醜さについて』という斜に構えた本を取り上げたが、その著者である井上章一は、『つくられた桂離宮神話』（※２）でも、常識を正面から疑い、盲信をひっくり返す。井上は、かのタウトが絶賛し、その後誰もが心酔してきたという桂離宮に対して、自分がどうしても魅力を感じることができないのは、最初は恥ずべきことだと思って無意識のうちにも隠していたという。だが、タウト始め多くの人がなぜそんなに絶賛するのか――それを無視せず、正面から向き合うことによって、日本のモダニズム建築推進のために桂離宮が都合よく神格化された過程を明らかにした。そして建築の評価がいかに時代のバイアスに左右されるかを示したのである。これも、普通だったら目をつぶってしまう小さな違和感を大切にした成果といえるだろう。

隈研吾もそうだ。彼とは建築学科・修士過程で同期だったが、決して付和雷同しないかなり変わった学生だった。当時、私を含めて設計を目指す仲間は皆、安藤忠雄に心酔していた。最初に大阪に押しかけて行った時には、氏は丸2日もかけて自作を丁寧に見せてくれ、夜はローズガーデンで食事までご馳走してくれて、皆すっかり虜になってしまったのである。シャープでクールでありながら暖かく人を包み込む打放しコンクリートの力強さに圧倒され、これぞ建築と感動に打ち震えていた。ところがひとり隈研吾は斜に構え、それを冷めた目で見る。コンクリートに違和感を感じたという。当時は全くわからなかったが、今となって思えばそれが今のブランディングへと展開していったのだろう。

小さな違和感を、決して無視しないことである。そこに未来への道はある。

1、**識名園**　(1799、那覇市)
『つくられた桂離宮神話』の書評を色々読むと、実は私もあまり感激できなかったと告白する人が多くて可笑しいのだが、私もその一人かもしれない。非常に素晴らしいとは思ったが、感動に打ち震えるとまではいかなかったのである。同じ池泉回遊式庭園なら、沖縄の識名園の方がいい。はるかに簡素だし規模も小さいが、その伸びやかさに心がふわっと拓がってゆく気がして、私は感動でしばらく立ち尽くした。

2、**ホワイト・モノリスの空中露天風呂**　(2005、長崎県)
リゾートの設計では、1から考え直すのは割と取っ付きやすい。どうやったら最高の開放感を得られるだろうか、そのためには空中に浮いた湯の塊の中に浸かって、湯を通して下界を見渡せたらどんなに良いだろうと夢想する中から、このガラスの浴槽はできた。恥ずかしくないですかとよく笑われるけれど、実際に入るととても気持ち良い。(数年後にプーケット島のバンヤンツリーホテルで一番高い部屋を見せてもらったら、同じガラスの浴槽があってニヤリとさせられた。そして私の方が先だったと知ってホッとした。)

3、**青森屋の浮湯**
(設計：LOCI^{+}　2007、青森県)

池の中央に浮かんだ露天風呂というのはいつかやってみたいアイデアだったが、実際に星野リゾートで入ってみると、こんなものかなという程度だった。もう一捻りするには、ディテールへの違和感を突っ込むべきなのかもしれない。

1

2

3

逆張りの勝算

凡そ新しい時代を画する【画期的】な試みとは、誰もそれまでは何の疑問も抱かずごく当然の《常識》だと思っていたことを、見事にひっくり返すことから生まれ出ているものである。

それは枚挙に遑《いとま》がない。建築とは地に根を生やした石造の重い塊だ・建築とはそういうものだ、という常識をひっくり返してピロティで浮かせたのはル・コルビュジェだったし、重いはずの屋根を大草原に軽やかに浮遊させたのはライトだった。外観を装飾で覆うのが当たり前だった時にロースはそれを罪悪だと排除したし、建築はだんだん古びていつかは朽ちるものだと誰もが思っている時に、メタボリズムはそれを逆転して、これからの建築は新陳代謝によって成長し永く生き延びるのだ、と高らかに宣言した。内部空間こそが建築の核心だという常識は、芦原義信によってひっくり返され、外部空間に素晴らしい可能性があることが示された、、

こうした逆転は、基本的には、それまでの制約や重圧を跳ね除けようとする必死の努力の中から生まれてきたものである。重力の圧迫・時代精神からの強制・時という制約・長い間の思い込み――そうしたものからの《自由への奔走》として、ゼロに立ち戻った中から、新しい可能性への解放を目指して悩み抜いた末に生み出された世界観である。

しかしこれらの歴史を踏まえるならば、逆の発想が生まれてもおかしくはない。すなわち、現在常識と考えられているものをほじくり出して、意図的に逆転させれば、画期的な地平を切り開くことができるのではないかという戦略である。株式投資では、皆が買う時に敢えて売り、暴落して皆が売り払う時に敢えて買うのを逆張りと呼ぶが、前項で書いた天邪鬼的薮睨《やぶにらみ》みを意識的に狙うのが、建築的逆張りだ。建築界をアッと驚かすコンセプトが、うまくいくとパラダイムまで

変革できるかもしれない。
凡そ無意識のうちにも何の疑問もなく心の中にあるもの、例えば
・建築家は格好いい作品を目指すものだ
・良い材料が使えた方が建築は良くなる
・大きいことはいいことだ
・施主や社会に負けない強い建築が世界を引張ってゆく
・都市にあってこそ建築は影響力を持つ
・コンクリートこそが立派な建築の材料だ
と、ここまで書けば逆張りの戦略家が誰だかわかるだろう。
・『反オブジェクト』（ちくま学芸文庫）
・ボロい材料（村井正誠記念美術館）
・『小さな建築』（岩波新書）
・『負ける建築』（岩波現代文庫）
・・・
勿論これらも、初めは現実の厳しい予算・過大な要求・既存美学の閉塞感等々の重圧をはねつけようと格闘する中から、垣間見えてきたものなのだろう。だがひとたび開き直って、この逆転が実はかなりの有効性を持ちそうなことがわかると、今度は意識的にそれを戦略化してゆく。すなわち逆張りだ。

普通のことを普通にやっていても先には進めない。渋沢栄一も、「現状維持は後退を意味する」と言っている。人がやらないことをやるためには、普通と逆のことをやるのが手っ取り早い。

だが、そうか！と思って迂闊に真似しようとはしないほうがいい。隈が逆張りを上手くやってのけられる裏には、簡単には真似できない幾つものポイントがあるからなのだ。まずは緻密で驚くほど多角的な分析能力がある。並いる東大の天才秀才も驚く天文学的な高成績で建築学科に進んだ隈だが（※1）、SD誌に筆者たちと共にグルッポ・スペッキオというグループ名で大学院時代から7年間連載した『国内建築ノート』（※2）でも、毎月ユニークなコラムを書いていた。その分析は、斜に構えてひねくれ、わざと軽妙を装いながらも、非常に広く深い視点から意外な指摘を鋭く抉《えぐ》り出していて驚かされたものである。社会の、文化の、そして建築の漠然とした兆候を明確な筋に纏め上げ、最初はアレっと思うがすぐにピンとくる分かりやすいキーワードにガッチリと結びつけて、分かった気にさせてしまう。その結びつけ方はかなり意外だったとしても、論理の展開がうますぎるので、その時にはみんな成程と思わされてしまうのだ。

もう一つのポイントは、常識をひっくり返すための、途方もない努力と粘り強い探求心である。これは今更私が解説する必要もなかろうが、例えば「ボロい材料」で作品を魅力的に纏めるには、並大抵の努力では不可能だということだ。

さらには、「負けるが勝ち」と言った時に、それを聞く人が「なんだ、負け惜しみじゃないか」ではなく、「へえ、なるほど逆転の発想だな」とポジティブに受け取ってくれように、自らのブランドを確立しておく必要があるという点も忘れてはならない。

※1、 東京大学理科１類では、１年と２年前期までの全科目の平均点が上位の者から、工学部の希望する学科に進学できる。当時は建築学科が最も人気が高く、私は旅行ばかりしていたせいもあってギリギリで引っ掛かったのだが、ひとり天文学的な高成績で入ってくる奴がいるらしい、という噂が広まった。一体どんな奴なのだろう、きっと牛乳瓶の底みたいなメガネを掛けた青白い痩せ男に違いないと思っていたら、実は浅黒い笑顔のノッポだった。学生時代は変わり者だったが、青木淳といい、変わり者の方が建築家としては大化けするのかもしれない。

と書いてきたら、なんだか隈戦略マンセーの文章になってしまった。これも同級生のよしみかもしれないが、ここまでくると次のキーワードはどうくるか、楽しみになってくる。

※2、建築専門誌『SD』（鹿島出版会刊）には１９７７年から７年間にわたって「国内建築ノート」というコラムを書かせていただいた。これは東京大学大学院同級の小林克弘・竹山聖・隈研吾・片木篤君ほか私を加えて計６名で、各自１ページに1000字で一つの主張を毎月まとめるというものだったが、そこでの執筆経験が「建築の愉楽」の連載でも随分役立ったと思う。

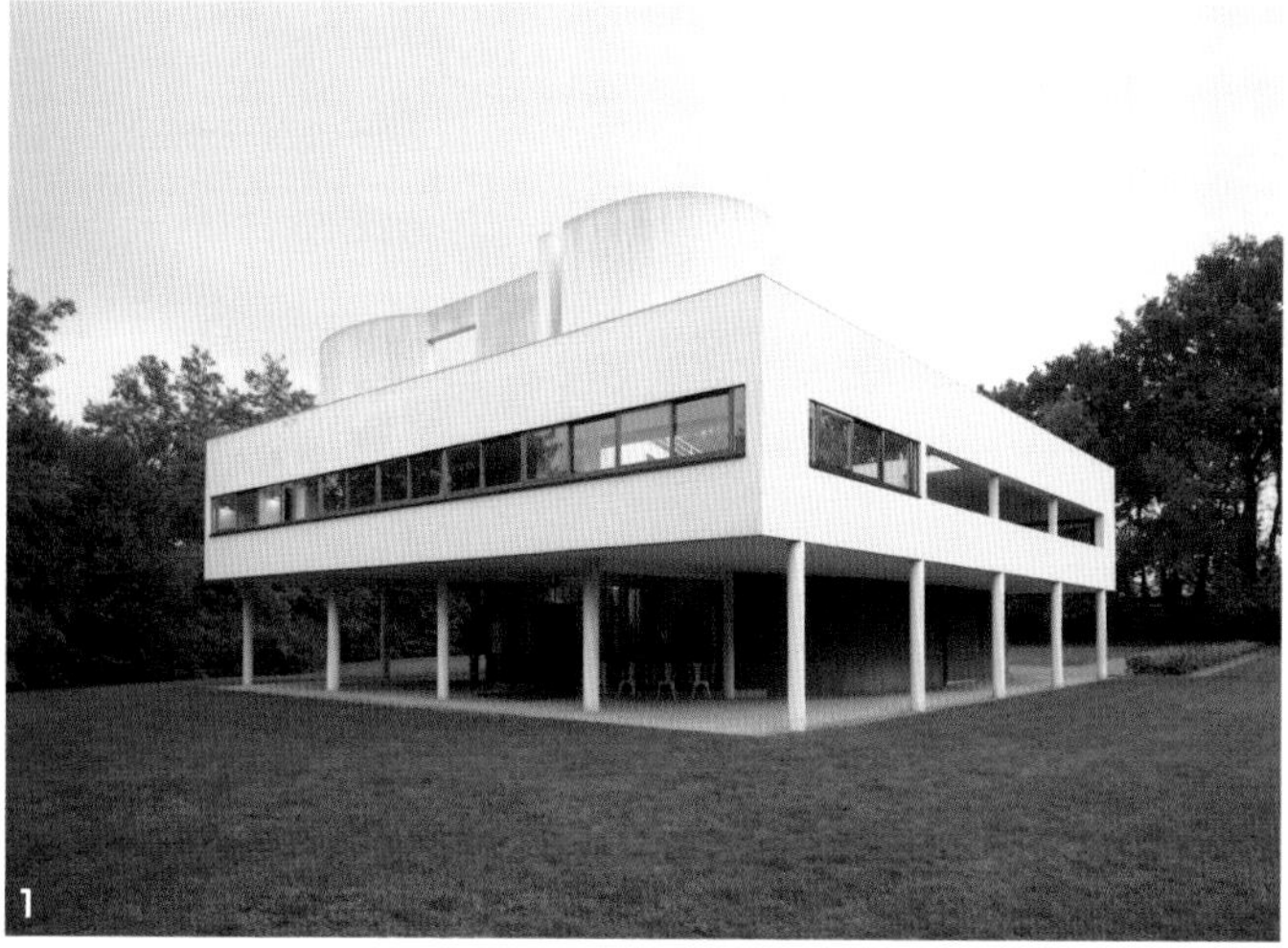
1

2

3

1、**サヴォア邸**
(設計:ル・コルビュジェ、1931、パリ)

逆張りの代表選手コルビュジェ。重力からの離脱を志向するピロティは、確かに新しい時代を切り開いた。

2、**中銀カプセルタワービル**
（設計：黒川紀章、1972、東京）

「時間」の制約から解放されようという途方もない逆張りへの志向。

3、**AD-O ビル渋谷道玄坂**
（設計：隈研吾、2017、東京都）

「ビルはカチッとしたファサードを持つしっかりした建築である」という常識をひっくり返そうとしたのか、木目模様の薄い金属板がヒラヒラ剥がれそうな姿にはびっくりする。

「旅の失敗」

新型コロナのせいで飛行機の出張もめっきり減ったが、たまに乗ると機内誌もしっかり読む。そして深く感じ入ったりする。

吉田修一は旅先での失敗談をあれこれ書き連ねた末に、次のように話を閉じた。「旅に失敗はつきものである。いや、失敗した旅ほど、のちに良い思い出になったりする。何より旅先での失敗というのは、旅に出られるという幸福の一部なのだな、と改めて思う。」　吉田修一「空の冒険」ANA機内誌『翼の王国』２０２０年８月号所収（傍点筆者）

この「旅」を「人生」と読み替えれば、きっと心に刺さるに違いない。人生に失敗はつきものだが、それも「元気で人生を送っていけている」という【幸福】の一部なのである。更に言えば、建築もスムーズにいかないことも多いけれど、それも建築に携わってバリバリ働いていられるという【幸福】の一部なのだ。

・・・と、頭では十分に納得している。だがそれにしても、よくもまあ次から次へと難問が押し寄せるものだと思う。そのたびに思い出すのは大昔の、ハナ肇とクレージーキャッツというバンドでヒットした、ホンダラ行進曲というお気楽な歌謡曲である。（作詞＝青島幸男、１９６３年）

ひとつ山越しゃ　ホンダラッタ・ホイホイ
もひとつ越しても　ホンダラッタ・ホイホイ
越しても越しても　ホンダラホダラタ・ホイホイ
どうせこの世は　ホンダラッタ・ホイホイ・・・

一つ問題を解決するたびに、この曲を思い出すのである。とりあえずこの問題はホッとした。ああよかった、ホンダラッタ・ホイホイ。でもまあ、どうせまた次の難問がやってくる。その先にもまた来るだろう。やれやれ。しかし、倦まず弛まず一つづつぶち当たらなくてはならない。そのたびにホンダラッタ・ホイホイ。それが建築家の人生というものだ。それを生きている実感・充実感だと思って、しなやかにやっていこうと考える。

（この歌詞の最後は「だからやらずにホンダラッタ・ホイホイ」と笑かしてくれるのだが、そうすることもできるさと、気楽に構えていたいものである。）

さて、こうして荒波を一つ一つ乗り越えてゆく方策には、ほとんど先例はない。建築は大抵の場合、施主も敷地もテーマも毎回・千差万別で、そこからは今まで思ってもみなかったような問題が発生するものだからだ。仲間や先輩に相談することはできても、最後は自分一人の頭の中で解決策を見つけなければならない。孤独な決断が必要になる。

だが心配はいらない。建築家は皆、もともと独学で自らの方法論を築き上げて来ているからだ。勿論、技術的なことは学校でサワリの部分は勉強させられるし、会社では先輩から基本的な取り組み方は教わるだろう。だが建築には工学から美学・哲学・生理学・社会学・文化人類学、また経済学・法学等々からひいては人間関係の取り方までもが途方もなく複雑に絡み合っており、体系化された建築設計理論などというものは作れるわけがない。ルイス・カーンが言うように、全ては一度建築家の頭の混沌の中に沈み、そこから突然解決策が湧いてくるのである。それを支えているのは、独学で組み立てた方法論以外にない。
頭のいい人は、一度すべてを自分の頭の中でバラバラに分解し、自分なりに組み立て直しているのだという話を、建築学科に進んですぐ広部達也教授から聞いた。これが独学の所以である。自分で組み立てるから、既存の視点からではない独創的な捉え方・独自の世界認識、自由な立場での新しい世界観が生まれる。そしてユニークな解決法が生み出されるのである。師匠から受け継いだ部分もあるにはあるだろうが、個性というものは基本的にはそういう独学の中から育まれてくるものだ。特に建築はあまりにも多分野の複合であるため、建築家は否が応でもこうした独自の世界観をもたざるを得ない。だから建築家は（一見変わり者が多いとはいえ）新しい世界を導けるのである。

旅に失敗はつきものである。それをひとつずつ独学で得た視点から乗り越え、ホンダラッタと明るくいきたいものだ。

熱海ファニーハウス
（2021、バケーションレンタル　静岡県）
さらっと写真を見るだけでは何事もなかったかのように建っている建築でも、その陰には人知れず悩んだ・苦しんだ建築家の「旅」が隠れているものである。それを支えているのは、独学で得た世界認識だ。
「独学者は自由な立場で新しい発想ができる。」（野口悠紀雄『人生の最後を分ける"たった1つの習慣"』
https://president.jp/articles/-/47435

建築家の幸福 - 2

若い人は横井庄一という名を聞いたことがあるだろうか。第二次世界大戦中に、米軍に追われてグアム島のジャングル奥深くに逃げ込み、終戦を知らずに28年も生き延びた残留日本兵である。敵の襲撃を恐れて気の休まる暇もなく、豪雨や高湿のなか洞窟や地下壕を転々とし、まともな食料も道具もないままに過酷を極めた日々を送ってきた。

彼は徴兵される前は、洋服の仕立屋を開いていたという。そしてジャングルの中で、木の繊維で布を織り自らの服を作っていたという。その彼が帰国後に語った言葉に、私は心から感動した。

「服ができてからよりも、作っているときの方が幸せだった。（傍点筆者）」

なんと、死と隣り合わせの苦しい極限状況の中で、【幸せ】を感じていたというのである。これは驚くべきことだ。全く信じられない。だが、事程左様に人間とは逞しいものであり、それを支えていたのが、物造りの喜びと完成への希望・期待感だったのであろう。

こんな過酷な状況とは比較にもならないが、我々を包む状況も決して予断を許さない。コロナ禍は出口も見えず、南海トラフ大地震は確率90％に引き上げられ、それに誘発されて富士山も噴火するという。中国は尖閣諸島から始まって沖縄にも攻めてくるかもしれず、地球温暖化や食糧危機も皆が騒ぎ立てる。

こんな大きな話でなくても、建設物価は高騰して着工が怪しくなり、竣工直前に社長の奥様が突然登場して大変更を命じ、3ケ所もボーリングしたのに変な所に軟弱地盤が出てきて追加費用がかさむ。ミスや不注意ではないはずとはいえ、苦難の火種はあちこちに転がっている。

そんな過酷な建築ジャングルの中で、クサらず前向きに一歩一歩進んでいけるのは、やはり物造りの喜びと完成への期待感が【幸せ】となって我々を包んでくれるからだろう。横井庄一さんの気持ちが、少しは分かるような気がする。

こうした建築家にとっての幸せの中には、大きな喜びが3回ある。まずは難しい課題に対して、解決のための素晴らしいアイデアが浮かんだときである。悩み抜いた末に、やった！これで行けるぞ！と確信できると、小躍りしたくなるほどの嬉しさに包まれる。

次はそのアイデアが認められて、仕事を本格的にスタートできた時である。これが本当に実現できるのかと思うと、わくわくする気持ちで爆発しそうになる。

そして3回目は竣工時である。ああ大変だったが頑張ってよかったなと施主と手を取り合って喜びを噛み締められるのは、まさしく建築家冥利に尽きるというものだ。（けれど、その後に雑誌に掲載されたり賞を取ったりするのは、実は意外とあっさり受け止めてしまう。やはり格闘していることの中にこそ、最高の喜びはあるのである。）

勿論、気に入っていた提案が受け入れられずに、お蔵入りすることもある。がっくり落ち込む。けれど少しすれば立ち直れるのは、あのウンウン言いながら案を練って、わくわくしながらスケッチしていたあの時の無上の【幸せ】・充実感は、たとえ結果が駄目でも、決して失われることがないからなのだ。その記憶は、誰にも奪われることのない自分だけの宝物なのである。

建築家の人生は、かくのごとく山あり谷あり・大きな苦労と無上の喜びが同居する大変な日々の連続である。今の若い人の殆どは、無理せずそこそこに暮らしていければ良いと思っているらしいが、一度しかない人生なのである。それを最大限に楽しまなければ損ではないか！晩年になって、まあまあの人生だったなと白けるよりも、こんなにやり切れた・これだけ人生を味わい尽くせたんだんだと充実感に包まれる方がどれだけ幸せなことか！

3

1、**ヴィラ海光町**　(2016、静岡県　撮影：仲佐 猛)
眼前に広がる大海原という絶景との関係をどう取ろうかと悩んだ末に、これだというアイデアに辿り着いた時、それをクライアントに分かってもらえた時、そして思い通りに竣工した時と、建築家の喜びは３段階にもわたるのである。

2、VILLA - Z　(2020、千葉県)
暗い森の中で自然の脅威から身を守るための曲面の壁と、そこから明るい南へ伸びてゆく柱廊という、凝縮性と膨張性の対立的共存 — 身は安らかに守られ、心は伸びやかに拡がって行くという洞窟の喜び。施主も気に入ってくれてはいたが、全く異質の別の土地を買うことになってしまって結局ボツ、、、
でもわくわくしながらアイデアを練りプランを詰めていたあの時は、心の底から愉しかった。あの【幸せ】は、誰にも奪われることのない宝物として、色あせることなく私の記憶の中に残っている。

3、天空の森　(企画設計施工：田島健夫　2004、鹿児島県)
旅館オーナーの田島健夫氏が、理想を実現せんと自らユンボで広大な山林を開墾することから始め、一から全て手造りで、想像を絶する苦労の末に完成させたコテッジ５棟。「一つ一つの問題は大変でしたが、自分の夢を達成するにはそれを乗り越えないといけない訳だから、夢が素敵に見えれば見えるほど、ほとんど問題とは思えませんでしたね」と彼は言う。行く前にはただの眺めのいい露天風呂かという気もしていたが、実際にその「夢」を体験してみると、想像をはるかに超える感動に圧倒されるほどだった。

1

2

あとがき

振り返れば、物作り一筋の人生である。

始まりは、小学2年生のとき。夏休みの宿題・自由制作で何を作ろうか悩みに悩んだ末、通っていた小学校の全体模型を作り始めたら、これが楽しくてたまらない。その結果初めて図画工作の成績が5になったのも望外の喜びだった。以来プラモデルに熱中し、小遣いがなくなると紙やバルサ材で船や飛行機や、本で見た「未来のイエ」までも、寝食も忘れるほど夢中になって作り続けた。中学2年の時には、実家の建替で設計の真似事をし、大工だった祖父の腕に毎日目を見張った。そうした中から私は、素晴らしい形がじわじわと出来上がってくる醍醐味を、十二分に味わってきたのだった。

大学に入ると、教養学部にも関わらずコルビュジェの住宅模型を作る自主ゼミを立ち上げ、公式に認定してもらうことになる。本郷に進むとすぐ建築学科の同級生ほぼ全員に声をかけて、上野公園の名建築と全体の模型を作って五月祭で展示した。

大学院では、オイルショックで就職難――それではと、どこにも勤めた経験もないまま、同級生と立ち上げたのが設計組織アモルフという設計事務所である。右も左もわからぬ中で諸先生方や安藤忠雄氏に教えを請い、幸い仕事にも恵まれて、建築実作への第一歩を踏み出すことができたのだった。

それからは、若さと好奇心と熱意を武器に我武者羅に突き進んだ1980年代前半、そして時代がバブルに突入し、経験の浅い若造にも大きなビルやホテルの依頼が舞い込んでくるようになった1980年代後半——バイトも入れればスタッフ総数も20人を超え、箱根の強羅花壇という旅館が日本建築学会賞作品賞の最終候補に選ばれるなど、華やかな時代が訪れた。

1990年代前半も、バブルがはじけたとはいえその余韻で目の回るような忙しさが続く。だが流石に1995年頃になると建築界にも寒風が吹くようになる。設計組織アモルフの一部を引き継ぐような形で個人名の事務所を作ると、幸いパチンコバブルや友人・ダイビング仲間の別荘・ホテル、また高校の音楽ホールなど、わくわくする日々を送ることができた。

その後も阪神淡路大震災・リーマンショック・東日本大震災・東京オリンピック景気による建築物価の上昇、そしてコロナ禍とウクライナ戦争による資材高騰など、時代の波をもろに受け、その都度よろけそうになりながらも、やり甲斐のある仕事に没頭できたことは、なんとラッキーなことかと感謝の気持ちで一杯になる。

こういう中で建築学科同期生の中からは、次々と新しい挑戦を繰り広げ時代を切り開いていった隈研吾や、ビジネスとして大成し巨大な設計会社を一から築き上げた大江匡のような有名人も現れた。だが彼らに比べると、私は職人なんだなとつくづく想う。社会的な反響や営業的な成功よりも、物作り一筋の職人として自らの納得を大事にしたいと、一作一作コツコツ作り続けてきたのである。新しい・凄い概念でなくて良いから、あくまでも自分で素晴らしいと想える建築・

感動できる作品を作りたい、メディア映えするオブジェよりも、体感してしみじみ幸せを感じる空間を作りたいと奮闘してきた。だから画期的な作品は多いとは言えない。だが、図面も大事なところは自分で描いてきたつもりだし、隅々に自分の意思が行き渡った建築を作ることができたと想っている。

まだ回顧録を書くには早い気がするが、あとがきを書き始めたら、一つの区切りとして、これまでをまとめる形になってしまった。まだまだ実現させたいアイデアは山ほどあるし、気力も漲っている。生涯第一線でいたいというのが今の願いである。

建築専門誌『KJ』とは２００９年１２月の榎本作品特集号が最初のご縁だったが、その後２０１１年から２０２２年までコラム「建築の愉楽」を毎号 書かせていただいてきた。

株式会社KJの外山社長と河野さんには、筆者の遅筆にも関わらず辛抱強くお付き合いいただき、様々な形でお世話になった。本書が世にでることができたのも、全てこのお二人のおかげである。妻道子は、建築家の不安定で悩み多き日々を、ずっと暖かく支えてくれた。また私がここまで来れたのは、友人や仲間・先輩・諸先生方、そしてクライアントの皆様の温かい御支援があってこそである。すべての方々に、ここで心からの謝意を表したい。

２０２２年　晩秋

『KJ』誌 初出一覧

建築家の幸福

建築家の幸福1	2011年 4月号
幸せの極意	2011年 6月号
修行の苦楽	2011年 8月号
建築の再創造	2011年 12月号

デザインの美学

建築の評価基準	2012年 1月号
建築表現の原動力	2012年 8月号
中心の喪失	2017年 1月号
新しいヴィジョン	2016年 12月号
愛の建築	2013年 4月号
体感建築と脳内建築	2020年 4月号
シニフィアン・シニフィエ	2019年 8月号
『ここかしこの点長に』	2020年 12月号

リゾートへの想い

建築における原風景	2018年 6月号
旅と別荘	2012年 4月号
最高の別荘の作り方	2012年 6月号
アジアンリゾートという極楽	2012年 10月号
至福のリゾート設計	2015年 6月号
G・バワの建築1	2016年 6月号
G・バワの建築2	2016年 8月号
アマンリゾーツ研究1	2020年 6月号
アマンリゾーツ研究2	2020年 8月号

都市・ランドスケープ、そして歴史

都市に何が可能か	2017年 10月号
日本の街並について	2018年 10月号
シブヤの街並について	2018年 12月号
大地の力	2022年 1月号
古寺巡礼1	2021年 1月号
古寺巡礼2	2021年 4月号
ガウディの功罪	2017年 12月号

実務の中から

絶対に当たる占い	2011年 10月号
欲とエネルギー	2014年 12月号
建築家の交渉術	2019年 6月号
建築家の資質	2015年 8月号
最大の難関1	2012年 12月号
最大の難関2	2013年 1月号
建築写真の魅力	2017年 4月号
建築家のカメラ選び	2017年 6月号
建築写真の写し方	2017年 8月号
建築家の営業戦略1	2014年 4月号
建築家の営業戦略2	2014年 6月号
仕事を育てる	2021年 10月号

社会と建築

政治のはなし	2015年 10月号
人を創る	2015年 4月号
保存の問題	2020年 1月号
エネルギーの源泉	2018年 1月号
建築ジャーナリズムの問題	2013年 12月号
建築家と設計教育	2013年 10月号
建築のコモディティ化	2016年 10月号

私の来歴

建築との出会い	2019年 10月号
『日傘の女性』	2020年 10月号

建築術をめぐって

発想の源泉	2013年 6月号
外部空間の設計	2013年 8月号
第三の道	2018年 4月号
最高の住宅の作り方1	2014年 8月号
最高の住宅の作り方2	2014年 10月号
建築の「新しさ」	2019年 4月号
ゲームとしての建築	2015年 1月号
パーソナル・スタイル	2014年 1月号
分からない自分を愉しむ	2018年 8月号
きれいなもの・新しいもの・愛されるもの	2019年 12月号
建築の意味1	2015年 12月号
建築の意味2	2016年 1月号
庭の意味	2016年 4月号

未来の建築をめざして

考える愉しみ	2021年 12月号
未来の夢のために	2019年 1月号
天邪鬼の慧眼	2021年 6月号
逆張りの勝算	2021年 8月号
「旅の失敗」	2022年 4月号
建築家の幸福2	2022年 6月号

著者略歴

榎本 弘之（えのもと ひろゆき）

1955年　東京に生まれる
1973年　麻布学園高校卒業
1977年　東京大学工学部建築学科卒業
～1983年　同大学大学院 修士・博士過程
1979年　設計組織アモルフ共同創設
1995年　株式会社 榎本弘之建築研究所設立　現在に至る
1981～1983年　東京電機大学　非常勤講師
1994～2017年　日本大学理工学部建築学科・海洋建築学科 非常勤講師
2012～2019年　岡山県立大学　非常勤講師

著作

1978年　『ヨーロッパ建築案内』工業調査会、共著
1981年　『モラリティと建築』　鹿島出版会、訳書
1977～83年「国内建築ノート」連載　月刊『SD』所収　鹿島出版会
1985年　『F.L. ライト作品集　全12巻』ADA Edita Tokyo、共訳
1985年　『現代建築を担う世界の建築家101人』鹿島出版会、共編
1987年　『総覧　日本の建築』日本建築学会、共著
1997年　「ラスベガスの建築」商店建築社『ザ・ラスベガス』所収
2011～22年「建築の愉楽」連載　隔月刊『KJ』所収　株式会社KJ

建築の愉楽 — **夢と感動と期待感**

2022年11月24日　第1版　第1刷　発 行

著　者　榎　本　弘　之
発行者　外　山　暁　啓
発行所　株式会社　K J
〒101 0041 東京都千代田区神田須田町 1-7-1-705
電　話　03-6802-7890

Printed in Japan

印刷・製本：電算印刷株式会社

ISBN978-4-904285-99-2

本書の内容に関するご意見・ご感想は下記までお問い合わせください。

http://www.kj-p.co.jp　info@kj-p.co.jp
https://www.enomoto-architects.co.jp/　enomoto@enomoto-architects.co.jp